微物線索

英國鑑識專家
雷・費許的
重案緝凶實錄

Ray
Fysh
雷・費許
著

吳妍儀、曾志傑
譯

Shallow Graves

My Life as a Forensic Scientist on Britain's Biggest Cases

獻給我已故的母親與父親，貝若・費許與魯本・費許

目次

推薦序

前倫敦警察廳大隊長，女王警察獎章得主
安德烈・貝克（André Baker）

「調查另一個人的死亡，對任何一位偵探而言都是莫大殊榮。」

在警察的辦案方法與程序倍受挑戰的年代，鑑識證據往往成為關鍵。某些鑑識證據非常難以推翻：如果DNA測試顯示某個樣本只有五億分之一的機率屬於某嫌犯，再加上其他細節佐證，這個測試結果就等同事實。然而其他像是血液噴濺之類的證物，則必須仔細分析研讀，才能對案情有些許幫助。

正因如此，經驗豐富的鑑識專家便成為警方調查中不可或缺的一員。

我從雷・費許還是毒理學家時就認識他了，接著他以專家顧問身分跟各領域的鑑識蒐證調查隊共事。我把雷視為珍貴的朋友，我們常跟其他同事喝啤酒聊近況，一起回顧舊案件、挑出錯誤，並且用「碰到這種狀況你會怎麼做……。」這種問題來挑戰彼此。

超過四十年的時間裡，雷對鑑識學的奉獻與投入無可估量。他對鑑識科學的發展與提升貢獻良多，是這個領域真正的中堅分子。我的職業生涯中曾多次仰仗他的專業，其中幾個案件令我特別難忘。

第一件發生在千禧年前後。倫敦每年登記在案的謀殺案約有兩百件，占英國全年總量的四分之一。倫敦警察廳（Metropolitan Police Service）自偵辦南倫敦的史蒂芬・勞倫斯（Stephen Lawrence）謀殺案以來，開始受到各界日益嚴格的檢視[1]。社會大眾密切關注全國警方執法，對倫敦警察廳更是用放大鏡審視。我們必須以更開放的方式、更高的標準把事情做得更好。我們需要提高破案率，與家庭及社區密切合作，當然也要降低謀殺受害者的數量。

為落實這些目標，倫敦警察廳提出了謀殺防治計畫。我當時在人稱「蘇格蘭場」（Scotland Yard）的倫敦警察廳擔任凶殺調查組首任組長，負責督導此計畫。此計畫的構想是找出那些若置之不理，便可能惡化成謀殺案的關鍵活動與暴力行為，以便及早預防。

一位資深分析師，六位極富潛力的大學畢業生新血，再加上幾位警官所組成的團隊，把謀殺案拆解出家暴、刀械犯罪、儀式性犯罪等十六種元素，並且致力防堵。

此團隊的關鍵情報便是來自鑑識工作。雖然單憑我們手上的證據，即便透過鑑識技術也不見得能完整還原事發經過，但整合鑑識情資能協助我們判斷案發經過，或者因此找出其他線索。雷是倫敦警察廳的謀殺專家顧問，絕對是此團隊的一分子。

靠著此計畫與其他革新措施，倫敦的謀殺受害者從每年兩百人下降到一百二十五人。這表示少了七十五位受害者，少了七十五組傷痛的親友。此計畫後來擴大推行至英國各地、歐洲及更遠之處，而雷正是發展此計畫的關鍵之一。

另一起案件是二〇〇一年的一樁儀式性謀殺案，一具男童屍體被人發現漂浮在泰晤士河中。雷對該起案件的貢獻令人印象深刻，他證明自己是真正的團隊合

1 史蒂芬·勞倫斯在一九九三年四月二十二日遭一群白人攻擊致死，最後因證據不足，沒有凶嫌遭到起訴。此案讓倫敦警察廳形象大受影響，不得不大力整頓，公眾對於種族仇恨攻擊事件的看法也有所改變。二〇一一至一二年此案重審後，終於有兩名凶嫌被定罪。

作者，這或許跟他曾是充滿熱情的運動員有關。他與警方密切合作，共同偵辦這起格外棘手的案件。

這案子影響了我們所有人。一個身分不明的幼童，殘缺不全的屍體被拋入泰晤士河，沒有任何家人或鄰居向警方報案。除了從他小小的身軀與一條短褲上取得的跡證以外，可用的線索少之又少。幾個月過去，高階警官們回報，此案依然查無嫌犯，也無法辨識受害者身分，而其他等著調查的新案陸續湧進，為我們帶來不少壓力。有長官指示該結案了，我拒絕接受……我們必須全力以赴。

我把這個挑戰交給雷以及高階調查官，威爾．歐雷利（Will O'Reilly），請他們盡可能多蒐集一些鑑識證據。為了支援他們完成此任務，超過六十位來自英國與世界各地的鑑識專家齊聚一堂，在布蘭希爾警察學院（Bramshill Police Staff College）舉辦週末研討會。這是場與眾不同的研討會，大家毫無保留竭盡才智，無論有多天馬行空、與眾不同或怪異的想法，都能暢所欲言。這樣不尋常的謀殺案，需要不尋常的作法。

透過這場研討會，加上團隊全程優異的表現，終於靠著對骨頭進行同位素分析讓案情獲得突破性進展。此方法後來延用於許多其他案件中。

還有另一個案子也多虧了雷創新的鑑識工作，就是敏斯泰德行動，這起調查是針對一名戀老癖性侵犯。前後近二十年的時間裡，他在南倫敦、薩里郡（Surrey）與肯特郡（Kent）入室打劫或性侵超過百位老人。雷與其鑑識團隊利用充滿開創性又先進的親族 DNA 檢驗手法，協助我們偵破此案。

毫無疑問，雷被高階調查官們視為救星；坦白說，他確實幫助他們解決了某些棘手案件，要是少了他的挹注，這些案子根本無法在法庭成案。

我相信你們會很享受閱讀過程，也會認可雷應得的名聲。雷，做得好！倫敦及世界各地的人都會感謝你。

「他足跡所至之處、觸碰的每樣物體、遺留下的一切，就算是無心之舉，都將成為指證他的無聲證人。不只是指紋或腳印，還有他的頭髮、衣物落下的纖維、打破的玻璃、留下的工具痕跡、刮落的油漆、他或被害人留下的血液或精液。

「以上一切與其他更多證物，都在進行無聲指控。這些證據並不健忘，不會因一時興奮而錯亂。證人會缺席，證物永遠都在。它們是事實證據。

「物證不可能有錯。它不會做偽證，不會徹底缺席。只有當人類無法找到它、研究它與理解它的時候，才會削弱其價值。」

犯罪學家保羅‧L‧柯克（Paul L. Kirk）
對羅卡交換定律（Locard's exchange principle）的詮釋

自序

這是一個出身倫敦東南部的勞工階級子弟，湊巧得到世界上最棒工作的故事。

過去近二十年裡，我協助調查了某些英國最受矚目的刑案，包括莎拉・佩恩（Sarah Payne）與碧莉喬・詹金斯（Billie-Jo Jenkins）的謀殺案，到倫敦的七七、七二一公共運輸爆炸案，還有亞歷山大・利特維年科（Alexander Litvinenko）毒殺案。

更棒的是，多數案件我都幫忙抓到了兇手。

我並非警探，我是一位鑑識科學家，一九九〇年代中期，湊巧發現自己占了天時地利之便。過去向來是警察主導調查，而我這樣的科研人員負責核實證據。我們是無菌實驗室裡沒有臉孔的科學宅，唯一的功能就是確認或排除證物。

然而一九九一年鑑識科學服務中心（Forensic Science Service，簡稱 FSS）成立後，一切都改變了。該中心啟用像我這樣的人，希望能讓鑑識科學成為重大刑案的調查核心。

一九九六年，我成為該中心的重大犯罪專家顧問。我的轄區是南倫敦與東南英格蘭區；職責是從頭參與外界矚目的重案調查，協助辨識並發掘有助於破案的鑑識證據。

鑑識學就此「鹹魚翻身」，成為調查不可或缺的一部分。身為專家顧問，我熟知每起案件的重大決定、不斷演變的推論以及所有嫌疑犯，了解團隊所承受的壓力、過程中遭遇的誤導與突破，也跟調查團隊共度每個高低起伏。

但專家顧問這個角色確實管用！在這些調查中，鑑識學變成先發制人的力量，開發並驅動警方的關鍵調查路線。在鑑識科學領域裡，我們首開先例，大膽踏出犯罪專業之外，探索學術界、考古學與工業界的科學突破，然後把這些發現應用於現場調查。我們把像是DNA、化學跟纖維辨識這類已知科學，大膽應用於新領域中。

少了那些與我共事的卓越科學家們，這一切都不會發生。他們的獨創性、勤勉與堅持不懈——通常還承受著無邊壓力——應該廣為人知並得到認可。身為折磨他們的頭號大魔王，我早該給他們這份遲來的肯定才對。

這趟旅途並非一帆風順，我們也犯過一些該由我負起責任的錯誤；我也曾在最意想不到之處遭遇過勢利眼與抗拒改變的守舊力量。

不過多謝那些願意一起努力的同伴，我們成功讓鑑識科學協助破解了某些英國有史以來最具代表性、最令人困惑不安的案子。我藉由本書重新回顧這些案件，詳述鑑識學在破案過程中所扮演的角色。

第一章 「擺脫管理職」行動

一九九四年至一九九六年

我在四十出頭時遇上了職涯「中年危機」，來得正是時候。四分之一個世紀前，也就是一九七一年，我剛從學校畢業，還是個倫敦郊區出身的十八歲長髮二愣子。剛好需要一份工作，就加入了倫敦警察廳鑑識科學實驗室。我當時根本不知道自己想做什麼，但肯定沒想像過身穿白袍做實驗的樣子。

每天早上，我會從位於東南倫敦貝維迪爾（Belvedere）的家，搭火車到查令十字（Charing Cross）站。因為搭不起地鐵或公車，我會步行到位於霍本（Holborn）的倫敦警察廳實驗室。一路上，我會經過柯芬園（Covent Garde）的喧囂與談笑——當時那裡是繁忙的果菜市集，新鮮農產品的氣味，跟凌晨三點就開張服務商販們的酒吧所飄出的濁氣，全都混在一起。

走近霍本區時我會停下腳步，那裡有種真正的社區氛圍。我會從眾多家庭經營的咖啡館中挑一間，買杯道地義大利咖啡。當時我剛開始在實驗室擔任低階助理，每每執行那些平淡無奇的任務時，都會懷疑自己是否做了正確的職涯選擇。

某天早上，一隊來自哈特福郡（Hertfordshire）的警探，為了一場緊急案件會議匆匆趕來實驗室。隨後進行的鑑識測試讓我真正明白，這裡的工作看似基本，有時卻十分關鍵。

實驗室的毒理學部門檢視了一位疑似謀殺受害者的器官，並首開全球先例，分析另一名受害者尚未安置的骨灰。靠著從中發現的毒素，成功揭發二十四歲的工廠泡茶小弟竟是連續下毒謀殺犯。一年後的一九七二年，惡名昭彰的「茶杯毒殺者」葛拉漢．楊（Graham Young），因為用鉈毒素謀殺兩位年長同事，並且毒害另外數十人而遭定罪。這場審判同時揭露十年前他曾因毒害數名家人而被送進布羅德莫爾精神病院（Broadmoor psychiatric hospital），受害者包括因此喪命的繼母。

這一切過程令我心馳神往。我加入毒理學部門，急於成為能參與警方調查與後續刑事審判的專案主管。然而我很快就意識到，要是沒有大學學位，我剩餘的職涯都只能耗在研究大麻樣本上。在實驗室的協助下，我在伍利奇理工學院、北倫敦理工學院（Woolwich and North London polytechnics）這兩間學校修課，最後順利拿到化學系學位。我是家族中第一個拿到大學文憑的，我爸媽出席了畢業典禮，我們跟我以前的化學老師麥斯威爾先生一起舉杯慶祝。

多年前我拿到中學文憑後，想繼續準備就讀大學所需要的高級程度考試，達成另一個「家族第一」的成就。我爸不放心地跑到學校去尋求保證：雷夠聰明到能通過高級程度考試嗎？多謝有麥斯威爾先生這樣的老師替我擔保，我才沒跟著我爸進工廠做事，後來才有機會協助警方調查可疑死亡事件、謀殺未遂、約會強暴、勒索等各種案件。

✦ ✦ ✦

我向來著迷於刑事警察的說話與思考方式，還有先建立假說再加以測試的辦案概念。與警察進行案件簡報讓我的日子活了過來。我發現藉由了解一起案件的脈絡、相關人物與線索，我不只能提供鑑識方面的的解答，更能提供如何破案的建議。我的上司認為我工作表現良好，在一九九四年提拔我成為毒理部門主任。

問題隨之而來。

某種程度上我變成人事管理者，但我並不特別喜歡人群，尤其是愛抱怨的人。儘管我挑明了這一點，科學家們還是輪流排隊向我抱怨「案件太多、壓力過大」。每天我都觀察這批「壓力過大」的員工，早上九點漫步進公司，十點半喝杯咖啡休息到十一點，一點到兩點是午餐時間，然後三點半到四點又要休息一次，接著五點準時下班。我必須說，我很難表示同情，畢竟我曾見識過父親在肯特郡克雷福德市（Crayford）的維克斯（Vickers）工廠幹活的拚勁，而且一做就是近四十年。

我想擺脫管理職。然而一九九五年，一個全新發展帶來威脅，可能會讓我卡在管理職直到退休。內政部宣布倫敦警察廳實驗室將與國內其他實驗室合併，成立鑑識科學服務中心。

「國家級的毒理部門首長，這位子你十拿九穩了。」我的上司這樣對我說。這代表著更多屬下、更多抱怨；這個職位代表我急於逃離的一切，但我還能怎麼辦呢？

然後我看到了機會。

專家顧問這個職位的構想，是從一九七〇年代末搞得一團糟的約克郡開膛手（Yorkshire Ripper）調查案延伸而出。那起案件是英國警察史上最黑暗的一段過去。歷時五年的調查，警方曾在九個不同的場合有機會逮住連續殺人犯彼得·薩特克利夫（Peter Sutcliffe），結果卻屢屢讓他成為漏網之魚，繼續攻擊更多婦女。調查團隊被眾多嫌疑犯、線索以及隨之而來的文書作業等各種大量資訊弄得暈頭轉向，以至於就算凶手站在他們面前，他們也看不到。最終他們純粹是靠運氣抓到彼得·薩特克利夫。

官方著手調查開膛手一案的偵查過程怎會如此荒腔走板，隨後做出一份詳盡報告，列出一連串建議。這份拜佛德報告（Byford Report）中有個關鍵性提議，就是警方每起重案調查都應該搭配一位資深科學家，後來又被稱為專家顧問。專家顧問的角色是協調所有鑑識科學工作，從犯罪現場蒐證到實驗室，從調查第一天到任何法庭訴訟程序得出結論為止。

早該如此了。

在此之前，犯罪現場始終呈現某種「百家爭鳴」的狀況。身為毒理學家，我記得曾去過一個槍擊現場，卻發現得跟武器專家、生物學家、化學家、DNA專家、還有一小隊犯罪現場調查員搶地盤。持平來說，我們全都勤奮地在做份內事，可是沒有人退後一步，以整體性的戰略觀點來思考。

身為在第一線工作的科學家，我直到一九九六年才聽聞拜佛德報告中推薦的做法，當時內政部在西北英格蘭區推動專家顧問試驗計畫，參與警方都讚譽有佳，因此耳語四起：他們會把此方案推行到全國嗎？

最後有則內部招募廣告出現了，全英各地共有八個專家顧問職缺，亟需資深科學家效力，其中三個職缺位在倫敦警察廳轄區內。專家顧問有兩個基本任務：第一，建議本地警力在調查中如何使用鑑識科學；第二，領導一群來自鑑識科學服務中心或外界的鑑識科學家來實踐這門科學。

我把這則廣告拿給我太太潔姬看，她完全支持我去應徵。畢竟她親眼目睹管理職如何耗損著我。

如同我對面試官說的，這就是我想要的一切——到案發現場去，把鑑識知識與技巧應用於現場調查上。為何總是到了偵查後期，才因為需要證據立案而讓鑑識工作介入？何不在偵辦初期就讓警方能有效利用鑑識科學協助破案呢？

言語無法表達能直接與警方共事讓我有多興奮，但我清楚讓面試官們知道，這就是我夢寐以求的職位。

最後他們把這份工作託付於我，我如釋重負。我的雄心壯志又回來了。

第二章　主教座堂行動

一九九七年二月十五日，星期六

在我專家顧問生涯的前十年，幾乎每年夏天都有一宗兒童謀殺案成為焦點。這段時期的社會史要是沒提到以下這幾個案子就不完整了，例如：二〇〇〇年的莎拉・佩恩與達米洛拉・泰勒（Damilola Taylor）、二〇〇一年的丹妮艾爾・瓊斯（Danielle Jones）、二〇〇二年的索罕謀殺案（Soham murders）及蜜莉・道勒案（Milly Dowler）。這份名單可沒就此結束：里斯・瓊斯（Rhys Jones）、P寶寶（Baby P）、維多莉亞・克林比耶（Victoria Climbié）——感覺上就像是每年夏天都有一齣真人實事悲劇大片要上映。每件案子都有一幅受害者的代表性影像，透過媒體持續曝光，在我們心頭烙下印記。

接下來要談的這件案子也是如此。如果你對一九九七年的事還有印象，很有可能你閉上眼睛就會浮現那個畫面——碧莉喬．詹金斯穿著學校制服，面帶微笑的漂亮小臉蛋全然不知眼前等著她的命運。

第一次聽聞她遇害是在某個週日早晨，我正在東南倫敦家中客廳看電視新聞。「東索塞克斯（East Sussex）的海斯廷斯（Hastings），一名女學生在自家後花園被發現遭人打死。十三歲的碧莉喬．詹金斯，昨天下午在一起看似隨機的攻擊中，承受了駭人的頭部創傷……。」

有些罪行會讓你停下手邊一切。光天化日之下怎麼能發生這種事？尋常的郊區後花園裡？發生在一個十三歲女孩身上？到底為什麼？

我感覺腎上腺素激升，接下來十五年的歲月裡，我必須習慣這種感受。

我可以盡一份心力。我幫得上忙！

我瞪著邊櫃上時髦簇新的無線電話，期待鈴響。

「拜託，布萊恩……。」我邊說邊期待著電話鈴響，「給我一通電話。」

當時我已經在鑑識科學服務中心當了八個月的專家顧問，開始感受到壓力。我需要像這樣一樁大案子；這聽起來可能很憤世嫉俗，但我知道需要一宗外界高度關注的謀殺案，才能讓我跟這個新職位提高能見度。

我尚未能證明自己或者這個招搖的新職位能有所貢獻。

天知道我一直努力嘗試，想辦法讓大家注意到我。我與倫敦、索塞克斯與肯特郡的高階調查官與科學技術主管開會，推銷鑑識科學服務中心（簡稱FSS）還有新上任的專家顧問——也就是我本人——能替重案調查提供何種協助。問題是，我不能憑空闖進專案室裡，我必須由警方邀請才能加入調查。到目前為止，讓我極度挫敗的是多數高階警官似乎公開對此概念存疑。有人猜測這是FSS試圖接管犯罪現場管理的卑鄙陰謀。有人則質疑我這樣一名毒理學家，如何有能力統整其他學科（例如：生物學、化學與彈道學）並制定最佳策略以推進案情。資深警察一想到有個「死老百姓」進入她或他的專案室打亂工作流程，就會一肚子火。所以我有大半年時間根本無法靠近調查現場，反而困在警方與FSS之間各種長期懸案的行政聯絡事項裡。

講白了，我不過是個頭銜好聽的送信小弟。

我甚至開始密切注意新聞，等著大案子發生。如果我認識負責該案的警察，我就會打電話給他們主動提議幫忙。換句話說，就是「追著救護車跑」。

「我想我們什麼都有了，雷。」免不了會有這種回應，或者，「需要你的時候會打電話給你。」

這個案子又憑什麼會有所不同呢？我在外到處握手社交、推銷我的角色時，我感覺有位高階主管立刻就認知到這個職位的益處。他就是偵緝督察，布萊恩・庫克（Brian Cook），他跟我合得來。讓人精神為之一振的是，比起守住年度預算，他似乎更關注逮到罪犯——這個特質現在稀少到令人痛心。而且他特別把我介紹給他轄區的高階警探們。那個轄區包括東索塞克斯，歷史古城海斯廷斯也在其中，而碧莉喬・詹金斯昨天下午就在那裡慘遭謀殺。

「來吧，布萊恩……。」我再度催促電話，「快點響吧。」

我決定了，如果下午兩點還沒接到布萊恩的消息，我就會打給他。就算那讓我看起來狗急跳牆也沒差，因為我的確是！

當我小口吃著一份清淡午餐之際，我感覺皮帶上那個呼叫器發出熟悉卻讓人神經緊張的嗡嗡響聲。我瞥了一眼螢幕，看到一組區碼〇一四二四的電話號碼。我查過了，那是海斯廷斯的區碼！我立刻回電。

「嗨，布萊恩，我是雷・費許。」

「嗨，雷。聽著，我沒多少時間，你明天早上八點可以到碧莉喬・詹金斯案專案室來嗎？」

「應該沒問題，布萊恩。」我故作淡然地說。

一九九七年二月十七日，星期一早上五點

我悄悄溜出位於貝維迪爾的家，免得吵醒潔姬。開車前往海斯廷斯的路上，車上廣播幾乎沒提別的，都在講碧莉喬謀殺案。

十三歲的碧莉喬遭受攻擊時，正在後院替一對落地玻璃門上漆。凶手用當天早上打掃時從花園棚屋清出來的一根約四十六公分長的金屬帳篷釘行凶。她的養父尚恩．詹金斯（Siôn Jenkins）跟兩個妹妹在外辦事回來後，發現碧莉喬頭部有致命傷。被請來開立死亡證明的鑑識法醫說，嫌犯應該會全身濺血。

我確定警方會好好檢視碧莉喬的寄養家庭，因為任何緝凶行動，都要盡早排除近親涉案的可能。還有一個細節讓我很困擾：如果殺害碧莉喬的凶手滿身是血，怎麼會沒有任何人目擊？當時星期六下午才過了一半，若有人滿身是血在街上遊走，肯定會引人側目。除此之外還有一個令人好奇的新線索。

碧莉喬的養父，尚恩．詹金斯昨天透露，最近幾個月有人老是在他們家附近

探頭探腦，令家人們很擔憂。目前警方鎖定一名嫌犯，他在星期六下午約三點時，敲了下公園路（Lower Park Road）一棟鄰宅的前門，詢問住宿資訊。嫌犯接著朝著詹金斯家的方向前進。尚恩．詹金斯說他大約下午三點半回到家，發現碧莉喬遭人攻擊。警方正急著追蹤這位被人目擊在星期六下午三點至三點半，沿著下公園路步行的男人。

根據描述，他外表邋遢，前額跟鼻子上有顯眼的疤痕或胎記。大概四十來歲，約一百七十八公分高，留著稀疏短髮。

警方相信凶手躲在隔壁空屋的花園樹籬後觀察碧莉喬，她當時正在替露臺玻璃門上漆。他埋伏等候，直到家人離開後才出手。

我要求自己保持開放心態。但我忍不住想，如果這完全是隨機攻擊，那麼在缺乏動機與證人的情況下，鑑識學將會成為把嫌犯跟犯罪現場以及那個就地取材的金屬凶器連結在一起的絕對關鍵。只有一件事讓我不解：為什麼警方還沒找到這個人？一個滿身是血又衣衫不整的男人能逃多遠？

海鷗的叫聲與大海的氣味告訴我，我抵達海斯廷斯了。一連串黑白相間的交通號誌指引我來到警察局。讓我吃驚的是，警察局就座落在裁判法院還有城內消防總局旁的一條狹小路上，路邊兩側都已停滿車輛。我沒有通行證，無法進入警局後方的停車場，只能耐住性子在那條窄路上來回梭巡等待車位出現，這個過程有如在地獄裡打轉，時不時還得在窄巷盡頭冒著扭傷脖子的風險倒車迴轉。突然之間，心頭湧現一股自我懷疑。這就是我現在的人生嗎？闖進未必有人需要我或者歡迎我的地方？我到底是專家顧問，還是顧門專家呢？過去九個月裡我一直有這種感覺，我就像個局外人，企圖闖進一個封閉而滿懷疑慮的祕密世界。

我終於停好我那輛雪佛蘭遊騎兵，心裡卻亂得很。我走向接待櫃檯時，一陣清涼海風瞬間吹散我頂上烏雲。

「振作點，雷。」我告訴自己，「想辦法證明自己吧。」

布萊恩．庫克領著我直接進入堪稱調查神經中樞的專案室。他去拿咖啡的時候，我仔細觀察周遭。中央一張桌上堆著一疊日報。

〈碧莉喬謀殺案：獵捕疤面人〉，《每日郵報》（*Daily Mail*）如此報導。

〈找尋碧莉喬的疤面殺手〉，《每日鏡報》（*Daily Mirror*）大聲疾呼。

警探們急切緊張地交談。有人瞇起眼睛盯著電腦，對同僚們指點細節。有人正猛敲鍵盤或者不停打電話。垃圾桶裡塞滿用過的咖啡杯與紙盤。所有休假都被取消了。這些警官們已活在這個案件裡，而且會這麼持續下去，直到——借用高階調查官們極其愛用的說法——他們完成最困難的部分為止。我暗自想著，是否有可能把這樣主動積極的工作風氣推行到鑑識科學服務中心？根據我對某些科學家及公務員文化的認識，我感到懷疑。不過總有一天我會不顧一切試試看。

布萊恩不只帶來飲料、零食，還帶來此案主要的犯罪現場調查員，尼克．克萊格斯（Nick Craggs）。他們告訴我事情進展得太快了，所以今天早上只會有他們兩人向我簡報。我不介意，我知道高階警探們手上事情恐怕已經太多了。而且如同我在前九個月裡拚命強調的，我是來幫忙的。

布萊恩與尼克告訴我詹金斯一家的互動狀況。尚恩跟他太太路易絲有四個親生女兒：十二歲的安妮、十歲的夏洛特、九歲的艾斯特，與七歲的瑪雅。尚恩跟路易絲（他們碰巧跟碧莉喬同姓）在一九九二年把碧莉喬從寄養中心接回家，四年後的一九九六年十二月，也就是她遇害前三個月，成為她的合法監護人。尚恩是當地名校威廉帕克學校（William Parker School）的副校長，路易絲則是一位社工。

他們接著向我說明目前已進行的鑑識工作。犯罪現場調查員從星期六晚上就已經在搜查詹金斯家及花園，還有攻擊者可能躲藏過的相鄰空屋。

他們邀請我在鑑識科學服務中心的同事馬丁・伊斯梅爾（Martyn Ismail）檢視現場，以解讀血液噴濺。警方的潛水人員還在搜索詹金斯家對面的亞歷山卓公園（Alexandra Park）裡的池塘。病理學家伊安・希爾（Ian Hill）醫師在前一天進行驗屍，發現碧莉喬的頭部至少被打了六下，是用金屬帳篷釘打的，敲裂了她頭蓋骨上半部，「有點像一顆破掉的蛋」。他計算過，她頭部兩處傷勢是由不只一次的打擊所造成。

布萊恩與尼克建議我跟著他們到謀殺現場親自看看。雖然我極度不願失去珍貴的停車位，還是跟著布萊恩到了下公園路，進入了不免一團亂的媒體播報現場。我在開啟的後車廂旁披上一身鑑識科學盔甲之後，不禁納悶，聽著記者們不斷重述此地發生的恐怖事件，為何反而讓一切顯得沒那麼真實？不知怎麼的，大眾媒體的出現，把本應像悲劇的事件變成一場怪異的嘉年華會。我等不及要在警方封鎖線的另一邊得到肅穆的平靜感。

四十八號房座落在高處，要從下公園路再往上走十六個臺階，走到一座幾乎垂直的前院花園上方。這棟房子氣勢逼人——紅磚造、三層樓高、半獨立式、有傲人的六扇前窗。我爬上階梯，沿著一條通往房屋左側的狹窄小徑前行。

步行約三點六公尺以後，會抵達位在建築物側邊的住家大門。再繼續往前走三公尺，可以看到有扇高約一米八的厚重木門堵死了這條小巷，不過這扇門現在開著。我沿著房屋外圍走到盡頭右轉，繞過一扇後門跟一座棚屋，到達一個有紅黑相間地磚的小型露臺。路程中，尼克指著一個煤倉的蓋子。

「大女兒安妮先前清理了棚屋，把一根金屬帳篷釘留在這裡，就擺在這個煤倉上。」他說道。

「所以，殺害碧莉喬的那個人在攻擊她之前，一定是從這裡拿起那根帳篷釘。」

大約有半打犯罪現場調查員在我周遭來來去去，我花了點時間觀察整個謀殺現場。我的第一個念頭是這場攻擊很混亂。雖然碧莉喬已經被抬走了，但她傷口流出的血濺灑在地磚跟她本來正在上漆的落地玻璃門上。地磚上看似新灑出的白漆同樣引人注目。

每次在謀殺現場，我總會刻意過度沉浸於鑑識細節，好讓情緒沒機會趁虛而入。我早已務實地認清一個事實——我唯一能為受害者做的，就是幫忙抓到痛下毒手的王八蛋。我檢查了隔壁那間破房子與花園後方的出入口，然後致電馬丁．伊斯梅爾，想知道他從血液噴濺中得知了什麼。

✦✦✦

回到專案室，我們從警官們那裡獲得最新消息，他們剛剛在那個「疤面」嫌犯家中逮捕了他，地點在海斯廷斯西側幾公里處的聖雷納茲（St Leonards），被捕前他頑強抵抗了一番。多虧當天早上的媒體報導，好幾位當地護理師打電話來提供他的姓名與相關細節。原來他多年來一直有嚴重的心理問題。就在上星期五，也就是碧莉喬被謀殺的前一天，社工召集一隊反應迅速的工作人員到這名男子家中要讓他強制入院，卻撲了個空。

那天稍早逮捕疤面人之後，警官們發現他把藍色塑膠袋塞進口袋與內褲中。後來在拘留期間，有人觀察到他把藍色塑膠袋往鼻子裡戳，聲稱是「為了隔絕細菌」。這件事讓熟悉碧莉喬遇害現場內情的人都心生警覺。有個沒有被公諸於眾的古怪現象，那就是警方發現碧莉喬的鼻孔裡被塞入類似的東西。有位鄰居丹尼絲．蘭卡斯特（Denise Lancaster）在急救人員抵達前陪著碧莉喬，她描述這女孩身體下方墊著一部分黑色塑膠袋，而這袋子曾被塞到她的鼻孔裡。丹尼絲拿掉塑膠袋的時候，血從她鼻孔裡冒出來。疤面人以同樣方式使用塑膠袋，這個作法把他跟碧莉喬謀殺案連結起來了嗎？

專案室裡眾人忙成一團，針對疤面人是否就是殺害碧莉喬的凶手，布萊恩想聽聽我的想法。我已開始琢磨本案，注意到幾件怪事。

首先，我無法想像一個有嚴重心理健康問題的男子，會躲在隔壁後花園裡耐心等候每個人離開詹金斯家，直到碧莉喬落單。此外，如果凶手埋伏在隔壁花園內，他得翻過一道牆或籬笆才能進入詹金斯家的地產，然後抓起金屬帳篷釘行凶，而整個過程碧莉喬竟然都沒注意到或做出反應。而且此案行凶過程之殘暴，至少對我來說，比較像是「一時氣憤」式的攻擊。

還有其他細節讓我對凶手是「陌生人」這個假說感到困惑。在沒有動機或證人的狀況下，凶器會是少數能把凶手連結到罪行的事物之一。因此，為何攻擊碧莉喬的人把凶器留在現場？我從後花園查看過他最有可能的逃亡路線。後花園籬笆後的樹葉太過濃密，任何人都無法從那裡逃離。唯一可行的出口是通往屋子前方的通道。如果他走這條路離開，那麼基於兩個極具說服力的理由，他肯定會把金屬帳篷釘一起帶走。首先，以防他途中碰上任何人；其次，他隨後可以丟棄這項能讓他被定罪的證據。

但除此之外還有一件事讓我很困擾，有個細節可能從一開始就誤導了警方。

「今天稍早，我聽到鑑識驗屍官告訴媒體說嫌犯會滿身是血。」我說，「我打電話給血跡噴濺專家馬丁・伊斯梅爾的時候，他告訴我整場攻擊中，攻擊者都待在碧莉喬身體靠近花園的那一側，因為所有血跡都是朝著落地窗跟屋子那邊輻射噴濺出去的。

「根據馬丁的說法，凶手並不會全身是血。他身上可能只有一點點或者甚至沒有血跡。」

布萊恩跟尼克彼此互望，又轉回來看著我。

「有可能的話，警探們會想先釐清養父尚恩・詹金斯到底有沒有涉案。」尼克邊說邊交給我一疊文件。

打開文件，映入眼簾的是一份星期六的時間表，也就是碧莉喬遇害那天。他們解釋道，這份時間表是依據兩個來源製成。首先是星期天下午與碧莉喬的妹妹安妮跟夏洛特所做的訪談，她們跟尚恩一起發現她的屍體。此外也參考了與尚恩、路易絲以及丹尼絲・蘭卡斯特所做的非正式訪談。

時間表從早上開始。尚恩・詹金斯答應碧莉喬可以進城跟朋友去買雙新運動鞋。然而路易絲破壞了這個計畫，她說碧莉喬得做些家事才能賺到買鞋錢。此舉顯然惹怒了碧莉喬，她嘟噥抱怨著衝出房間。路易絲接著責罵尚恩，說他給碧莉喬的東西比給自己「親生」女兒的還多。

接著時間跳到下午兩點半。路易絲跟兩個較小的孩子，艾斯特跟瑪雅，三人都在海斯廷斯鬧區；夏洛特則在上單簧管課。尚恩跟碧莉喬還有安妮待在家裡。兩個女孩都同意要完成特定任務來賺零用錢。計畫是讓碧莉喬粉刷落地玻璃門，安妮則負責清潔家中那輛歐寶轎車。安妮已經把棚屋裡的東西清出來，把連同那根四十六公分長的金屬帳篷釘在內的物件都擺在煤倉頂端了。

尚恩向碧莉喬示範如何粉刷落地玻璃門，並教安妮如何洗車。不過每次尚恩去查看碧莉喬的時候，他跟這位心不甘情不願的油漆工都會產生新的危機。首先，她從玻璃門內側而非外側開始上漆，然後又把油漆弄到玻璃跟露臺地磚上，後來甚至連尚恩的襯衫都遭殃。

可以很肯定地說，碧莉喬是在進行一場無言抗議，而尚恩則是後悔讓她靠近油漆刷。

下午三點剛過，尚恩跟安妮去接上完單簧管課的夏洛特。離開前，尚恩確定通往後花園的唯一一扇側門已用一包肥料卡緊關好，留下碧莉喬在後陽臺邊油漆邊聽廣播。尚恩跟安妮接到夏洛特與她同班友人。他們先送那位朋友回家，接著再回自己家去。到家後，夏洛特把單簧管放回臥房後接著下樓。就從這裡開始，事情變得古怪。

尚恩告訴安妮跟夏洛特說他們得再外出一趟，去當地一間材料行買石油溶劑，同時抱怨碧莉喬把油漆灑到露臺地磚上了。根據安妮的描述，她跟夏洛特在前院外頭等爸爸出現。

明明他們家那條路上就有店鋪在賣石油溶劑，但尚恩堅持要開著他那輛已關上車頂的白色MG敞篷跑車，打算到約三點二公里外的連鎖工具材料行採買。接著他繞遠路沿著公園開往那間店，卻在一個十字路口改變主意掉頭回家。

他對女孩們說時間太晚了，無法再繼續粉刷。安妮出聲抱怨，說他答應過要讓她「試試看」。尚恩注意到她的失望，最後還是同意去一趟材料行，於是再度沿著公園繞路前行。

在停車場停好車後，尚恩才發現他忘記帶錢包，在車裡拚命搜尋一番後也未能找到任何零錢，三人只好空手而回。尚恩讓女孩們先跑進屋，就在這時他們發現碧莉喬躺在露臺上，頭部有大面積外傷。布萊恩向我說明了事發經過。

「某些警探認為，尚恩沒帶錢包就帶著女孩們繞了毫無意義的遠路去材料行，極度可疑。尤其是我們在屋內率先發現的眾多物品當中就有一罐石油溶劑，而且就擺在所有油漆材料旁。他們開始懷疑他是否在製造細膩的不在場證明？有沒有可能，在他們出發進行那趟徒勞無功的材料行之旅時，碧莉喬就已經死在露臺上了？」

我盡量讓自己不要看起來一臉困惑。

「有沒有可能，」尼克拼湊著線索推論道，「在尚恩、安妮跟夏洛特從單簧管課堂回來時，尚恩跑到後頭查看碧莉喬，發現她又搞得一團糟，然後就失控了？他隨手抓起手邊物品，好比說那根金屬帳篷釘，接著往她頭部猛敲？還記得嗎，女孩們在屋前等他，可能等了好幾分鐘。到材料行那趟路，是不是他唯一能想到的藉口，好讓他跟自己剛犯下的恐怖罪行撇清關係？」

對我來說，這推論肯定比陌生人隨機攻擊合理得多。

但我們要怎麼證明這個假說？

我在此時發現，碧莉喬遇害當晚，一位腦筋轉得快的偵組警員立了大功。在這一切震驚混亂之中，他設法說服了尚恩‧詹金斯交出衣服跟鞋子裝袋送去檢驗。這位偵組警員向尚恩解釋說這是例行程序，好讓他們能把他從偵查名單中排除。我佩服不已。向痛失家人的親屬提出這樣敏感的要求，需要真正的機智與膽量。

布萊恩跟尼克告訴我，那些衣服跟鞋子已經準備好送往實驗室受測，地點就是我所屬的位於南倫敦蘭貝斯（Lambeth）的FSS總部實驗室。疑似的凶器與現場其他關鍵物證也會一併送去，其中許多物件上頭都有血跡噴濺痕跡。

「但我們需要你幫個忙。」

「儘管說吧。」我說道。

「事情是這樣的，雷，我們不能讓這些證物在某個科學家的收件箱裡一放就是半個月，尤其是那些衣服。我們需要那些東西立刻送驗。我們需要你促成此事。你能辦到嗎？」

「包在我身上。」我很有信心地答道，但我知道這會是我擔任專家顧問以來首次重大考驗。

✦✦✦

他們提出的這項特別要求，觸及某種自我加入FSS以後就知道非解決不可的問題。如果要讓FFS與當代警力合作無間，我們需要推行全新的職場文化。我們的薪水、福利、休假跟升遷，全都是奠基於適用所有政府單位的公務員制度。員工的工作時間是朝九晚五，週休二日。這樣的制度會養成一種公務員心態。大家都不想、不需要也沒有預期會加班。如果有工作得等到星期一才能處理，那就等吧。這個模式在大部分公務部門裡運行無礙，但要想逮到犯人，這就行不通。

在證物實際接受檢測前，得先在各窗口間轉來送去，這個有如打乒乓球的過程可能就得花上三到十天不等，因此我們的調查進度總是落後，且永遠忙不過來。在我擔任專家顧問初期，每回會議結束就會發現電腦螢幕上貼滿了便利貼，每張紙條都要求我回電給某位急需檢測結果的警探。難怪警方大多只會找我們核實證據，鮮少分派其他任務。

但現在我們若要同步參與偵辦中且案情不斷演變的謀殺案，我們需要擬定一個快速處理系統，讓最關鍵且能大幅推翻案情的證物能立刻受檢。我們不能再落後了。長期而言，我的夢想是建立一個重案專屬團隊，這支隊伍會在大案來臨時放下手邊一切。不過此刻而言，我只能仰賴一道經過千錘百鍊的公式：哀求、借用、偷偷來。

我打電話向人在蘭貝斯FSS總部的上司解釋了狀況：我現在就需要一位資深科學家全職負責此案。我告訴他我屬意艾德里安・魏恩（Adrian Wain），他是位一絲不苟、經驗豐富又有自信的生物學家。我知道他不是老派的朝九晚五俱樂部成員，他會很樂於在這樣倍受矚目的案件裡負起責任。我懷疑之後若某些資深科學家發現我沒照程序來，恐怕會引起一陣騷動。但有個十三歲女孩躺在停屍間裡，誰在乎幾個老頑固科學家的自尊心啊？

我上司採取一種圓滑的立場：「如果艾德里安同意，那我沒意見。」

我立刻打電話給艾德里安。他同意排開手邊工作，證物則直接由警車護送到他在蘭貝斯的實驗室。

第二天早晨，我們一早就在他的實驗室裡碰頭，擬好一套行動計畫。一頭鼠灰色頭髮、戴著眼鏡、語調一絲不苟的艾德里安，乍看就是個典型又勤勉的鑑識科學家。但在我更深入認識他以後，才見識到他不按牌理出牌的幽默感。他有一次告訴我，蒼蠅每次起飛跟落地時都會拉屎！我很快意識到他低調而自信的個性是種優勢，這讓他無論是作為鑑識專家或同僚都令人敬畏三分。艾德里安要我離開讓他獨處，他才能開始幹活。那一週裡他多次提出同樣要求，這不過是第一次。

二月二十一日，星期五，碧莉喬謀殺案後第六天

「如果這些證物上有血，今天下午三點我們就會知道。」艾德里安的保證還在耳邊迴盪，我又為了另一條線索回到海斯廷斯——碧莉喬的案子有了重大發展。

我習以為常地在爆滿停車場裡慢速巡遊一陣之後，再度進入滯悶混亂的專案室，坐在一臉憂心忡忡的布萊恩跟尼克正對面。他們解釋道，三天前，也就是星期二那天，疤面人被排除嫌疑，而且已迅速安排他強制入院治療。也在同一天，警官們終於說服尚恩跟路易絲進行一場媒體記者會，呼籲目擊證人出面，並請民眾提供相關資訊，協助指認凶手。在謀殺案調查中，把父母擺到電視鏡頭前已成

標準程序。這麼做不只能喚起社會大眾關注，更可以把它當成試金石，拿來測試父母親是否涉案。只要是看過二月十八日星期二——也就是碧莉喬遇害三天後，這對夫婦在記者會公開向大眾呼籲的畫面，都會發現兩人之間充滿敵意。在那折磨人的二十分鐘裡，他們完全沒有觸碰彼此或交換眼神，警方仍在設法參透箇中奧祕。

尼克跟布萊恩不安地在座椅上挪動身子，表示這一切不過是序曲，隨後案情又出現更關鍵的發展。

「他們在星期三跟星期四替尚恩做筆錄。」尼克說，「事情是這樣的，他在發現碧莉喬屍體之後一連串的行為，呃，先來看看你怎麼想吧。」

他們解釋道，尚恩發現碧莉喬的屍體以後，把安妮跟夏洛特安置在朝向前院的遊戲室裡，讓她們避開後頭的血腥場面。尚恩接著花了幾分鐘瞎忙一陣，然後才用走廊上的家用電話撥打報案電話九九九。他在下午三點三十八分打到緊急服務處，他們播放電話內容給我聽。

尚恩先是報上自家地址，同時補上：「這是緊急事件。」

「發生什麼事？」

「我不，我其實不知道。我女兒倒地了，或者說她頭部受傷了，到處都是血，她躺在地板上。」
「她有意識嗎？」
「沒有，她沒有意識，我才剛跑過來，我現在得回去她身邊。」
「你說她沒有意識，她的呼吸還順暢嗎？」
「我不知道。我不知道，我沒注意。」
「好的，所以這是你不在屋裡時發生的嗎？」
「對，這個，我才剛，我現在才剛回來。」
「喔，好，所以你不知道事發多久了……。」
「我不知道多久，呃，是在接下來，是在之前的，我不知道——半小時，四十五分鐘吧。」
接線生接著指示尚恩讓碧莉喬側臥，檢查她是否有呼吸，如果她呼吸停止就立刻打回來。尚恩用同一支電話打給鄰居丹尼絲·蘭卡斯特，她很快來到屋裡，兩人輪流安慰遊戲室裡哭泣的女孩們，或者到陽臺上照看碧莉喬的屍體。尚恩接著做了某件會讓任何警探感到詫異的事。

當急救人員跟警方抵達詹金斯家，接手照看碧莉喬之後，尚恩走出房子，留下他那兩個精神受創的女兒還有他死去的養女，坐進停在街道上的那輛MG跑車裡。身為一位鑑識科學家，我覺得這件事不單是啟人疑竇，而是真相根本呼之欲出。這正是他剛才載著安妮跟夏洛特去材料行又無功而返的同一輛車。他為什麼要這麼做？

如果尚恩用MG跑車載著安妮跟夏洛特到材料行以前，就已經把碧莉喬打死了，那麼他是否突然意識到自己可能在車裡留下來自犯罪現場的血跡？如果鑑識人員在車裡找到血跡，他該怎麼解釋？唯一確保此事不會造成問題的辦法，就是在他「發現」碧莉喬屍體之後立刻再坐回車裡。如此一來，任何在車裡被發現的血液都可以歸咎於此。

警方問他為何離開現場坐進車裡，尚恩聲稱因為看起來快下雨了，他想把車頂闔上。警官們不只對這個情緒淡漠到令人屏息的解釋感到吃驚，更發現這說詞有明顯的破綻。他不需要坐進車裡，站在人行道上就可以闔上車頂。順帶一提，這輛車的方向盤上發現了血跡，但因為極其微量，無法辨識到底是誰的血。

除非他是想掩飾罪行，否則這些行為看來實在古怪。不過比起尚恩（可以辯稱是震驚所導致）的不理性行為，我們還需要更實質的證據。在這起案子裡，還有什麼能指證尚恩的罪行？他留在凶器上的DNA或指紋可能毫無意義，畢竟那根帳篷釘來自他家。

我們意識到，一切關鍵繫於尚恩．詹金斯當天所穿的衣物。他與碧莉喬謀殺案之間的關聯究竟為何，全取決於週六晚間那位能言善道的偵查警員說服他交出的那些衣物與鞋子。

我拿著手機在停車場裡來回踱步，想著下午三點怎麼還沒到。還好，艾德里安很準時。

「我發現在尚恩的右褲管下方，還有他的刷毛夾克左袖下方有幾滴小血滴。」他用他那種不露感情的招牌風格，淡然地說道。

「現在我講的是非常、非常細微，你用肉眼永遠看不到的血跡。雷，你幾乎可以把它們想成是從噴霧罐裡噴出來的水霧。那些血點很典型，在敲打一個被血液沾濕的平面之後，我預期就會出現這種血點。從血點的尺寸研判，衝擊力量相當大，而穿著這些衣服的人距離衝擊點很近。」

「這是什麼意思，艾德里安？」

「我認為碧莉喬的攻擊者身上會出現的血液噴濺痕跡，就是像尚恩．詹金斯衣服上的這樣。」

「天啊，你口風真緊，都沒先透露！」

「嗯，我不想讓你興奮過度，然後倉促行事。」

「我是這種人嗎？」

此刻我興奮到全身每條肌腱似乎都在同步對著空氣興奮揮拳。我們做出成果了！此外，由於案情這麼早就取得突破，凶殺調查組可以用此資訊來縮小調查範圍、重新聚焦。

我收斂心神，再度向艾德里安確認細節。我知道我必須回答很多來自布萊恩跟尼克的提問。

透過顯微鏡，他從尚恩的衣物上共發現一百五十八個微小血點。褲子上有七十六個；右褲管下方有七十個，四個在高處，還有兩個小血點在左腿。藍色刷毛夾克上有七十二個血點，其中四十八個在胸口區域，二十一個在左袖，三個在右袖。另外，左鞋上還有十個。

艾德里安解釋，當碧莉喬被近距離反覆重擊時，打擊力道相當大。揮舞金屬釘會導致較大的血滴往前噴，也會產生血滴較小的細緻血霧。血霧會往前飛，也會往後朝著攻擊者飛去。較小的血點不會飛太遠，這表示穿著這些衣物的人距離很近。第一擊不會造成血霧，因為那時還沒有血流出來。接下來的敲擊，如果瞄準了血液積聚的相同區域，就會造成這種微小血滴構成的噴霧或薄霧。

根據驗屍報告，碧莉喬兩處頭部傷勢是由超過一次的重擊所造成，這就會產生艾德里安剛才描述的那種「細緻噴霧」效應。

「但這種血液噴濺有可能會有別種解釋嗎？」我問道。「尚恩．詹金斯有沒有可能是在照顧她的時候沾上那些噴濺痕跡？他確實說過在觸碰她的時候，看到有血泡從她鼻子冒出來然後破掉。」

「這些小血滴跟從那種接觸中沾到的血漬不符。」艾德里安解釋道，「就算他跳進一整池她的新鮮血液中，也不會產生這麼細緻的血霧。這是我堅定的意見。我很樂意接受不同見解，但在我看來，這絕對是最有可能的。」

我請艾德里安把結果寫下來並傳真給負責本案的偵緝警司，傑若米．佩恩（Jeremy Paine），期待會有人立刻回電。接著我把這個消息告訴布萊恩跟尼克，他們欣喜若狂。大家為這個案件下了多少苦工，如今看來，能否破案全憑這些比針頭還小的血斑了。

✦✦✦

接下來的星期一早上，警方逮捕了尚恩·詹金斯。那一天是二月二十四日，碧莉喬遇害後第九天。一天後，警方對他太太路易絲分享了新的鑑識證據細節。

「如果他被起訴，我會多透露一些事情。」她告訴警方。

原來從一週前的媒體記者會開始，路易絲就懷疑尚恩是殺死碧莉喬的凶手。她只是無法面對這難以想像的恐怖。然而一份在尚恩被捕後歸檔的警方報告顯示，她改變想法了。

路易絲接著告訴我們，他脾氣暴躁而且還打過她。每次他用力掌摑親生孩子們，她都提心吊膽。（就她所知，他沒有打過碧莉喬，畢竟她是養女，他非常清楚界線在哪裡。）

她說在這段婚姻中他一直打她，而她開始接受這就是常態，相信這在親密關係裡很尋常。她考慮過要離開他，還跟安妮（他們最年長的親生孩子）討論過，安妮有察覺到媽媽很害怕尚恩。然而路易絲不知道安妮有沒有實際看過尚恩打她。她說他很容易脾氣失控，無須什麼明顯原因也會突然暴怒，發過脾氣後會忘得一乾二淨，好像一切都沒發生過似的……她說她總以為會出事的是自己，讓她難以置信的不是尚恩做出這種事，而是他竟然是對碧莉喬下手。

路易絲還指控尚恩企圖處理掉如今看來會讓他定罪的證據。她告訴警方他們一家人在謀殺案當晚去了丹尼絲・蘭卡斯特家，尚恩用盡心機要擺脫那件被我們證實沾有碧莉喬血跡的刷毛夾克。丹尼絲證實了她的說法。

> 根據路易絲的回憶，謀殺當晚尚恩脫下他的藍色刷毛夾克。他們離開丹尼絲家（這一家人在碧莉喬遇害當晚去了那裡）的時候，路易絲看到尚恩不打算穿上夾克。因為天氣很冷，她叫他穿上，但他說他不想，丹尼絲拿著夾克從後面追上，把夾克遞給他。當我們談起此事時，丹尼絲也在一旁，而她也記得這件事。事後回想，路易絲覺得此事很古怪……。

路易絲對她丈夫還有最後一項指控。她聲稱案發後，他一直跟安妮還有夏洛特私下談話。是他們三人一起發現碧莉喬的屍體，她相信他在「教導」她們要跟警察說什麼，才不至於讓他入罪。

與此同時，對尚恩不利的鑑識證據正持續強化中。艾德里安確認了尚恩衣物上發現的血點跟碧莉喬衣物上的相符。他在碧莉喬的緊身褲上也找到薄霧／噴霧狀的血跡樣本。根據艾德里安的說法，兩組衣物上的血液噴霧，只會來自施加在同一灘血上的相同衝擊。其他曾在碧莉喬遇襲後照顧過她的人，包括鄰居丹尼絲．蘭卡斯特及兩位急救人員在內，他們身上衣物經檢視後並未發現類似的血跡模式。艾德里安覺得這證明了某件重要的事——這種血跡噴濺，只可能來自對染血表面的高衝擊性撞擊，而非來自單純的接觸。從尚恩的筆錄或陳述裡，找不到任何事物能解釋為何他身上會出現這些宛如自噴霧罐噴出的血霧。在我們看來，這是因為這件事只有一個解釋：尚恩．詹金斯謀殺了碧莉喬。

✦✦✦

一九九七年三月十四日，碧莉喬遇害後不到一個月，尚恩．詹金斯被控謀殺碧莉喬。檢方看來大半是依據艾德里安對於尚恩以及碧莉喬衣物上血液噴濺的檢驗與詮釋而起訴。在我看來，尚恩的辯護團隊首先會做的，顯然就是質疑艾德里安的檢驗結果。他們會雇用私人鑑識公司與科學家重新檢視艾德里安的檢驗報告，試圖找出各種弱點或缺陷。畢竟根據英國司法制度，檢方必須負責舉證。多謝我們一絲不苟的刑事制度，若想將犯人定罪就得「排除所有合理懷疑」，意思是被告只要在陪審團心中播下懷疑的種子，就有可能脫身。

我決定，我們應該比尚恩的辯護團隊搶先一步。

我的計畫是盡全力找來名聲最顯赫的辯護專家。鑑識聯盟（Forensic Alliance）是由前FSS科學家安吉拉·蓋洛普（Angela Gallop）所創立，迅速在業界得到最佳私人鑑識公司的聲譽。若有任何人能從我們的工作裡找出錯誤，肯定就是鑑識聯盟。

我希望索塞克斯警方能聘請他們，但首先我需要徵求艾德里安的同意。他的工作表現如此優秀，鎖定並解讀了這個重要的血液噴濺證據。從外部找人來檢驗他的成果，他會覺得我在懷疑他或扯他後腿嗎？在蘭貝斯的FSS總部，我們已經收到許多科學家表態反對我跟我的新職務。上級嚴正指示，要我設法與科學家之間建立橋樑。畢竟要是少了他們，我的職務就無法發揮作用。我好不容易建起第一座像樣的橋樑，我是在放火燒了它嗎？

我小心翼翼地開啟這話題。

「艾德里安，我在想我們是否該找些辯方人員人來檢視一下，你知道的，這樣我們才知道要怎麼應對？」

他茫然地看著我。

「我們不是對你的發現有所懷疑，艾德里安。科學會說話，但也許我們可以找另一位科學家來幫你背書。」

「很合理。」最後他說道，「我們應該找鑑識聯盟。」

這正是典型的艾德里安，謙遜且不會小題大作。這正是我一開始精心挑選他負責這個案子的理由之一。

一九九七年五月，艾德里安跟鑑識聯盟的首席生物學家羅素・史塔克岱爾（Russell Stockdale）都同意，他們得找個辦法來示範在瘋狂攻擊人類頭蓋骨的時候，累積的血液會如何噴濺。這想法難度很高，畢竟砸碎真實的人類頭蓋骨顯然不可行；從生理學來說，可以用猴子的頭蓋骨來實驗，然而他們沒管道能取得。所以他們找了頭豬，豬頭蓋骨的生理結構近似人類。接著他們在那頭豬的腦袋上塗滿濕濕一層血液，接著用同樣的帳篷釘連續重擊它。唉，結果豬耳朵一直上下翻飛，毀了他們的實驗，他們只好把豬耳朵砍掉。

不過你們可以不用緊張，當事豬當時已死！

進行過某些人可能會認為相當不正統的實驗以後，羅素．史塔克岱爾達成跟艾德里安相同的結論。我對科學實在太有信心，以至於沒費事出席尚恩．詹金斯的謀殺審判。

一九九八年七月二日，碧莉喬謀殺案發十七個月後

下午近傍晚時分，我在實驗室接到布萊恩．庫克的電話；尚恩．詹金斯因為謀殺被定罪。

「做得好，雷。」他說道，「記得把好消息傳給艾德里安。」

我打開新聞，得知八男四女組成的陪審團花了十小時又多一點的時間，達成無異議判決。新聞是這樣報導的：

蓋吉法官判處詹金斯無期徒刑時，這樣告訴被告：「尚恩．詹金斯，陪審團根據證據，判決你的謀殺罪名成立。就我看來，這些證據很令人信服。

「去年二月十五日，你用一根金屬棒痛毆你的養女。這場攻擊很猛烈，動機

只有你自己知道。」

陪審團主席宣布判決時，擠滿人的公共旁聽席裡傳出「幹得好」的吼叫聲，碧莉喬的親生父母，比爾與黛比·詹金斯就坐在那裡。

為期十九天的審判，在法庭中聽取了十五位證人的證詞，包括詹金斯本人在內。他說他不知道誰殺了碧莉喬，並且承認他在事發當時心神混亂。他聲稱衣服上的血液來自碧莉喬鼻孔中破裂的血泡，當時他正在照顧她。一位兒科醫師說被告的說法不可能成立。另一位兒科醫師則說，就血液分布狀況看來，穿著這些衣服的人往死者頭部打了好幾下。

我靜靜地喝著啤酒，一邊反思。知道我們有能力迅速回應一件進展快速的即時調查案，感覺很好。艾德里安的表現堪稱典範。然而我忍不住想，這只是個開始。我知道我們有能力做到更多。我渴望某種更複雜的任務。我期盼我們可以接手一件懸宕已久的謎案，然後透過鑑識科學尋找蛛絲馬跡，直到得出結果為止。

我當時並不知道，碧莉喬·詹金斯案離終點還很遠，也不知道六年過後，這個案子還會回過頭糾纏我們。

第三章　堅定行動

一九九八年六月

困在南倫敦打結的車陣之中，我突然想起上回見到偵緝總督察史蒂夫．庫皮斯（Steve Kupis）的場景，忍不住大笑。

我當時坐在坎伯韋爾裁判法院（Camberwell Magistrates' Court）的門廳裡，等著以專家證人身分出庭。史蒂夫走進來，硬是把一個年輕男子安置在我旁邊，然後說道：「雷，我還有事情要做，你可以幫我看著這孩子嗎？他要什麼就給他什麼，別給他毒品就好！」

我在那裡待了一整個早上。一個準備為一宗攻擊案作證的毒理學家，實際上是在當保姆，看管一個我從沒見過的證人。

我還在倫敦警察廳實驗室工作時就認識史蒂夫了。他是個頑強的南倫敦警察，你不會想跟他起衝突的。然而我們一拍即合，事實上，比起我在鑑識科學服務中心某些科學家同僚，我通常跟警探們相處得更為融洽。

也許這是因為多數警探都跟我一樣，工作上各種技術都是「從做中學」。我加入倫敦警察廳實驗室的時候，是個留長髮、穿花襯衫，喜歡足球、板球跟啤酒的高中畢業生。追根究柢，我想這就是我被錄取的原因。我其中一位面試官是化學部門主管雪莉．威爾森（Shirley Wilson）博士，這個不廢話的澳洲人似乎很欣賞我對英格蘭足球聯賽賽程表的興趣遠高於元素週期表。或許雪莉覺得這辦公室需要一些文化重啟，「少點科學宅，怪咖趕快來」！

我從來不覺得自己是典型實驗室宅男，我很自豪我能把複雜科學流程轉譯成平鋪直敘的口語，講給跟我打交道的警察聽。這總是能讓我們之間打下穩固的基礎。

接下專家顧問一職時，我確信憑著我跟整個倫敦警察廳高階警探們之間牢固的工作關係，會讓我業務應接不暇。但就職後的十八個月裡，除了碧莉喬案那段期間，我的電話幾乎沒響過。偶爾倫敦警察廳的警探打電話給我，總是來要求加快進行某個DNA測試，不然就是催著要某個測試結果。當了快兩年專家顧問以後，我覺得自己更像一個DNA快遞。

我最低潮的時期，發現自己一直在問同個問題：參與現場調查的高階警探們真的需要我嗎？我知道我的上司們正虎視眈眈。刪減開支通常看似他們唯一的職責，若能把我的薪水從帳本裡一筆刪除，他們會有多高興啊……

值得感謝的是，我從肯特郡與索塞克斯警方那裡撿到一些「真正的」工作。我總是為他們「使命必達」，然後自我安慰地想著業界肯定會口耳相傳我很好配合。又或者，倫敦會發生某件極其血腥嚇人的重案，讓他們別無選擇只能找我參與。

一九九八年夏天，事情就這樣發生了。

一位年輕媽媽在南倫敦自宅遭人冷血射殺，警方唯恐有某個心態扭曲的行刑殺人幫派在逃。這個案子發生在布里克斯頓（Brixton）南方的圖爾斯山（Tulse Hill），是這個幫派目前已知的頭一件謀殺案。我接到電話要我趕赴現場，跟我的偵緝總督察老友，史蒂夫・庫皮斯見一面。

我抵達這個叫做克雷辛罕花園（Cressingham Gardens）的社區時，發現這些黃磚矮房構成一座讓人傻眼的迷宮。我好不容易找到位於克羅斯比步道（Crosby

Walk）的案發地點時，史蒂夫已經在那等我了。他直接切入正題。

六月二十五日晚上十點三十分左右，二十九歲的科克・強森（Kirk Johnson）在位於四號的自家，聽到前門傳來兩聲敲門聲。他太太艾維兒跟兩個女兒，六歲的阿香提跟十八個月大的薩娜都在樓上臥房裡看電視。他透過前門玻璃看到一個他不認得的人影。

「我是隔壁鄰居。」這男人說道。

科克打開門，突然間就發現自己面對著三個戴棒球帽的男人，其中一人拿著一把槍。

「別出聲，否則我就宰了你。」持槍男邊說邊夥同其他人一起闖進來。「你的錢在哪？」

科克被槍口逼上樓到了臥房，艾維兒跟孩子們躺在房裡一張雙人床上。持槍男命令這幫人裡最年輕的那個把電視音量調大，接著拿槍指著科克的臉。科克擔心有什麼可怕的事情即將發生，於是出手奪槍。在他跟持槍男搏鬥之際，科克感覺到脖子突如其來一陣刺痛。幫眾的另一人拿刀戳了他的脖子。

持槍男逼迫科克跟家人一起躺上床。接著，這幫人最年輕的那個，聽從持槍男命令，把嬰兒薩娜放到床下。持槍男居高臨下控制著科克、艾維兒跟阿香提，另一個比較年輕的男人則搜刮他們身上的珠寶與手錶，包括科克佩帶的一枚有非洲形狀金屬戒面的戒指。這批歹徒接著動手把房裡的珠寶跟現金裝進口袋洗劫一空。就在此刻，科克注意到這三個男人全都沒戴手套。他們問科克哪裡還有更多現金，接著持槍男跑下樓梯，幾分鐘後帶著一百英鎊現金回來，憤怒地對著科克的鼻子揮舞那筆錢，顯然對只有這麼一點不大開心。

持槍男命令最年輕的劫匪用一旁的手機充電器電線綁住科克的雙手，然後用電棒捲的電線綁住他雙腳。科克注意到艾維兒站在床邊，阿香提卻不見蹤影。他意識到妻子很勇敢地把這個六歲大的女孩塞到床下，跟她的妹妹在一起。持槍男命令艾維兒回到床上，同時另一個人用電線綁住她的手腳。

讓科克恐慌的是，這些男人沒有離開。持槍男把槍交給持刀男，對他點了點頭。持刀男把刀放進口袋，繞過床朝著艾維兒走去。他舉起手槍對準她的額頭。科克一個字都來不及說，震耳欲聾的槍聲就響了。科克閉上雙眼。第二槍響起。科克緊閉著眼睛，直到他聽見前門在歹徒背後甩上才再度睜眼。

他轉身發現艾維兒臉上都是血。當夜稍晚，她死於槍傷。

✦
✦
✦

史蒂夫帶我去看謀殺現場的那間臥室。這場冷血無情的殺戮，如今只有地毯上還能看見幾處乾掉的血漬。此外，史蒂夫還指出牆上有個洞。

「第二槍是瞄準科克的，卻沒打中。」他說，「這一槍穿過床墊跟一個雜誌架，然後卡在這裡。他裝死裝得很成功。

「不過艾維兒的死，那是處決。我只能這麼形容。這一切就為了幾百英鎊、一些便宜珠寶跟手機。雷，他們簡直喪心病狂。我們得逮到這些人。」

「科克或艾維兒認識他們嗎？」我問道。

「科克說他認得出三名嫌犯其中兩名。他看過他們出沒在布里克斯頓一帶，常跟一個他依稀認得的牙買加人混在一起，這個牙買加人用『二世』跟『歌詞』這兩個綽號闖蕩街頭。他們三人跟某個身障者坐在一輛身障人士租用車裡，型號應該是雷諾Clio。

「是這樣的，雷，倫敦警察廳有個情報單位在研究這一類的犯罪，他們已經有黑人社群的線人，不過沒人提供線索。」

臥房裡沒什麼東西，由此可看出犯罪現場調查員顯然已經來過了。

「你說這幫人洗劫房間，還沒戴手套，史蒂夫，」我說，「那為什麼衣櫃裡所有盒子都被留在這？他們不是該檢驗每樣東西找指紋嗎？」

「這就是為什麼我們會找你來，雷。我們需要你重新評估這個案子還有相關案件的鑑識證據，幫我們釐清方向。我們現在束手無策。」

史蒂夫解釋道，一般大眾並不知道他們已經把艾維兒謀殺案跟十天前發生的一件搶劫兼凶殘強暴案連在一起，案發地點在不遠處的斯托克韋爾（Stockwell）一棟公寓裡。兩起案件之間的相似處令人不寒而慄。

在這起案件裡，一個十八歲的女孩開了三樓公寓的前門，當時她二十四歲的男友坐在客廳沙發上。

一個戴著黑色棒球帽的男人抓住她的手腕，硬把她的雙臂扭到背後，推著她朝客廳走。另外兩個男人跟著進來，一個人戴著紅黑相間棒球帽，另一個手裡拿著槍。

持槍男命令沙發上的男人躺在地板上。他拿起那男人的手機放進自己口袋，然後說道：「你有我要的東西。」

在他們用電線捆棒他的手腳時，男人試圖反擊，卻被人用槍重擊頭部。闖入者接著開始在公寓裡翻箱倒櫃。他們顯然是在找大筆現金或毒品，卻沒找到多少錢，於是他們威脅男子要他拿出更多現金。

男子告訴劫匪，衣櫃裡還藏了更多錢，其中兩名嫌犯便拖著他被綁住的身體來到臥房洗劫衣櫃。

與此同時，第三名闖入者把女孩拖進廚房裡搜身，從她牛仔褲口袋裡拿走一張二十英鎊的紙鈔。他接著掏出陽具，不顧她求饒強暴了她。事後他把她拖回客廳，用電線把她綁起來。讓她驚恐的是另一個男人過來替她鬆綁，又把她拉回廚房。對方掌摑她的臉，逼迫她替他口交。同時間，她男友在臥房裡被另外兩個男人拳打腳踢，因為他們只找到少量現金且又沒找到毒品，深感挫折。在他失去意識前，他看到其中一人拿出一把刀。

攻擊者離開後，年輕女子設法替自己的雙手鬆綁，然後發現她男友被刀刺了；一刀在背後、一刀在胸口，他的肺被刺穿了。這對情侶步履蹣跚走到樓上的公寓，裡頭一位朋友打了緊急求救電話。

「兩個案子的嫌犯都是牙買加人，描述也相符。」史蒂夫說道。

「犯罪手法是相同的。他們都持有一把手槍跟一把刀，用電線綑綁被害人，竊取手機。而且在兩件搶劫案裡，這幫人似乎都是得到情報，認為受害者屋內有很多現金或者毒品才作案。」

「受害者之間有其他連結嗎？」我問道。

「還沒發現。」史蒂夫說。

「那麼DNA呢？」

「我們確實從那女孩的陰道採樣拭子得到了強暴犯的DNA圖譜（DNA profiling），」史蒂夫說，「但比對之後並不符合系統裡任一筆資料。不過以近幾年的狀況來說，雷，這不大令人意外。」

✦✦✦

史蒂夫指的是俗稱「牙買加幫」（Yardie）的幫派分子所犯下的大量暴力事件。這一切起源於一九八〇年代晚期，紐約傳來讓人膽寒的報告，有關當局紀錄了過去三年牙買加幫犯下超過六百宗謀殺案，他們靠著販賣快克古柯鹼，每月賺進九千萬美元。

「牙買加幫」開始在倫敦擴張勢力。英國警察不攜槍，海關也似乎鮮少抓出持假護照入境的牙買加罪犯，所以大不列顛想當然耳被認為是顆軟柿子。他們把快克古柯鹼大量銷往住宅區，而且動不動就舞刀弄槍，令人心生恐懼。很快地，從倫敦的布里克斯頓、哈利斯登（Harlesden）到伯明罕的漢茲沃斯（Handsworth），這幾個區域變得像是拓荒時期的美國西部，每個新來的牛仔，舉止都宛如一九七二年牙買加犯罪電影《來勢洶洶》（*The Harder They Come*）裡亡命天涯的主角艾文·馬丁（Ivan Martin）一樣肆無忌憚。

一連串極端的隨機暴力事件讓人心驚膽顫。在一間非法酒吧裡，有個男人介入一場爭執，結果被射了四槍，然後被扔在路邊等死。一個女人跟一名快克毒販爭吵，被槍口指著走上三層樓梯，頭部挨打後接著從陽臺上被扔出去。一個十七歲青少年因為賣了來源有問題的工具，臉上就挨了一記霰彈槍。

時時刻刻都有更多「牙買加幫」飛抵倫敦，他們的罪行日益猖狂。用燒紅的鐵棍懲罰不聽話的女信差；為了阻止假簽證騙局被揭發而勒死美國大使館一位女性高階官員。這些罪行鮮少被舉報。警方只能在街頭打聽關於他們的消息，卻永遠找不到凶器或目擊證人。

警方努力想滲透並控制這個封閉的地下世界，可惜大半是失敗收場。布里克斯頓暴動不過是幾年前的事[2]，而在種族歧視與執法過當的指控之中，倫敦警察廳一直在削減與改變政策，可能這一年才說要傾全力對付「牙買加幫」，隔一年就改口，說他們算不上什麼威脅。

與此同時槍枝暴力遽增，通常是由才剛靠著假護照抵達英國的牙買加人所犯下，他們都以綽號在街頭闖蕩。好比說科克．強森在布里克斯頓見到的那個曾與槍殺他妻子的兩名男子混在一起的牙買加人，就以「歌詞」和「二世」這兩個綽號遊走街頭。然而，若我們只能掌握嫌犯的街頭別名，又該如何追蹤緝捕呢？「感覺就像是要徒手抓起果凍一樣。」洛伊．蘭姆（Roy Ramm），這位英國首位設法要對付牙買加幫現象的高階警官如此形容道。

對此，史蒂夫．庫皮斯做了一個完美總結：「除非我們爭取到黑人社群的支持，否則我們沒機會破解這樁犯罪。」

一九九八年六月三十日，艾維兒．強森謀殺案後第五天

三十歲的米雪兒．卡比（Michelle Carby），她的悲慘遭遇直到六月三十日早晨才浮上檯面。東倫敦斯特拉福（Stratford）的艾爾馬街（Alma Street），她三個分別是十二歲、十歲與四歲的孩子向鄰居求助，要他們幫忙「叫醒我們的媽媽」。

確切來說，因為沒有目擊證人，沒人知道米雪兒出了什麼事。然而根據現場證據，警方拼湊出可能的事發經過。前一晚深夜，米雪兒的三個孩子在樓上睡覺，她穿著睡衣打開前門讓凶手們進屋。她的嘴部被打、雙腿被踢，她被電線綁在椅子上，嘴巴被塞住。接著她的後腦勺近距離挨了兩槍。不可思議而且謝天謝地的是，這一整段痛苦的過程，她的孩子們都沒醒來。她手指上幾枚戒指不見了，家中珠寶也被洗劫一空。

2 作者指的是一九九五年的布里克斯頓暴動，當時一名黑人韋恩．道格拉斯（Wayne Douglas）在被警方拘留期間死亡，此事引起抗議，最後演變成暴動。此地在一九八一跟八五年都因為類似原因發生過暴動。

拜彈道學所賜，警方迅速把米雪兒・卡比謀殺案跟不到一週前的艾維兒・強森謀殺案連結在一起。米雪兒家客廳裡找到兩枚九釐米帕拉貝倫彈殼，是從殺死艾維兒的同一把變造溫徹斯特手槍所擊發的。警方現在需要釐清的是，為什麼這幫人鎖定這些受害者？米雪兒、艾維兒跟斯托克韋爾的那對情侶之間那極為重要的關鍵連結是什麼？

這幫人接下來又會襲擊哪裡？

警方需要情報，而唯一能取得情報的來源就是倫敦黑人社群。但黑人社群對警方充滿猜忌。這種心態情有可原，畢竟當時發生了一連串黑人在警方拘留期間死亡的事故。此外，五年前黑人青少年史蒂芬・勞倫斯因種族歧視而被殺害，倫敦警察廳至今依然未能逮捕任何嫌犯。

然而兩位年輕母親被冷血射殺，讓在地人大為驚恐，偵緝總督察庫皮斯知道機會來了，這是與黑人社群修補關係的時機。他告訴黑人社群領袖，如果他們願意合作，他保證會追捕到殺害這些女人的凶手。根據這些領袖的說法，從沒有倫敦警察廳的高階警官曾經給過如此直接了當的承諾。他們決定全力投入。

南倫敦社群中的重要人物運用影響力支持警方。他們與佩帶倫敦警察廳警徽的警官們在社區內並肩而行，敦促任何握有情報的人打電話給消滅犯罪熱線或者專案室。種族平權運動家李．賈斯伯（Lee Jasper）向來批評倫敦警方不遺餘力，就連他都在倫敦警察廳的記者會裡強力呼籲，進而扭轉了情勢。

「現在是黑人社群站出來表態的時候了，」他說，「這幫人使用致命武力犯下了無法無天的搶劫案。這種程度的殘酷不仁，黑人社群無法接受。我們正在見證一場恐怖戰役。」

在地市民紛紛去電提出他們認為跟這些謀殺案有關的幫派分子綽號，其中最引人注意的是「佩佩」跟「艾隆」這兩個名字。這些線索聽來或許微不足道，但警方偵辦南倫敦區犯罪事件時，多數時候連個切入點都沒有。

同時間，我在FSS總部辦公室裡重新審視斯托克韋爾、圖爾斯山、斯特拉福這三起案件的鑑識結果，試圖找出新線索。

首先，在檢視斯托克韋爾的謀殺未遂與強暴案時，我很驚訝地看到其中一名嫌犯在現場留下一頂棒球帽。實驗室對帽子做了測試，卻沒能取得DNA圖譜。我要他們再試一次。

我也留意到一個奇異的細節。斯托克韋爾的強暴案女性受害者注意到，其中一個入侵者沒戴手套在屋子裡走動，還拿起屋內照片檢視。我很難想出一個合乎邏輯的理由來說明他為何會這麼做？但不要緊，總之我要求確認那三個現場的照片跟相框都取過指紋。

第三，在艾維兒・強森被射殺的圖爾斯山公寓裡，從抽屜、雜誌架跟一個床邊櫃上採到了一名嫌犯的指紋。然而我們的資料庫裡找不到吻合的指紋，這證實了這幫人很有可能剛抵達英國。所以就目前來說，要等我們抓到嫌犯**之後**，這些指紋才派得上用場。但就算我們逮到嫌犯，這些指紋也只能指證其中一人曾出現在強森的公寓裡。我們還需要更多證據。

接著我意識到在艾維兒・強森謀殺案現場，有個鑑識偵查的絕佳範例。犯罪現場調查員檢查了所有堅硬表面以找出新的鞋印。他們接著以鞋印圖樣交叉比對由鑑識科學服務中心負責維護的鞋底資料庫。他們在現場找到的弧形條狀紋路，符合一款銳跑波紋運動鞋的鞋底，然而科克或艾維兒・強森兩人都沒有這款鞋。他們也發現一枚鞋印裡頭有傾斜的幾何區塊跟箭頭狀鞋釘印，還有「i」、「d」、「a」這三個字母，研判很有可能是出自愛迪達獵鷹跑鞋。

我接著從警方在米雪兒・卡比位於斯特拉福的公寓所拍下的照片裡，發現某個引人好奇的東西。浴室門上有個痕跡，顯示那裡曾被人踹開。我查看了一下，這枚鞋印曾以凝膠採集過。檢驗報告揭露了鞋印上有來自銳跑波紋鞋的弧形條狀紋路，跟艾維兒．強森公寓的油氈地板上採集到的鞋印一樣。

這個發現，正好符合我們多年來從牙買加幫派分子身上觀察到的一個非常重要的趨勢。他們可能會摧毀或處理掉他們的武器、手機跟鞋子，卻從不會扔掉腳上昂貴的運動鞋。

從這三個犯罪現場蒐集到的數十項物件，例如：煙蒂、綑綁被害人的電線、飲料罐、細小的血漬等，都正在進行DNA檢驗。與此同時，三起案件正式串連起來，由一位警官全面指揮。我將所有證物列成清單交給偵緝總警司，戴夫．考克斯（Dave Cox），並且在最有希望帶來突破的證物旁加上備註，表示我會親自要求實驗室加速檢驗。讓我參與調查就算沒別的好處，至少會加快鑑識科學服務中心的作業時間。

一九九八年七月十七日，晚上八點三十分

米雪兒．卡比謀殺案發後第十七天，西北倫敦金斯伯里區（Kingsbury），海飛爾德街（Highfield Avenue）

三十四歲的普琳羅斯．約翰．巴提斯特（Primrose John Baptiste）才剛在浴缸裡放好水要替兩歲大的女兒提雅娜洗澡，前門門鈴就響了。

她打開門，卻見到兩個從沒見過的男人，一個大約三十歲，另一個可能年輕十歲。

「佛吉在家嗎？」較年長的男人愉悅地問道。他指的是她丈夫派崔克．佛格森（Patrick Ferguson），他是個泥水匠，這個時間點他隨時都可能會到家。

普琳羅斯不禁注意到較年輕的那個男子似乎很煩躁不安。

「他不在家。」她告訴他們。

男人們轉身準備離開，而普琳羅斯卻脫口而出一句讓她餘生都後悔莫及的話。

「他很快就會回來，因為他要來接我們。」

年長的男人轉過身來。

「我該告訴他是誰來找他？」普琳羅斯問道。

「湯尼。」他面露微笑。

大約晚上九點，三十四歲的派崔克在普琳羅斯跟提雅娜入浴時下工回家。普琳羅斯從浴室裡往外喊，說他錯過了訪客，不過他要是快點追出去，或許還能趕上他們。

隨後她聽見門關上，派崔克離開房子幾分鐘後又回來了。他聽起來氣急敗壞地對自己嘟囔著，同時在公寓裡繞來繞去。

門鈴響了。普琳羅斯聽到派崔克去應門，於是推上了浴室門。

「那時肯定是晚上九點半左右了，而我還在替提雅娜洗澡，她像平常一樣吱吱喳喳很多話。」普琳羅斯後來如此告訴警察。

「外頭傳來一陣拖動東西的聲音。我聽到派崔克說：『我跟你說過了，我不要你的東西。我這裡什麼都沒有。』然後他又說：『你想怎樣？』接著腳步聲變成像是在扭打。我爬出浴缸，抓了一條浴巾。扭打的聲音加上派崔克急切的語調讓我很不舒服，我意識到可怕的事情即將發生。

「我看到派崔克跟另一外個我從沒看過的人，伸長手臂互相掐著彼此的喉嚨。我轉向左邊大喊：『這到底是怎麼回事？』這時男性二號（先前那個較年輕的男子）從我臥室裡走出來。派崔克說：『我跟你說過了，這裡什麼都沒有。』

「接著一切都變成慢動作。派崔克跟那位男性三號停止扭打，分了開來。男性三號靠近我的臥房房門，離我不到一個手臂的距離。我看到男性三號轉身向右，轉頭望向另外兩個人。他放下剛才掐著派崔克的左手，突然舉起了右手……他伸直手臂指著派崔克，而我此刻才發現他手上有一把槍。那把槍是黑色的，形狀方正，約二十公分長——我以前從來沒看過槍。我大喊：『我的天啊，拜託不要！』派崔克接著說：『誰派你來的？』我從沒聽過他的聲調如此絕望。那就是槍響前他的最後遺言。槍聲震耳欲聾，我看到派崔克直直往後倒。我耳鳴了。我聽見他倒地。我看向左邊，其他人已經走了，而男性三號正要離開。我尖叫：『我的天啊，不要，派崔克。』他動都不動。我記得我說：『你為什麼這樣對我們？天啊不要，派崔克不要，別丟下我們……。』」

殺死派崔克．佛格森的子彈從他的臉頰上方進入，從頸部右側低處穿出。子彈來自殺死米雪兒跟艾維兒的同一把槍，這讓這三件調查案都連結起來了。這個喪心病狂的行刑幫派，不到三週的時間內已經第三次行凶了。

負責全面指揮這些案件的偵緝總警司戴夫・考克斯，要求我跟佛格森案的高階調查警官，偵緝總督察蘇・阿克斯（Sue Akers），還有這項調查的採證員一起到現場去。

「雷，請確保要盡一切努力來追捕這些凶手。」臨走前考克斯這麼對我說。

我抵達那棟房子，那是一棟典型的一九三〇年代半獨立式郊區住宅，如今已被分成兩戶公寓。我到達一樓的犯罪現場時，採證員說明目前已做了哪些鑑識工作。他告訴我，指紋採集員認為犯罪者們沒有深入屋裡，所以他只針對前門附近的區域採集指紋。我無法理解這種思維。

「但是根據死者妻子普琳羅斯的說法，她看到其中一名男性從臥房裡走出來，」我解釋道，「他可能在派崔克應付持槍者的時候進入任何房間裡。這群人的犯罪手法是洗劫整個家，尋找可變賣的東西。我們需要徹底檢查一切來尋找指紋，包括屋裡每張照片跟相框。」

採證員向我投來疑惑的眼光。

「這幫人有個怪癖，他們會把照片拿起來仔細端詳，」我解釋道，「其他犯罪現場就發生過這種事。室內門的情形如何？」

「指紋採集員說，因為所有室內門都用門檔卡住保持開啟，嫌犯不大可能碰過門。不過他還是全都灑過粉了，以防萬一。」

「我們應該找重案組（Serious Crime Unit，簡稱SCU）過來，」我說，「他們可以用化學藥劑跟光源來發掘粉末漏掉的印記。像這樣的犯罪現場，他們有更多特殊裝備可以派上用場。」

我比誰都清楚這一點，因為我曾在一九九〇年自願加入重案組。當時我把這看成我的大好機會，可以到外頭參與我一心嚮往的第一線犯罪調查。SCU所扮演的角色，是貨真價實地用一輛貨車把各種最新科學儀器帶到犯罪現場，幫忙蒐集指紋、血跡，以及任何其他潛在的鑑識線索。這段經歷令我獲益匪淺，而且讓我建立了一個重要的信念：在犯罪現場，任何能採取的行動都不該放過。對我來說，至少得做到這一點，才對得起那些高階調查警官們。就算只有十億分之一的機率能採集到一枚指紋，就是要做。因為指紋可能是我們指認犯人的唯一機會。萬一錯過了什麼證據，之後卻被別人發現呢？對於一個專業鑑識人員來說，我很難想像有什麼事情比這更屈辱了。

戴夫．考克斯的那句「請確保要盡一**切**努力」的精神喊話還在我耳邊迴盪，我知道這幫人還逍遙法外，而且肯定正在計畫下一場暴行，我實在沒心情走捷徑。

走廊上的壁紙引起我的注意。那是一款老派的、很老奶奶風格的植絨壁紙。曾有四個男人站在這狹小的走廊上。我覺得他們其中一人極有可能觸碰過牆面。

「他們有沒有在這壁紙上找過指紋？」我問採證員。

「就像我說過的，警探們說歹徒沒有往屋子裡走很遠，所以答案是沒有。」

「就像我說過的，我認為SCU可以用化學藥劑跟光線從這裡找出點什麼。你可以送一份樣本到實驗室，讓我們檢查一下嗎？」

我接著注意到走廊木頭地板上有許多染血鞋印。

「這些是誰的腳印？」我壓抑著怒火問道。

「急救人員跟警方。這空間很狹窄，被害人躺在正中央，每個人都得從他旁邊走過去。」

在另外兩個犯罪現場，我們採集並且成功辨識了鞋印。我覺得這個證據到頭來可能會是檢方能否成案的關鍵基礎。我認為這裡荒腔走板的犯罪現場管理，搞砸了任何找出相同鞋印的機會。持平而論，我離開海飛爾德街的時候是有點惱怒沒錯。

第二天，我坐在FSS總部的辦公桌前，我其中一位上司雷斯・羅素（Les Russell）博士進來了。

「雷，我收到一份書面投訴。」他邊說邊把那張紙放到我面前。「是關於你的。」

我首先看到的是信上的署名，這封信是來自高階證物鑑定官。那天在我抵達現場前他就離開了。我接著看到這封信同時副本一份給蘇格蘭場的犯罪現場部門。

我嘆了口氣。「這種事不能先內部溝通嗎？」

投訴文是這麼寫的：

> 費許先生參與調查的方式，讓二區的某些警官與這個單位之間造成了大量的不信任。他也在我們跟重案組之間製造緊張。費許先生沒有跟參與者談過，不該暗示他們的工作執行不當，也不該在尚未與相關單位聯繫前，就做出不切實際的承諾。
>
> 在此建議，若費許先生行事圓融，造訪現場前應提前通知該區的科學技術主管，以利我方事先安排他與現場主要工作人員會面。

誠摯地希望各方都能從此經驗學習。然而在事有進展之前，費許先生必須理解，有禮之人才能走得長遠。

我放下那張紙，逼自己不要罵人。我非常憤怒。首先，我認識這個人。然而他卻選擇向我FSS的上司以及蘇格蘭場公開投訴。他大可直接打電話啊！其次，他暗示我中傷他的專業，這絕非我意圖。我只想確保我們盡了一卻努力。第三，有一幫殺人狂在倫敦竄逃，在無辜百姓家裡射殺他們。這麼緊急的情況下，要他先放下自尊不為過吧？就這麼一次。

「雷，我必須回應這個，你懂吧，要維持和平。」雷斯說道。

「請問這封信我可以影印一份嗎？還有，你可以先放個兩天什麼都別做嗎？」

「當然沒問題。」他說。

我拿起電話。

「我得見你，戴夫，這跟案件無關，不過很重要。」

「你過來亨頓區（Hendon）吧，雷。」偵緝總警司戴夫・考克斯說道，「如果我的門關著，就表示我在忙；但如果門開著，直接進來就是了。」

我知道我必須防患於未然。沒錯，我可能應該在去現場前先跟高階證物鑑定官打個招呼。但偵緝總警司戴夫．考克斯當時可沒對我說：「我們在行事曆訂個日期吧。」他要我直接去現場。身為專家顧問，我必須能夠在收到要求時前往現場，並且直抒己見。否則我要怎麼工作？

我需要戴夫在這件事情上支持我。我需要警方支持我跟專家顧問這個職位。如果他們不挺我，如果他們沒有堅定支持我能在他們認為合適的時機出現在任何現場，並且獨立作業，那麼我的角色就沒有立足之地了。我將無法支援警方，只會是另一個鑑識科技人員，在一個已經過度擁擠的犯罪現場提供意見。我不想說得太誇張，但我的權威必須不容置疑。

到了亨頓，我發現戴夫的門是開的。我走進去，交給他那封信的影本。他讀完把信還給我，然後說道：「我會處理。」

他轉向他的電腦，開始用力猛敲鍵盤。

「這不是你的犯罪現場，這是我的犯罪現場。」他說話的節奏剛好與他憤怒的兩指打字節拍同步。「我是這個案子的總指揮官，如果我要雷去一個犯罪現場，確保一切該做的都做了，那我期待你跟你的團隊盡可能配合他，照他的建議行動。如果你對此有任何問題，你方便時就立刻打電話給我。」

我回到實驗室，找到雷斯．羅素博士。

「事情全部搞定了。」我對他說道，「你不會再聽到我們那位朋友說什麼了。」

幾天以後，當初投訴的那位高階證物鑑定官相當得意地回報，我對佛格森案現場的建議都沒得到成果。不過他又搞錯重點了。我們或許沒有任何突破，但至少可以確定一件事：無論有沒有結果，我們都已竭盡所能。

既然鑑識方面沒有成果，警方轉向其他調查手段。沒多久以後他們就有了重大突破。史蒂夫．庫皮斯在上班時打電話給我，說明最新發展。他們追蹤這幫人在前兩次搶劫時偷走的手機，通話紀錄顯示這些手機被撥打了幾支牙買加的號碼，而且其中兩隻手機都打了某兩組特定號碼。這就是了！我們找到案件之間的連結了！

調查隊伍聯絡了牙買加的警探，他們發現兩支手機都打過的其中一組號碼屬於一名女性，她正好是二十八歲的牙買加越獄武裝劫匪，海隆．哈特（Hyrone Hart）的姊妹。從牙買加首都京斯敦（Kingston）警方傳來的情報顯示，海隆人在英國，並且以「艾隆」這個綽號闖蕩。這正是在我們公開呼籲民眾協助以後，有人匿名通報警方的名字之一。

另一方面，英國警方突襲南倫敦克萊姆（Clapham）的一處房屋，在屋內發現有張照片裡的男人戴著一枚戒面為非洲形狀的戒指，跟科克與艾維兒．強森的公寓遇襲時被偷的那枚一樣。向牙買加警方查核時，對方揭露這名男性是十九歲的寇特．羅伯茲（Kurt Roberts），這名罪犯的街頭綽號是佩佩——這名字過去在倫敦警方的調查裡也曾被通報過。

同時間，倫敦警察廳在社群內部的線人網絡也協助警方達成另一個突破。科克．強森曾指認搶劫他家、射殺他妻子艾維兒的其中兩名男子，他隱約記得曾看過他們在布里克斯頓附近搭乘一輛為身障駕駛改裝過的雷諾Clio。

情報揭露這名身障駕駛是二十二歲的下半身癱瘓者，亞德里安．法蘭西斯（Adrian Francis），別名普倫多[3]，一九九五年他在西倫敦諾丁丘（Notting Hill）被槍擊後就坐輪椅了。那顆子彈本來是瞄準別人，卻擊中法蘭西斯的脊椎。自此以後，他那輛改裝過的身障專用車，成為牙買加幫派分子犯罪時最完美的掩護。畢竟哪有警察會攔下開身障專用車的人呢？

或許是因為害怕坐牢，法蘭西斯終於願意吐實。他承認載著哈特跟寇特．羅伯茲到科克與艾維兒．強森家。法蘭西斯堅持他根本不知道他們打算去強森家幹什麼，否則絕對不會載他們去那裡。四天後，綽號艾隆跟佩佩的這兩個人威脅他，若不載他們去東倫敦的卡比家就要殺了他。警探們帶著法蘭西斯繞了一圈南倫敦，讓他指出曾接送嫌犯們的其他地點。這趟行程裡，他指認了位於巴勒姆（Balham）區維爾路（Weir Road）上的一間公寓。

圍捕這些殺手的網羅正在收緊。不過，我們雖然有了嫌犯的名字，卻不知道他們的行蹤，也沒有扎實的證據能夠把他們跟這些惡行綁在一起。我希望鑑識學能在此處派上用場，證明我對調查的價值。

幾天之後，我開車經過東南倫敦的布萊克希斯（Blackheath），這時我接到史蒂夫．庫皮斯打來的電話。他們的科技人員追蹤前兩次攻擊事件中被偷的手機，找到一個位於巴勒姆區維爾路的地址——那正是亞德里安．「普倫多」．法蘭西斯曾指認的那間公寓。

「我們認為海隆．哈特跟寇特．羅伯茲待過這裡。你可以把重案組找來採集

3 原文Prento，在牙買加方言中意思是學徒。

所有鞋印嗎？如果我們能比對出這間公寓裡的鞋印，跟強森家公寓或者米雪兒・卡比家的鞋印相符，我們就知道他們確實待過這間公寓了。」

這是我們第一次檢查一間空屋的鞋印。到目前為止，我們只在圖爾斯山的科克與艾維兒・強森公寓裡採集到一名嫌犯的指紋。不過從這些案件的發展看來，不難理解為何強森與卡比謀殺案現場的鞋印會變得如此關鍵。

要採集肉眼難辨的潛藏鞋印，最常見的方法就是靜電採集法（electrostatic lifting）。通常會優先採用這個方法，因為倘若此法失效，不會影響到後續其他採集技術。這種方法得使用一面全黑，另一面鍍上鋁的箔片，把黑色那面放在鞋印上，然後對箔片施以高壓電荷，這會導致乾燥塵土或剩餘的印痕被轉印過去。接著把箔片放在暗房裡，以特定角度的高強度光源來檢視鞋印。

另一個常用方法是明膠採集法（gelatine lifter），用其中一面塗滿低黏性明膠層的橡膠片，就幾乎可以從任何表面上提取印記。如果一隻腳或一條輪胎在像是土壤這樣的柔軟表面留下印痕時，我們就能以此法翻模比對警方的資料庫。實驗室詳盡的鞋印資料庫屢次建功，協助警方確認犯罪現場鞋印的品牌。鞋底的磨損痕跡是種獨特的簽名，我們只要找到實際穿去現場的那隻鞋，就能提供無可反駁的證據。

我的團隊回報，巴勒姆區維爾路現場所做的靜電採集結果，使案情有了戲劇化的進展。在科克與艾維兒・強森的圖爾斯山公寓辨識出的那組銳跑波紋鞋跟愛迪達獵鷹鞋，最近也曾出入維爾路這間公寓。

海隆・哈特習慣頻繁跟牙買加親友通話，警方利用這一點，成功追蹤到哈特位於伯明罕漢茲沃斯區交叉路（Junction Road）的地址。第二天早上，警方派了武裝小組去逮捕他。就在那個地址，鑑識人員從哈特穿過的一雙耐吉運動鞋上找到兩個微小血斑，測試顯示跟派崔克・佛格森的血液相符。他們取了哈特的指紋，然後得到一個讓我覺得格外滿足的突破：他的指紋，與斯托克韋爾公寓（發生十八歲女子強暴案的地點）的一個相框上取得的指紋吻合。

一天後，警方在清福德區（Chingford）逮捕了街頭暱稱為佩佩的寇特・羅伯茲。他的DNA與斯托克韋爾公寓的強暴犯吻合，他的指紋還出現在強森公寓中。科克・強森在列隊指認時認出了哈特與羅伯茲。

一九九九年十二月，在俗稱老貝利（Old Bailey）的中央刑事法院（Central Criminal Court），海隆・哈特被控謀殺艾維兒・強森與派崔克・佛格森、兩件謀殺未遂、兩件搶劫以及兩件持有武器圖謀不軌的罪名成立。寇特．羅伯茲謀殺艾維兒．強森、兩件謀殺未遂、一件強暴以及兩件持有武器罪名也成立。毫無疑問，鑑識人員在三個犯罪現場採集他們的鞋印，是讓他們能被定罪的功臣之一。

兩名凶手都被判處無期徒刑，法官尼爾．丹尼森（Neil Denison）說：「我不會對你們多費唇舌。我只想說，你們的行為對文明社會是一種冒犯。你們的所作所為跟劊子手沒兩樣。」

至於哈特與羅伯茲為何挑中那幾個特定的受害者，警方只找到兩個可能的連結。被謀殺的女性米雪兒．卡比跟艾維兒．強森，兩人有一位共同的男性友人。卡比的通話紀錄進一步揭露她認識亞德里安．法蘭西斯。

警方也在卡比家發現一封來自某位事務律師的信，要求她以辯方證人的身分，在一宗牽涉某幫派人士的案子裡出席作證。看來米雪兒拒絕了，可能就是這件事要了她的命。

至於其他受害者，哈特與羅伯茲一直認為那些人都是手頭有大量現金的毒販，但結果只有派崔克．佛格森曾經是知名毒販，但他早已金盆洗手了。

二〇〇〇年七月，二十二歲的亞德里安．「普倫多」．法蘭西斯出現在老貝利法庭，他當場對米雪兒．卡比殺人案認罪。在得知法蘭西斯因為協助警方調查而有性命危險之後，法官判他十八個月刑期，緩刑兩年。

雖然我對此案貢獻不多，但這個案子至少把我跟我的職位，確實引介給整個倫敦警察廳管轄區的高階調查警官們。要不了多久，我就會在前線帶領一件重大謀殺調查，並且以前所未聞的方式應用鑑識科學。

第四章 楓樹行動

二〇〇〇年七月

常有人問我，參與偵辦八歲女童莎拉．佩恩綁架案這樣的案子，對我有什麼影響？我當然感到震驚、厭惡、義憤填膺，光天化日之下，一個小女孩竟然被人從穀物田邊緣被人擄走。我也替她的父母，薩拉與麥可，還有她的手足李、路克與夏洛特感到心痛。但是說來奇怪，我同時也覺得倍感榮幸。因為當舉國上下都在跟恐懼與無助感搏鬥時，我卻可以為此盡點力。

我是從七月二日的週日晨間新聞節目得知莎拉失蹤的消息。前天晚上大約七點四十分，在靠近西索塞克斯（West Sussex）的利特爾漢普頓（Littlehampton），她本來跟三名手足在一片穀物田上玩耍，接著卻消失無蹤。從此之後再也沒人見到她。

數百名警察與志工搜尋金斯頓高斯（Kingston Gorse）區的田野。到了星期日中午依然無消無息，我不禁開始擔心最壞的狀況會發生。如果莎拉被綁架了，就算她此刻還活著，恐怕也活不久了。

我坐在那裡看著BBC新聞頻道不斷更新的報導，愈覺得情勢不樂觀，內心暗自期盼呼叫器快點響起。兒童綁架案向來分秒必爭，如果索塞克斯警方打算邀請我加入，動作愈快愈好。我在房裡來回踱步不知多少回以後，呼叫器終於震動了，螢幕顯示一組熟悉的手機號碼。

「狀況恐怕不妙。」索塞克斯警方的首席犯罪現場調查員，尼克·克萊格斯這麼說。

「家人的嫌疑排除了嗎？」我問道，碧莉喬·詹金斯的案子我還記憶猶新。

「這麼說吧，如果家人有嫌疑，那就是祖父母、父母、三個孩子三代共謀了——這實在不大可能。到目前為止，他們所有的故事都站得住腳。」

「所以現在是什麼狀況？」

「這麼說吧，雷，在調查失蹤案的同時，我們已經非正式地建立一個謀殺專案室。」

我想這是非常聰明的做法。不只是尋找莎拉，我們還需要搜尋並且蒐集所有可能指認綁架者的大小證物。

此外，如果最壞的狀況發生了，我還會需要其他資訊。

「我們有取得適當樣本能採驗出莎拉的 DNA 圖譜以供比對嗎？」我問道。

在屍體或甚至是屍塊被發現時，迅速確定那是不是莎拉，將會是偵辦此案的關鍵。

「有的，莎拉有一顆牙齒掉在她祖父母家。她媽媽把那顆牙齒給我們了。我們也正設法取得她的牙刷。」

我發現我無法不去想她那顆小小的乳牙，莎拉肯定是某天晚上把那顆牙放在枕頭底下交給牙仙了。我在自家客廳裡停止踱步，想到她天真無邪的舉止，再想到我們此刻調查的事情，兩者交雜在一起讓我腦袋空白了了幾秒。

「你們還有打算靠其他方法辨識身分嗎？」我勉強振作，繼續問下去。

「有的，我們會從她家蒐集私人物品來採集她的指紋。」

「好，」我說，「就期望這些東西永遠派不上用場吧。」

「你明天早上可以到利特爾漢普頓參加七點半的簡報嗎？」

「尼克，我會到。」我說，「還有，謝了。我真的很感激。」

這樣說可能聽起來很怪，但我無比感激能接到這通電話。首先，如果莎拉被綁架了，我想要幫忙抓到凶手。其次，我想證明專家顧問這個角色可以發揮真正的功用。碧莉喬案距今已過了三年，堅定行動也過了兩年。如今謠言四起，說我的上司們在計畫砍掉專家顧問這個職位好省點錢。省錢似乎是他們唯一關心的事。他們已經決定要向邀請我參與調查的警方按日收費。就我的觀點看來，這不只是違反專家顧問這個職位本身的原則，也遏阻了工作繁重的高階警探主動聯絡的意願。

直到最近為止，我最大的挑戰始終是向負責重大犯罪調查的高階警官證明我的價值。如今，我得向我的上司們證明這點。

二〇〇〇年七月三日，星期一，莎拉失蹤後第三十六小時

潔姬跟我已經從東南倫敦搬到位於肯特郡鄉間的赫德科恩（Headcorn），為了避開車潮，我早上五點就上路了。一抵達利特爾漢普頓，尼克就匆匆帶我走進一間已經有數十位警官在裡頭忙成一團的簡報室，每個人手上都拿著筆記本跟

筆。這間簡報室是那種典型毫無生氣的簡報空間，最前方放了張講桌，正對著約五十張椅子。講桌後方有個大白板占據舞臺中央，白板上是莎拉・佩恩那張天使般的臉孔，那張後來令所有英國人都認得的臉孔。釘在那張照片周圍的，是截至目前為止的犯罪時間表，還有關鍵高階團隊成員的聯絡電話。

在一陣喧囂騷動中，我聽說了一項重大進展——他們已經拘留了某人。當三名高階警官大步走入簡報室在講桌前入座時，我知道的就只有這麼多。我立刻認出其中兩位分別是偵緝警司亞倫・萊德利（Alan Ladley）與彼得・肯奈特（Peter Kennett）。

大約一年前，我曾經與亞倫・萊德利一起解決了博格諾里吉斯（Bognor Regis）某間養老院裡，一位九十六歲住民遇害的案件。而在更早之前，在我變成專家顧問不久後，就曾有人把我介紹給彼得・肯奈特認識。彼得是索塞克斯兒童謀殺案的主任警官，雖然我們都不樂見此事，但我們都確定將來肯定有機會合作。如今，這一天終於來了……。

第三位高階警官則是偵緝督察馬丁・「托許」・昂德希爾（Martyn ‘Tosh’ Underhill）。我不認識他，但後來我很快就發現他對鑑識科學深深著迷，他將成為關鍵的盟友。

在此階段由亞倫領導調查，他把我介紹給團隊裡的其他人。

「這位是雷．費許，鑑識科學服務中心的專家顧問。你們之中某些人可能已經認識雷了。他會統籌協調來自鑑識科學服務中心的結果，並且針對鑑識事務對團隊提供建議。我要求你們所有人都不遺餘力地協助雷。」

就是這樣！身為專家顧問，這是我第一次感覺自己真正融入警方參與重案調查。現在我必須確保我能證明自己的價值。

我們首先回顧了七月一日星期六，莎拉失蹤當晚的基本背景資訊。當天稍早，她父母麥可與薩拉跟他們的四個孩子，從位於薩里郡赫珊（Hersham）的住家出發，前往拜訪麥可的父母，他們住在利特爾漢普頓邊界處，位於金斯頓高斯的皮克巷（Peak Lane）。約晚上六點，這群訪客坐下來跟祖父母泰瑞與萊絲莉一起吃晚餐。晚餐後，除了萊絲莉以外，所有人都走了約半公里的路去利特爾漢普頓海灘。

大約晚上七點二十分，四個孩子在祖父母家旁的穀物田裡玩「恐龍」遊戲，同時泰瑞、麥可跟薩拉在附近的都鐸酒館（Tudor Tavern）迅速地喝了一杯。晚間七點四十分，莎拉跌倒了，她膝蓋受傷不大開心，於是穿過樹籬間的縫隙朝祖父母家回去，這段路沿著金斯頓巷（Kingston Lane）走，距離不到一百四十公尺。晚上七點五十分，她的兩個哥哥跟她妹妹回到祖父母家，卻發現莎拉不在那裡。萊絲莉派李跟路克出去找她。大約晚上八點，莎拉的父母跟祖父從酒吧回來，然後跟擔憂的鄰居們一起加入搜尋。

在超過九十分鐘毫無成果的搜尋之後，晚間九點三十分，薩拉撥打緊急服務電話。警官們放下手邊例行的週六晚間勤務，到金斯頓高斯來統籌搜尋。不過夜色降臨之際，還是不見莎拉的蹤影。

天一亮，搜索再度開始。隨著莎拉失蹤的消息散播開來，數百名志工加入搜尋，不過莎拉仍然杳無蹤影。

星期日早晨過半之際，莎拉十三歲的哥哥李，對警方揭露了一個驚人的事實。他只比莎拉慢了不到三十秒離開穀物田，當時他看到有輛白色大廂型車，朝著他祖父母家的方向加速超過他。然後這輛車迅速轉向，輪胎打滑，然後朝著反方向迅速開走。車裡有個灰髮斑駁、穿著紅色格子襯衫的邋遢男人向他揮手微笑，露出一口黃牙。

警方挨家挨戶訪查，終於找到一位鄰居也在當晚約七點四十分，看到一輛白色大廂型車加速離開金斯頓巷。據她描述，那是一輛類似搬家用的廂型車，兩側與後方都沒有窗戶。

「你們之中可能有人不熟悉這裡，」亞倫・拉德利解釋道，「這是個偏遠地區，沒有太多住家，進出的道路只有一條。人們只會為了特定理由去那裡，在星期六晚上更是如此。所以不管是誰拐走莎拉，這個人都熟悉這個區域，而且很有可能跟當地有連結。」

某些警探深信嫌犯肯定有地緣關係，所以前一天晚上他們決定自主行動。他們無預警登門拜訪該區域的兒童性犯罪前科犯，聲稱是社會福利性質的探訪。

就在晚上八點前，偵緝警員克里斯・桑德斯（Chris Saunders）與約翰・法希（John Fahy）按了聖奧古斯丁路（St Augustine Road）上一間公寓的門鈴，那個地方就在利特爾漢普頓的濱海區旁。那間公寓的住戶洛伊・懷丁（Roy Whiting），一九九七年十一月才剛出獄，至今還不到三年；他在西索塞克斯的克勞利（Crawley）綁架並猥褻一名九歲女孩，因此被關了三十二個月。警員們沒等到人應門，大約晚上九點二十分又再回來。他們再度反覆按門鈴卻徒勞無功。其中一位警員繞到公寓前面，注意到有扇先前關著的窗戶微微敞開了。他決定試試撥打這間公寓的電話號碼。電話響了好幾分鐘，懷丁終於接電話了。他很不情願地同意讓他們進屋來。

兩名警員同時注意到的第一件事，就是懷丁看起來有多整潔。先前幾次見面時，他總是一身油膩凌亂。桑德斯問他前一天的行蹤，懷丁幾乎像是開了自動導航一樣機械化地回應，說他這天都在家看賽車跟足球。然後大約晚上七點半，他去了一個露天遊樂場，位在利特爾漢普頓東邊約三十二公里的霍夫（Hove），在那裡待了大概一個小時左右。懷丁說他大約晚上九點半到家，洗了個澡然後上床睡覺。

懷丁沒有問警方為何要問這些，所以桑德斯決定告訴他：前一天晚上，有個八歲女孩在利特爾漢普頓郊區被綁架了。懷丁沒有展現出任何一丁點驚訝或擔憂。然後，突如其來地，他說道：「我過去讓那個女孩經歷的事實在太糟糕了。我不會再做那種事了。」

亞倫在簡報裡提到，那些警員離開公寓時對懷丁充滿疑慮。他拒絕應門，他整潔體面的外表，他對莎拉一事漠不關心，還有他那句古怪的聲明：「我不會再做那種事了。」他是在講發生在克勞利、讓他進了監獄的那個案子？或者他是在講莎拉？

這對勇於任事的搭檔決定順從直覺，在附近守株待兔，監視公寓。他們通知一位資深同僚，偵緝巡佐史蒂夫‧瓦格斯塔夫（Steve Wagstaff）一起加入行動。

大約晚上十點，懷丁離開公寓，走向一輛高底盤的大型白色Ducato廂型車。警探們坐在便衣警車裡觀察，感到好奇。

懷丁在車廂後方到處翻找，然後拿出某個看起來像是一件皺成一團的髒T恤的東西，接著回到公寓裡。警探們擔心他可能會摧毀犯罪證據。令人不安的是，在查詢車牌資料之後，他們發現這輛車並非登記在懷丁名下。

晚間十一點懷丁再度出現，他爬上駕駛座然後發動引擎。偵緝巡佐瓦格斯塔夫唯恐他打算擺脫那輛廂型車，於是把車開到一旁堵住他的去路。這位思路敏捷的警探接著跳下車，繞到駕駛側敲打車窗玻璃。懷丁把車窗降下時，瓦格斯塔夫伸手進去搶走了車鑰匙。

簡報室現場傳出一陣充滿敬意的竊竊私語。那種閃電般的反應是教不來的。

瓦格斯塔夫指示懷丁跟隨桑德斯與法希回到公寓去，讓兩位警員看他從廂型車裡取回的東西，他則是先去迅速搜查一下這輛廂型車。懷丁降下車窗時，瓦格斯塔夫瞥見了一張從儀表板上鬆脫、掉到車內踏腳處的紙片。出於某個原因，那一小張紙片引起他的好奇。

他在踏腳處摸索，最後終於摸到那張紙。此時映入他眼簾的這張紙片，改變了整個調查的方向。那是一張由巴克穀倉加油站開出的二十英鎊加油收據，時間是七月一日星期六晚上十點，也就是莎拉被誘拐當晚開立的。懷丁之前對桑德斯跟法希說自己當天一整晚都在霍夫的露天遊樂場裡，而且九點半就到家了，然而巴克穀倉加油站位於利特爾漢普頓與霍夫以北約三十二公里處。

如同亞倫．拉德利在簡報時挑明的：「懷丁的不在場證明現在支離破碎了。瓦格斯塔夫問了他這個關鍵問題：『你知道莎拉．佩恩在哪裡嗎？』懷丁堅稱不知情，所以警探們逮捕了他，他現在正被拘留中。」

房裡眾人同聲嘆息。如果懷丁確實綁架了莎拉，至少他現在不是在外頭逍遙，瞄準下一個目標。莎拉被綁架至今還不到三十六小時，她還有一線生機。

「我們採集了DNA、血液跟唾液樣本，還有陰莖拭子，也從他的指甲縫裡取得了檢體。我們也沒收了他被捕時穿的衣服。」

他直視著我：「雷，我希望你把這些東西盡快送到實驗室裡，檢查有沒有莎拉的DNA。」

我點點頭。

「至於其他鑑識工作，我們的犯罪現場調查員正在檢視綁架案發地點、懷丁家，以及他的一輛富豪汽車。有更多人手在位於赫珊的佩恩家蒐集證物，例如含有莎拉頭髮樣本的髮梳或髮帶。不過我想我們最有希望的線索，就是懷丁的白色Ducato廂型車，這輛車目前已經送到一個安全地點了。」

亞倫・拉德利環顧整個簡報室。

「一如我們所知道的，有目擊證人在莎拉失蹤的現場，看到一輛外觀大致吻合Ducato車款的廂型車。最重要的是，如果懷丁就是犯人，莎拉必定曾經待過那輛廂型車。」

他轉向我，問出每個人都想問的問題。

「雷，我們有多大機率可以在那輛廂型車裡找到證物，證明莎拉曾在車裡？」

我環顧四周，發現所有人都盯著我看，我乾嚥了一下。整個調查很可能就仰仗這一點了。我在心裡思考了一遍，然後緩緩點頭，接著說出簡報室裡所有人都想聽到的話。

「每次接觸都會留下痕跡。」我說，「如果懷丁綁架了莎拉，那輛廂型車裡一定會有她的痕跡，不管是指紋、血或唾液之類的體液、毛髮、纖維、碰觸物件留下的DNA物質……肯定會留下什麼。」

亞倫·拉德利與彼得·肯奈特接著向我非常明確地指示，這項搜查必須滴水不漏。廂型車裡任何相關證據都必須全數取回。我們必須針對那輛車以及車裡一切物品，盡可能快速又全面地執行各種可能的鑑識檢驗。

能否徹底搜查這輛廂型車感覺茲事體大，因此我跟其他核心鑑識人員開了一場臨時會議。我跟尼克·克萊格斯以及犯罪現場首席協調員，羅傑·克羅利（Roger Crowley），三人共同起草了一份檢驗策略文件，再由高階調查警官簽名核可。文件內容包括我們將如何檢驗廂型車、以何種順序進行；完整記錄廂型車的各種資訊，例如：座位位置、汽油量、機油量、里程數；要從廂型車內部以及其他位置取走哪些證物。其他位置的證物往往具有關鍵作用，例如輪拱底下的物質、輪胎（要跟其他取證地點的各種胎痕比對）、煙灰缸內容物、廂型車外部或車底的泥巴或殘渣、機油與汽油的對照組樣本，還有椅套。

接下來話題轉向指紋與DNA。思考一下廂型車的內部構造，有多少平面實際上適合採指紋？又有哪些平面最適合採集DNA？我們召集索塞克斯警方的指紋與DNA專家以及實驗室的重案組，共同討論最佳採集技術。

這場關於指紋的會議，讓我們為採集指紋這項古老技藝帶來新突破。有史以來第一次，我們引進了一種新技術，讓無法進行指紋辨識的殘缺指紋也能夠進行DNA圖譜鑑定。畢竟要破解這個案子，我們只需要找到一個莎拉·佩恩曾待在那輛廂型車裡的痕跡，只要能在法庭上證明這一點就好，這個證據是用什麼技術或從哪個地方取得，一點都不重要。

我安排好讓懷丁的衣服連夜運送到FSS總部實驗室，並列為最急件第一優先處理。等到我坐進車裡，準備開車回到肯特郡的家時，時間已經非常晚了。一路上，電臺廣播都在提醒我莎拉的搜救行動規模有多大。除非有事實證明，否則我們必須假定她還活著。

兩百一十八名受過訓練的搜索員、七位水下搜尋員、二十六位倫敦警察廳與艾塞克斯警犬領犬員、索塞克斯警察直升機、西索塞克斯消防隊、國防部警察、五百名志工及三百六十五位警察都在外搜索道路、棚屋、農場與湖泊，並且挨家挨戶進行訪談。甚至連皇家空軍都部署了一臺高科技美洲豹偵察機，針對索塞克斯鄉間掃瞄並拍照，以便搜尋任何最近被翻動過的土壤。民眾提供線索的電話累計已達數千通。

這已經是索塞克斯警方歷史上規模最大的單一行動，甚至連一九八四年，臨時愛爾蘭共和軍以柴契爾政府為目標所犯下的布萊頓大飯店（Grand Hotel in Brighton）爆炸案，其調查規模都難望其項背。然而莎拉還是無影無蹤。現在看來，我們似乎得放走綁架她的主嫌了。

星期日晚上逮捕懷丁之後，警方有四十八小時可以起訴或釋放他。他們把希望寄託在受過專業訓練的審訊者能攻破他的心防，但到目前為止，懷丁依然挑釁地堅持「無可奉告」。警方只能拘留他四十八小時，而時間正在迅速流逝。

七月四日，星期二，莎拉失蹤後第三天

根據懷丁的陰莖拭子、指甲縫檢體與衣物檢驗的最初結果，都沒能發現莎拉的DNA。警官們邀請莎拉的大哥李．佩恩進行列隊指認，隊伍中包括懷丁。李曾經詳細描述過他看到從莎拉綁架現場開走白色廂型車的男人。如果李可以辨識出

懷丁，警方就能夠繼續拘留他。

李・佩恩沒能指認出懷丁。

隨著時間流逝，高階警探們詢問皇家檢控署（Crown Prosecution Service，簡稱CPS），他們是否能夠依據他造假的不在場證明，還有他獨特的作案手法（modus operandi，簡稱MO）起訴懷丁。畢竟他五年前曾犯下且為此入獄的罪行，跟莎拉綁架案有驚人的相似性。

回溯到一九九五年某個星期六下午，他在西索塞克斯的克勞利鎮街頭擄走一個女孩，把她扔進他的紅色福特Sierra車裡。他把嚇壞了的受害人載到林地裡，然後爬到後座，命令那女孩脫掉衣服。根據受害者陳述，他用雙手、舌頭、嘴巴跟手指猥褻她。他接著把車開到克勞利浸信教會叫她下車，然後加速逃逸。犯案當晚，一位拜訪懷丁的鄰居看到他反常地乾淨整齊，大感驚訝。

儘管犯罪手法上高度相似，他的不在場證明又不可靠，CPS通知索塞克斯警方，這樣仍不足以起訴洛伊・懷丁。

星期二深夜，警方別無選擇，只能釋放他們強烈懷疑綁架了莎拉・佩恩的這個戀童癖。開車回肯特郡的家時，我無法不去思考那難以想像的狀況。要是他再度出擊呢？我們如何能原諒自己？

我絞盡腦汁，急切地設法以最快速度證明他確實犯案。我清楚地意識到我們只有一個機會——我們需要找出莎拉．佩恩在那輛廂型車裡的微物線索。

七月五日，星期三，莎拉失蹤後第四天

警方把我帶進一個冰冷、回音很大又帶有引擎機油氣味的飛機棚裡，然後引導我走向一輛破舊的白色廂型車。這輛車很快就會成為我生活的重心。

團隊成員向我解釋，懷丁在莎拉綁架案前六天買了這輛白色Ducato，卻還沒登記。根據推測，他是打算用這輛廂型車犯案，然後迅速「轉手」，這樣就不會有書面資料可以把他跟這輛車連在一起。

賣家是一位名叫迪恩．富勒（Dean Fuller）的男子，他過去用這輛廂型車幫人搬家。警探指向廂型車後門，問我是否有注意到什麼。我記得根據莎拉被綁架當晚目擊白色廂型車沿著金斯頓巷疾行的證人描述，那輛車的兩側跟後方都沒有窗戶。我內心一沉。這輛廂型車的後門是有窗戶的。

接著警探打開門，敦促我靠近一點，然後指向某些文字。

「這些門上的序號跟車裡其他零件都不吻合。」他說道，「懷丁一定是在犯案前買下這些門，然後在他綁架莎拉後把門裝上去，以誤導警方。」

「這招幾乎奏效了。」我回答道。

懷丁的改造並不止於此。在我望進車廂內部時，警方解釋裡頭有塊木造地板、一片用來分隔駕駛室跟車廂之間的膠合隔板，還有用來保護車廂內裝側邊的膠合鑲板，全都被拆除了。

「他為什麼要丟掉這些東西？這不難想像，對吧？」亞倫．拉德利說。「這些東西能告訴我們什麼。我們得盡全力把它們找出來。」

隨後我才知道，懷丁不只是從迪恩．富勒那裡買下廂型車，他也買下了裡頭的物品。迅速看個幾眼就能發現車內前後面都塞滿了垃圾——衣服、工具、食物包裝袋、飲料罐、鞋子、袋子跟骯髒的臭襪子。讓人不寒而慄的是，進一步仔細檢視，我可以看到好幾袋糖果、空的巧克力飲料盒、一個防塵口罩、塑膠束線帶、一把刀、幾個絨毛玩具跟放在一只購物袋裡的嬰兒油。

亞倫焦慮地看著我，很顯然是擔心車裡大量廢物會害我們無法成功執行任務。

「如果莎拉曾到過這裡，我們一定會找到她的痕跡……無論藏在哪裡。」我再度向他保證。

但我不敢把話說太滿，隨即提出警告。

「我們必須要小心，不能讓實驗室負荷過重。如果我們送去大量待驗物件，他們會不知道要從哪裡著手。如此一來我們甚至都還沒開始就會陷入瓶頸了。」

我早就已經習慣了，此話一出就準備聽到眾人一陣哀號。在我整個專家顧問生涯裡，不耐煩的高階警探最常對我講的一句話就是：「快點把DNA報告給我吧，雷。」

我發現自己必須不斷解釋，在鑑識科學的世界，我們通常得先對證物採取好幾種步驟，然後才有可能進行到讓警方振奮的那個部分。

舉例來說，一位警探提出一個簡單的要求：查出一把槍是否射擊過。正常狀況下，這得用拭子擦拭槍管內側，以取得火器發射殘餘物。不過在彈道學家進行這項檢驗前，其他人還得先檢查這個武器上頭有沒有DNA、指紋、血液、油漬。因為禁不起任何閃失，科學家們必須按照順序執行。如果搶著做，就算事後再逆向補做之前跳過的測試，也無法得到可靠的結果。一系列檢驗全部完成後，科學家搞不好都能在槍管裡發現蜘蛛絲了！但這並不重要。身為鑑識科學家，不管壓力有多大，都需要鉅細靡遺、認真勤懇、遵守所有程序。這是個龐大的責任，無法也不該被催促。預作假設跟走捷徑的後果，可能會帶來巨大災難。

言歸正傳，回到那個機棚：要設法精準標出最可能出現莎拉DNA的品項，感覺像是進行一場最不幸的抽獎活動。訓練有術、技巧卓越的犯罪現場調查員開始動手，從廂型車上移出每件有潛在證據價值的物品——整整三百零二件證物。我們接著把範圍限縮到最有希望的那些。有一段繩索上面有兩處微小的血跡。也許是莎拉的血？一件紅色的蘇格蘭紋襯衫。請記得，莎拉的哥哥李・佩恩曾描述看到一位身穿紅色格紋襯衫的廂型車駕駛。一個空的瑪氏牌巧克力牛奶罐。也許懷丁曾用這個來安撫莎拉？塑膠束線帶、刀子跟絨毛玩具肯定要驗。在告誡警方不要呈送太多證物之後，我現在明白這個要求是多麼折磨人的挑戰。

與此同時，一位經驗豐富的生物學家雷・查普曼（Ray Chapman）被分派為本案的專案主管，好確保一切都有「照規矩來」。

舉例來說，那輛廂型車裡的每件衣物都會被放在顯微鏡下研究，所有可見的毛髮與纖維都會用鑷子取下，放在醋酸鹽薄片上。至於那些肉眼不可見的毛髮與纖維，則會用單面透明膠帶，一點一滴地從每件衣服上黏下來，然後煞費苦心地將這些毛髮與纖維逐一放到醋酸鹽薄片上。接下來，所有污漬都會被仔細檢視，並且進行化學測試以尋找血跡、精液與唾液。

這過程很勞民傷財，但卻是我們破解此案的最大希望。我幾乎每天都會趕往利特爾漢普頓出席晨間簡報，報告前一天鑑識工作的進度，以及各項DNA圖譜鑑定的最新結果。如此一來，主辦此案的警探們可以掌握現況，然後根據他們的最新情報或工作順序隨時調整。

剛開始的前兩週，我每天都在肯特郡的家、利特爾漢普頓的專案室、還有我在蘭貝斯FSS實驗室的總部之間往返奔波，這三地繞完一圈距離大概有三百多公里。我每天不是收到壞消息，就是去傳遞壞消息。一個接著一個，我們那些「最有希望」的證物都令人希望破滅；同時間懷丁逍遙自在，莎拉的家人則令人心碎地保持冷靜與積極。

七月十七日，莎拉失蹤後第十六天

大約在利特爾漢普頓北方三十二公里處的普爾伯勒（Pulborough）鄉間，一位農場工人路克・柯爾曼（Luke Coleman）整個早上都在A29公路旁的一片田地上，拔有毒的雜草千里光。

就在這條交通繁忙的馬路旁的一道陰溝裡，他看到一個形體，本來猜測那是一頭死鹿。他靠得更近些以後，注意到周圍地面被翻動過了。他試探性多走了幾步，辨識出的東西讓他停住腳步——一條小小的人腿，腳掌成九十度往上指。他意識到自己眼前是一具年輕女孩赤裸的屍體。

他震驚得頭暈目眩，匆忙趕回家打電話報警。

第五章 楓樹二號行動

DNA證實在A29公路旁邊，西索塞克斯普爾伯勒農田裡發現的屍體，就是八歲的莎拉・佩恩。

在她失蹤的十六天裡，我們已經開始接受莎拉極有可能已經身亡。然而當她終於被人發現，而且像垃圾一樣被非法傾倒在田地裡，我們全都大受打擊。她的家人始終保持鎮定並懷抱無可救藥的樂觀，舉國上下都為此感動不已。感覺上，把她安全營救回來是我們所有人的責任。儘管這種期盼並不符合冰冷堅硬的邏輯，但我們本來全都期盼著奇蹟出現。

這起案子不再是失蹤案或者可疑的綁架案了。這是蓄意謀殺。現在要由我們來撥亂反正，為那個可憐的女孩和她哀痛逾恆的家人掙得正義。整個國家都在注視期待著。

到目前為止，我們已經窮盡一切努力，在綁架案發處、懷丁家與轎車上進行各種鑑識工作，我們只剩下從Ducato廂型車取得的物證，可以用來搜尋莎拉留下的痕跡。但此刻她被草草埋葬之處給了我們另外一次機會，能利用鑑識學找出殺害莎拉的凶手。

根據這片田野的空拍照，此處還有一個地方有可能找到鑑識證據，那就是通往田地的入口與碎石車道，就位在莎拉棄屍處南方約一公里的位置。

自從莎拉被綁架以來，雨好像一直沒停過。無論是誰把她扔在這裡，都不會冒險把他們的車開到碎石車道之外，以免陷入泥濘中。我們已經發現懷丁的廂型車有漏過油。我們派出犯罪現場調查員去檢查入口跟碎石車道，看有沒有任何車輛遺留的痕跡，不管是漏出的油、車胎痕、鞋印或油漆碎屑都好。

不過從鑑識學上來說，對我們最重要的地點一定是她的淺墳。管理屍體被發現的現場，永遠都是關鍵。我們必須按照特定順序按部就班。在本案裡，風險已高到不能再高了。第一道挑戰是我們該如何確保棄屍處的所有潛在證據都保留下來了？

以入口與碎石道這個地點為例，我們需要限制在該區閒晃的人數，要不然重大線索可能會被踐踏到沼澤地裡，永遠都找不回。幸運的是，這個地方不是遛狗或散步的熱門地點，不過我們還是必須嚴格控管進出人數。就鑑識學而言，若要仔細檢視那個現場，我們實際上需要動員哪些領域的專家呢？

昆蟲學家或許能協助確定死亡時間。不過老實說，我們懷疑莎拉在被綁架後幾小時就已經慘遭毒手，所以死亡時間對我們來說無關緊要。除此之外，雖然昆蟲學是報紙書籍經常引用、電視劇也常出現的奇特學科之一，但它的檢驗結果不夠嚴謹。當一具屍體被扔到田野中，經過一段長度未知的時間，又受到像是氣溫、濕度與動物侵擾等不同變數影響的時候，結果就更容易失真。所以我們選擇不徵召昆蟲學家。

同樣地，我們有時候會雇用鑑識人類學家幫忙確定屍體的性別與年齡。但感謝莎拉的DNA樣本，我們不需要任何幫助就能認出她。這樣一來我們就少了兩位要到取證地點人擠人的專家。

至於地質學家則是不可或缺，因為我們想要嘗試在懷丁的廂型車跟棄屍現場之間建立連結，我們已經從他的廂型車輪胎還有他鞋子上採集了土壤樣本。土壤是很好的鑑別物，特定地點的土壤可以有多獨特，往往令人驚嘆。

不過我們最大的挑戰，仍舊是從濕透的墓地裡保全屍體跟所有潛在鑑識物證。在過去，犯罪現場調查員會派幾個實習生來處理這種苦差事，但現在我們意識到這座臨時淺墳的內容物實在太過重要，可不能讓一批揮舞著鏟子的新兵處理。我們需要找個可以為這項工作帶來全新知識與專業的人。畢竟，即便細如毛髮或纖維的物體，都可能會替本案帶來關鍵突破。

抱持著這個想法，我們採取了一個據我所知在鑑識界前所未有的舉動。我日後的專家顧問職涯裡，也曾多次重複這個策略。我們把眼光放到警方與其附屬單位之外，尋找各種特殊專業服務，最後我們在學術界找到需要的人。露西・席本（Lucy Sibun）是一位資深鑑識考古學家，比起新鮮的犯罪現場，她其實更習慣挖掘古代墓地跟中世紀聚落。然而我認為她從保護複雜現場和還原每一件潛在文物中所學到的技能，在目前這種情況下正好能派上用場。

露西回報說墓穴約一百四十二公分長，六十九公分寬，某些地方深度只有十五到二十公分——只能勉強覆蓋莎拉。為了彌補這點，挖掘者用土壤跟草皮粗略地掩蓋墳地，但這擋不住動物翻動覓食。莎拉的遺骸被啃咬拉扯過，所以骨架並不完整。

根據露西推估，無論是誰將莎拉棄屍於此地，可能都只花了不到六分鐘就挖出這個「不夠深」的墳墓。她也發現棄屍者使用的鏟子有個特點，其鏟頭有十四公分寬，就我所知這很少見。

病理學家維絲娜・杜羅維奇（Vesna Djurovic）也造訪了現場，她的任務之一就是要確定死因。莎拉的屍體當時已被送去驗屍。病理學家的首要任務之一是採集私密部分的拭子，尋找懷丁的精液、唾液或DNA所留下的任何痕跡。她也從莎拉屍體上可能被綁架者兼殺害者觸碰過的部分——例如她的手腕、腳踝與胸部——採集拭子，而我們可以檢驗這些拭子，找尋嫌犯的DNA。

維絲娜報告說，屍體是處於「中度進階」的腐化階段。莎拉已經身亡「好幾天了」。

這種程度的腐化讓我們無法探查內外傷，也無從得知是否曾遭受性侵。然而維絲娜推論，「不排除某些外在干預的可能性」。

她這麼回報，「依我之見，從屍體外觀以及她衣物已被移除看來，她的死亡是出於性動機的謀殺。」她認為莎拉死於頸部壓迫或窒息，可能是兩者兼具。

坐在我位於蘭貝斯總部的實驗室辦公室裡，我想起從從懷丁的Ducato廂型車取得的待檢證物之一，就是一把鏟子，它現在覆蓋在塑膠布底下，乾坐在證物儲存室裡。我打了通電話要人測量那把鏟子的鏟尖寬度，以防萬一。

幾分鐘之內電話就響了：「懷丁廂型車裡起出的那把鏟子，鏟頭寬度是十四公分。」

我去實際觀察那把鏟子的時候，我的心跳加速。那是一把典型打零工者用的切邊鏟子，老舊破爛，上頭滿是刮痕。所有工具印痕專家都會告訴你，就算只是一把普通鏟子都會有其專屬特徵，會在它挖掘過的泥土裡留下獨特凹痕與印記。我們可以在那座淺墳側邊鑄模，如此便能反映出挖掘它的鏟頭有哪些缺陷。說實在的，鏟頭損傷愈多愈好，因為它會留下極度獨特的簽名。

對我們來說，這代表一個突如其來的重大突破。如果我們可以把懷丁廂型車裡的鏟子連結到莎拉的淺墳，我們就逮到他了。首先，我把鏟子送去檢驗指紋、DNA、血液、唾液——任何可能連結到懷丁或莎拉的事物。我接著聯絡工具印痕專家崔佛．奧立佛（Trevor Oliver），這位熱衷於板球運動的牛津畢業生是業內最佳鑑識科學家之一，他同意負責比對這把鏟子跟從莎拉的淺墳中取下的鑄模。

與此同時，A29公路普爾伯勒路段被擺滿了大量悼念花束，這也促使更多目擊證人挺身而出。有更多目擊報告把一輛大型白色廂型車與這起犯罪連結起來。

莎拉被綁架當晚，倫敦地鐵工人夏恩・馬修斯（Sean Matthews）曾經從這片田地旁駕車經過，當時一輛白色廂型車沒開大燈就「從旁邊竄出來」，逼得他急踩煞車。馬修斯從後方跟著那輛廂型車——他描述那輛車比福特Transit廂型車還大——走了幾公里路，直到它沒打方向燈就右轉為止。他確認這輛車的後車門沒有車窗。

一位當地女性，賈克琳・哈嵐（Jacqueline Hallam），回想起當晚稍早在A29公路相同路段看到一輛白色廂型車停在那裡，「車頭逆向」，大燈沒開。

又一次，一切都指向懷丁的Ducato廂型車。在調查的這個階段，這輛廂型車以及棄屍處成了鑑識工作的主要著力點。

我從未在單一案件上碰到這麼多負面檢測結果，不過我很確信，這兩條調查大道的其中一條會提供我們渴望的突破。在我們繼續測試檢驗的時候，我再度提醒自己與團隊：「只要證明懷丁的廂型車曾到過那片田地的入口，或者讓他那把坑坑疤疤的鏟子跟莎拉的淺墳配對成功，我們就逮到他了。」

崔佛・奧立佛到我辦公室來找我的時候，我人在實驗室裡。我投注了強烈的信念，認為這把鐽子會為案情提供突破，以至於某種程度上我說服了自己，他親自造訪肯定是要公布好消息。結果崔佛指著莎拉墓地的照片，特別標出一道只可能由缺角鐽子所留下的印痕。他接著讓我看一張懷丁鐽子的照片，四個角都完整無損。我無法置信，高階警官們也無法置信，他們堅持要取得第二意見——但結果只是再次確認了崔佛的鑑定結果。

好吧，此路不通。我環顧四周想尋找另一條可以追蹤的線索，於是我召集了團隊，想知道關於莎拉遺體的檢測狀況如何，但再度一無所獲。可能是大雨沖掉了屍體上所有DNA或唾液跡證。她身上多個部位的體內拭子檢驗結果，都沒能找出懷丁留下的痕跡。

那晚回家路上，我不斷質問自己。我做了正確的選擇，做了正確的事嗎？我做得夠多了嗎？我漏了什麼？我發現我們正面臨著可怕的前景，因為我們的眼光可能過於狹隘了。要是我們一直找錯目標呢？要是真正的罪犯還在外面，自由自在地忙著計畫下一個恐怖罪行呢？

我到家時間很晚，但躺上床以前還有一件事要做。在偵辦本案期間，「停機時間」可說是極其稀有珍貴，我的許多同僚都覺得很難「關機」。但我有個絕對有效的放鬆方法，四十年來從沒變過。這是一種古老的減壓技術，能幫助我跳出細節，進行水平思考。

就是幾杯啤酒。

無論我多晚到家，或者覺得多疲憊，我總會花點時間喝幾杯啤酒。不知怎麼的，它就是能幫助我重整觀點，為我的樂觀主義充電，屢試不爽。

我不知道那天晚上自己喝了多少啤酒。不過等我上床之際，我能想到的就是我們還得對莎拉的墓地、還有那片田野的碎石入口進行各種測試。況且來自懷丁廂型車裡的諸多證物都還沒被檢驗過。一定會找到證據的。證據非出現不可。

七月十九日，莎拉被綁架後第十八天

莎拉．佩恩的屍體在普爾伯勒被發現後，隨之而來的媒體曝光不只是催生出更多關於懷丁廂型車的目擊報告，也以一種最迂迴曲折的方式促成本案最重要的突破之一。

當地女性黛博拉．布雷（Deborah Bray）基於工作需求，經常開車在索塞克斯與薩里兩地打轉。莎拉被綁架後兩天，也就是七月三日星期一，黛博拉在

B2139公路上瞥見某樣不尋常的東西。在靠近西索塞克斯庫爾倫村（Coolham）的一個十字路口，她看到一只小小的、看起來像拖鞋的黑色鞋子，就躺在馬路中央。

她連續兩天看到那只被拋棄的鞋子，而路過的車流逐漸把它推到路旁去。超過兩週後，莎拉的屍體在附近被發現，黛博拉意識到那只鞋子潛在的重要性，於是便聯絡警方。有些怪異的是，一位警員請她自己去現場瞧瞧。

第二天早上她回到現場搜尋路邊樹籬，然後意想不到地找到了那只黑色尼龍鞋。靠著看電視犯罪影集培養出的鑑識常識，黛博拉小心翼翼地拾起那只鞋，用她的食指跟拇指抓住鞋帶，把它放到她車子的踏腳處。

她接著開回一處警方檢查哨，把鞋子交給一位警察。警員大衛・韋伯（David Webb）把鞋子封存在證物袋裡，然後要求黛博拉帶他到發現鞋子的地點。

隨後警方徹底搜查該區，但沒有其他重大發現。現在問題是：這只兒童尺寸十三號的黑色右腳鞋子屬於莎拉・佩恩嗎？她媽媽說不準。而我們也很難想像它怎麼會孤零零地出現在路中央。左腳鞋子去哪了？實際上，莎拉的其他衣物——一件藍色的Fred Perry風格洋裝，白色襪子或內衣——都沒有被找到。

不過有件事讓這只鞋子成為我們眼中潛在的無價之寶——它的魔鬼氈鞋帶。魔鬼氈的作用就像是纖維磁鐵，對鑑識學來說是一項禮物。不過首先我們必須想辦法證明它確實屬於莎拉。

七月二十三日，莎拉被綁架後第二十二天

在利特爾漢普頓，我們垂頭喪氣地走入又一場簡報會議，已經做好心理準備要面對更多線索走入死胡同。不過亞倫．拉德利傳達的消息，讓我們停下了嘴邊牢騷。

洛伊．懷丁被捕了——不過不是因為綁架謀殺莎拉．佩恩。

我現才知道，自從懷丁在七月四日獲釋以後，索塞克斯警方一直在監視他。因為他害怕被震怒的當地人報復，所以沒有搬回利特爾漢普頓的濱海公寓，反而去他父親位於克勞利的住處落腳。然而有自以為是的正義使者去攻擊那棟房子，逼得懷丁採取更極端的作法。他帶著一具帳篷跟一個爐子，跑到林地裡去過野外生活了。

儘管懷丁居無定所，警方還是設法暗中跟監。就在本次簡報前一晚，負責監

視的警員難以置信地注視著他強行撬開一輛車牌開頭是E的車子，然後開走了。警員們跟上去，接著開始高速追逐。懷丁本來是越野賽車手，有幾次差點甩開他們。最後他直接開向兩輛警車，逼得他們轉向，但也導致他失去控制撞上另一輛停著的車子，這場追逐才畫下句點。

所有參與這場簡報的人都喜不自勝，懷丁被收押了。他無法在外逍遙了！後來法庭重判他要為竊盜罪與危險駕駛服刑三十二個月。這扭轉了局面。

「他至少要服滿三分之一的刑期，所以我們現在有大約七個月的喘息時間可以證明這個案子，並且把他留在牢裡——如果他的確是兇手的話。」偵緝警司彼得・肯奈特說道。

他接續對我補充道：「我現在只要求你繼續不疾不徐、盡可能小心翼翼做你的工作，並且確保你沒有漏掉任何東西。」

我依然承受要找出鑑識證據把懷丁連結到莎拉・佩恩的巨大壓力，但感受完全不同了。過去整整三個星期，幾乎每天都交出一次又一次的失敗成果，我覺得自己似乎得為懷丁逍遙法外負起責任。

✦
✦
✦

二〇〇〇年夏日轉秋之際，我們還沒能設法找到至關重要的鑑識連結來了結此案，而我感覺到緊張氣氛再度升高。我在FSS的上司們一直問我為什麼要花這麼長的時間？我的鑑識團隊已在這個案子耗上數月，如今也開始士氣低落。我要負責讓每個人維持信念。

我們只能繼續努力。

指紋與DNA測試，無法證明在取證地點發現的十三號童鞋屬於莎拉。我們不屈不撓地評估各種選項，只有一個選項還有希望。我們必須在那條魔鬼氈鞋帶上找到只會來自莎拉家裡的纖維。我們致力尋找能夠把鞋子連結到莎拉家還有懷丁廂型車的纖維。初步測試顯示那條鞋帶上有數百根纖維，有很多纖維要研究。

我一直對每個人耳提面命，還有很多理由可以保持樂觀。警方還在苦苦搜尋失蹤的物件：莎拉的洋裝、她的內衣、另一只鞋、用來挖掘她那座淺墳的鏟子，從懷丁的廂型車上消失的木頭地板與隔板，還有這輛車原本的後門。這些物件其中任一項都可能扮演關鍵性的角色，證明懷丁有罪。

這種信念幾乎變成某種口號——只要我們繼續做下去，我們就會發現那一小塊證據，將會證明懷丁綁架並殺害了莎拉．佩恩，毫無疑問。

但隨著秋天讓位給冬天，案情還是毫無突破，尼克．克萊格斯跟我開始問自己一些具有挑戰性的新問題。是我們該找到某樣東西卻沒找到嗎？若是如此，又為何沒找到？

我們跟管理高層開了個會，然後對科學家們進行獨立的內部評估，檢視我們到目前為止所做的一切。索塞克斯警方接著徵召漢普郡（Hampshire）警方來針對我們的調查進行外部審查。這種作法可能會讓某些人覺得受到威脅、或者被扯了後腿。我沒這麼想。若真有什麼東西被漏掉了，那絕非刻意而為。全新的眼光跟心態能帶來新鮮的點子。我只想確定我們已經竭盡所能讓這個案子成立。比起個人遭受批評，我更擔憂無法讓懷丁罪證確鑿。

所有審查最後都提出了一個我們也不斷自問的問題——如果莎拉．佩恩確曾待在那輛廂型車裡，我們認為能找到證據嗎？答案依舊是「能」。所以，他們叫我們繼續進行。

在調查進入第五個月，準備迎接聖誕節的時候，我發現自己對士氣低落的團隊反覆進行的精神喊話，已經變成對鑑識科學的一種辯護。沒錯，罪犯們可能採取極端手段來隱藏自己留下的鑑識足跡。不過你無法阻止毛髮轉移、纖維轉移，甚至是DNA轉移。這種事是持續進行的，而鑑識科學仰賴的正是這一點。這就是羅卡交換定律——凡接觸必留下痕跡。我們的確是在大海撈針，不過那就是真正的鑑識科學！如果你不喜歡，那你就入錯行了。

就在聖誕節前幾天，我正打算去參加一場實驗室會議，這時一位專精於纖維分析的資深助理，派特·貝斯特（Pat Best）攔住了我。

派特之前已經費力地從那只童鞋的魔鬼氈鞋帶上移除了三百四十根纖維。她把這些纖維放到醋酸鹽薄片上，在顯微鏡下逐一檢視，找出幾根符合佩恩家內部物品的纖維。毋庸置疑，莎拉在被綁架當天穿過這只鞋。

然而此刻，在這項調查的第一百七十天，她帶我進入專案主管雷·查普曼的辦公室。這兩個人興奮地告訴我，他們在把一根紅色纖維從魔鬼氈鞋帶上移除的時候，派特想起在證物中某處看過這個獨特的顏色。她絞盡腦汁回想，接著突然想到了。在懷丁的廂型車駕駛室取出的垃圾之中，她見過一件亮紅色的長袖運動衫。

顯微鏡檢驗顯示從莎拉鞋子上夾取的紅色纖維，從尺寸與顏色上來說，跟從那件運動衫上取下的纖維毫無二致。當然，這表示莎拉到過那輛廂型車的駕駛室了！然而要確定它們確實相符，還需要更進一步的測試，包括對成分與染料的工具性分析，這得花上幾天才能完成。第二天早上，我一如往常出席了利特爾漢普頓的簡報，我內心有股難以抗拒的衝動，想要傳達這難得的好消息——但我逼自己按兵不動，要等到我們完全確定再說。畢竟在這個案子上，有好幾次我們的希望才被高高舉起就隨即摔得粉碎。

一天過後，派特打電話到我辦公室。

從莎拉鞋子上的魔鬼氈鞋帶採得的紅色纖維，跟懷丁那件長袖運動衫上的纖維完全相符。

我放下話筒的時候手在顫抖。徹底、純粹的如釋重負！這證明莎拉被綁架以後，她鞋子上的魔鬼氈鞋帶，曾在廂型車的前車廂勾到一條從懷丁的紅色長袖運動衫上掉下來的線。這總該證明我們走對路了吧？

然而我們必須面對現實的考驗。懷丁肯定會辯稱這種紅色聚酯纖維相當常見。不過這項發現帶給士氣低落的我們一股全新信念。就在進入二〇〇一年之際，這讓我們重新聚焦：這個線索指出莎拉曾到過廂型車的前廂，所以我們優先檢驗從那裡取回的證物。

與此同時，派特在魔鬼氈鞋帶上發現另一根值得注意的纖維。這是一根混色纖維，是非常特別的人工與自然染料混合。這個不尋常的特色，將使它成為強而有力的證物。不過，首先我們得找出這根纖維來自何處。

測試終於證明這根從莎拉鞋子上取得的混色纖維，跟懷丁廂型車裡一個讓人看了發毛的物體相符——一幅上面有多彩迷你小丑的藍白條紋窗簾。我們都簡稱它是小丑窗簾。

調查過市售產品之後，沒能找到任何相似產品。這讓我們大感興奮。這幅窗簾不是大量製造的，它很罕見，這意味著莎拉的鞋子不大可能黏到另一幅小丑窗簾的纖維。所以現在的問題是：小丑窗簾是從哪來的？

BBC同意在它的節目《犯罪觀察》（*Crimewatch*）裡報導小丑窗簾，而這則報導讓民眾打來兩百七十通電話。其中一通來自年輕媽媽楚蒂・奈思比特（Trudi Nesbitt）的電話至關重要。楚蒂說在一九八〇年代末，她的一位朋友從一間博姿（Boots）母嬰用品店偷了這幅窗簾給她。這幅窗簾在她兒子臥房裡掛了三年，直到一九九二年，她把窗簾給了她前男友，用來塞住他白色廂型車前座上的一個洞。這位前男友的名字是……迪恩．富勒。

迪恩就是在莎拉被綁架六天前把廂型車賣給洛伊．懷丁的男人。這就是我們一直渴望的突破。這肯定會讓所有陪審團成員都毫不懷疑莎拉曾進過洛伊．懷丁那輛廂型車的駕駛室。

不過，我提醒團隊，我們還有工作要做。法庭會期待我們「排除所有合理懷疑」，以證明莎拉．佩恩曾待在那輛廂型車裡。我們距離這個目標還差一點……。

在廂型車駕駛室裡找到的那件紅色長袖運動衫，已經跟莎拉的鞋子取得纖維上的關聯。我們決定回頭重新檢驗所有來自那件衣服的膠帶取樣。從那件運動衫上取回的二十四根毛髮中，團隊發現一根約二十三公分長的金髮，這顏色與長度跟莎拉的頭髮一樣。

屏息以待的時刻到了！頭髮能提供DNA。如果這根頭髮有莎拉的DNA，而它又出現在從洛伊．懷丁廂型車駕駛室裡拿出的運動衫上，就肯定會是無可爭辯的鐵證，證明她到過那裡。不過要從一根頭髮上取得DNA，它需要有狀態良好的髮根物質，而這種狀況的機率極低，因為通常頭髮掉落就是因為髮根已經死亡。

無論如何，我們還是把這根頭髮送去做DNA分析。那段期間裡，我們會在二十四小時內驗完DNA樣本，所以我們答應警方將在隔天下午五點拿到結果。

我帶給這個偵辦團隊的壞消息遠比任何人都來得多。我害怕又要面對另一次失敗。那天晚上我多次醒來，想著如果這根頭髮又帶來一個壞消息，我到底該如何激勵我的團隊。

第二天，我試著去忙其他事，想把DNA一事塞到心靈深處。我辦不到。我發現自己向鑑識之神們乞靈：拜託讓一切順利，拜託找到DNA，拜託讓這根頭髮屬於莎拉。

那天傍晚我人在實驗室裡，專案主管雷・查普曼走了進來。「我們從那根頭髮上取得莎拉的DNA了。」他就只說了這麼多。

那一刻，我似乎一口氣釋放了七個月來壓抑的挫敗感，像顆爆裂的氣球瘋狂地排出怨氣。我甚至可能還笑了出來。然而處於自我保護模式下的我，拒絕相信這個結果。雷・查普曼向我保證他再三檢查過了。

我們打電話到專案室去。

偵緝警司彼得・肯奈特的回應充滿懷疑。他語帶試探地要確定此事為真，他想確保這個消息到頭來不會變成某種殘酷罕見的誤判。我們向他保證，DNA檢驗人員完全不知道他們在驗什麼。這根頭髮的DNA跟莎拉・佩恩的DNA相符。它屬於別人的機率小於十億分之一。

話筒傳來一陣沉默。

最後，他再度開口：「好，我要衝出去沿著利特爾漢普頓海灘裸奔啦！」

✦✦✦

二〇〇一年二月六日，洛伊・懷丁被控綁架與謀殺莎拉・佩恩。距離她失蹤後已過了七個月又五天。對我們這些日復一日調查本案的人而言，感覺似乎更長得多。而且我們還沒結束⋯⋯。

我們必須為即將來臨的審判做好充分準備。首先，我們需要從那件紅色長袖運動衫上取得懷丁的DNA，才能讓他跟莎拉的連結更完整。要從運動衫這樣的衣物上獲取DNA，要從最有可能積聚汗水的領口與袖口用拭子採樣。兩者都驗出洛伊・懷丁的DNA。

我們還有來自莎拉淺墳的纖維採樣要檢驗。測試證明其中一根是來自懷丁廂型車乘客座位的棕色纖維，還有一根藍色聚酯纖維則跟駕駛座纖維相符。鑑識考古學家露西・席本從臨時墓地取回的線頭，則跟廂型車後方發現的一雙襪子相符。

令人惱怒的是，儘管我們蒐集到了這麼多證據，懷丁還是死不認罪。他的謀殺審判——我沒有出席——在二〇〇一年十一月十四日星期三，於東索塞克斯雷威斯刑事法院（Lewes Crown Court）展開。不過早在幾週之前，我們就收到一個殘酷打擊。

審判前由辯方檢視證物的時候，懷丁的法律團隊要求檢視從位於赫珊的佩恩家裡取出的兩把梳子。每把梳子都被放入有黏性封條的典型鑑識塑膠袋裡。最恐怖的事情是，辯方團隊在其中一個封條上瞥見幾根金色長髮，其中包括一根長約二十三公分的頭髮，跟在懷丁的紅色長袖運動衫上發現的類似。

我知道辯護律師團在打什麼主意。他們最急於推翻的一項證物，就是我們在懷丁的紅色長袖運動衫上發現的頭髮。畢竟那是唯一能證明莎拉・佩恩曾待在那輛廂型車裡的 DNA 證據。

辯方大張旗鼓地指出：我們第一次檢視那件紅色長袖運動衫的時候，沒發現莎拉那根二十三公分長的頭髮。但事實上，我們在那件運動衫上發現二十四根毛髮，只是不認為這些頭髮會有提取DNA所需的髮根物質。直到後來我們走投無路的時候，才決定試試看把狀況最好的那些毛髮送去進行DNA檢驗。

辯方指出，裝有髮梳的塑膠袋與封條上沾黏的散逸毛髮被送到實驗室裡，被當成一組五十五個證物的一部分。這組證物中還包含懷丁的紅色長袖運動衫。懷丁的律師表示，這五十五件證物在送驗前，全都放在鑑識科學服務中心儲藏室裡的開放式層架上。

辯方的資深大律師[4]莎莉．歐尼爾（Sally O'Neill）表示，有可能莎拉的毛髮黏附在那件運動衫的袋子外側邊緣，然後在實驗室裡受檢時轉移到運動衫上。歐尼爾對出庭作證的雷．查普曼說，在髮梳包裝外側找到毛髮會令他「相當氣餒」。她說這提高了證物被污染的可能性。

「證物的完整性被破壞了。」她這麼說。

4 Queen's Counsel（縮寫是QC），常被譯為資深大律師或王室顧問，但它是榮譽頭銜，代表法律界的菁英地位，並非實際為王室服務。現在英國在位元首是國王，所以會改寫成King's Counsel。

查普曼先生說：「這個說法的確開啟了髮絲從一物轉移到另一物的可能性。」但他補充表示，就他看來這是「不大可能的」。

換作是我，我可能會用更加強烈的說法。我們追蹤到替那把髮梳裝袋的犯罪現場調查員，他承認是他的錯誤。他在佩恩家客廳鋪有地毯的地板上封起袋子，自黏標籤可能是在那裡黏起了地毯上的金髮。這是無心之過，他立刻就承認了。

我們指出，來自佩恩家的證物是裝在獨立的棕色袋子裡運送，不同於來自懷丁廂型車的證物。而這些項目裡的每一件物品，在整個運輸跟儲存過程中都分別裝在各自的證物袋裡。

更重要的是，負責在實驗室檢驗紅色長袖運動衫的那位助理，賽爾達．坎普（Zelda Kemp），堅稱沒有任何一把梳子靠近過她進行檢驗的地方，而且這種事本來就不可能發生，因為那些梳子根本從來就沒被檢驗過。我們知道這一點，是因為它們從來就沒離開過FSS實驗室的儲藏室！此外，我們後來檢驗黏在那只問題證物袋自黏標籤上的頭髮時，結果發現它屬於莎拉的妹妹夏洛特。所以從一開始莎拉的頭髮就不在那個封條上。

不過這並沒有阻止辯方在接下來幾天對此小題大作。當然，他們不必證明任何事。他們只要指出證物並沒有被妥善保管，防污染程序並沒有被嚴格執行。他們需要做的就是暗示這種事可能會發生，把懷疑的種子植入陪審員心中。

這種暗示茲事體大。如果陪審團漠視DNA證據，就只剩下纖維可以把莎拉連結到懷丁的廂型車。但無論纖維證據多麼有說服力，也永遠比不上堅若磐石的DNA證據。況且陪審團並不知道懷丁過去曾因為綁架性侵一位九歲女孩被定罪，法庭上沒有揭露此事，這是為了確保他得到公平審判。

二〇〇一年十二月十二日，陪審團歷經九小時的討論之後，回到法庭宣布判決。我們全都畏懼最糟的狀況會發生。懷丁的辯護團隊會不會光靠質疑單一證物袋裡包含了一項不相干的證物，就損害了我們嘔心瀝血的一切成果？

最後懷丁的綁架與謀殺罪名成立，法官判處他無期徒刑。

此案的動員規模至今仍是無與倫比。警方接獲了超過三萬五千通來自民眾的電話。調查範圍橫跨五個郡，共有八百處地產、水道與農業園區被搜索過。為了尋找線索而徹底搜查過近一百公里的道路。這件案子動員九百一十位警員跟一百一十二名支援人員，耗費納稅人超過兩百萬英鎊。整體而言，若把每個參與者的時間算進去，總共投入了十三萬六千九百四十一個小時，相當於五千七百〇五天，也就是十五點六年。

然而懷丁的定罪，最終歸功於發現了幾根纖維與一根金髮。往後鑑識科學服務中心那些錙銖必較的官僚抱怨我們花太多時間才破案，我都會提醒他們這個案子。

像是為莎拉．佩恩和她的家人爭取正義這樣的道德使命，其價值無法用金錢衡量。

第六章 金翅雀一號行動

二〇〇一年

拜那些由真實犯罪改編的戲劇之賜，「懸案」這個經典詞彙如今已被眾人熟知。這是個被流行文化廣泛接納使用的詞彙，也是我試圖在鑑識科學服務中心禁用的詞彙。我就是討厭它。對我來說，這個詞彙削弱了受害者的人性，聽在他們親人的耳裡似乎過於殘酷。而且這個詞彙也傳達出一種案件高「懸」的印象，換句話說，就是放棄調查了。事實是，謀殺調查可能會暫時休眠，但從未被棄之不顧。警方會每兩年就做一次懸案回顧。隨著DNA與其他科學技術日新月異，永遠都還有希望。

在很多謀殺懸案裡，警方對於是誰幹的好事抱有堅定想法，只是一直無法找到可以起訴的證據。但時不時就會有種案子冒出來，會讓警方跟科學家們徹底暈頭轉向，毫無頭緒。

金翅雀行動就是這樣的案子。

在我專家顧問的生涯裡，我不斷重新檢視這個案子，嘗試新的作法。我不介意承認，這個案子令我心煩意亂。

✦✦✦

我對此案的初步理解，是透過坦布里奇威爾斯（Tunbridge Wells）的一位公車司機伊安·普拉斯（Ian Plass）所做的陳述；他是本案第一位受害者，二十五歲的溫蒂·聶兒（Wendy Knell）的男友。

溫蒂是坦布里奇威爾斯當地人，她在市中心肯頓路（Camden Road）上的「超級快照」（SupaSnaps）擔任店經理。一九八七年六月二十二日傍晚，她在下午五點半下班，把一些衣物送去洗衣店，然後前往伊安跟他母親在魯斯豪爾（Rusthall）同住的家。魯斯豪爾是位在坦布里奇威爾斯西邊的村莊。

溫蒂與伊安當天晚上都在規畫不久之後的巴黎之旅，他們打算在那裡訂婚。

大約十一點的時候，伊安騎摩托車載她回家。溫蒂住在市中心喬佛路（Guildford Road）十四號後方的九號公寓地下室雅房。伊安陪著溫蒂走到前門，與她吻別。他騎車離開時，她站在打開的前門對他揮手，他則按了一下喇叭示意。

第二天早上溫蒂沒去上班。同事打電話給分公司經理，經理建議她跑一趟溫蒂的公寓。她抵達後按了好幾次門鈴，卻沒人回應。另一位同事接著聯絡溫蒂的母親潘蜜拉，想確認溫蒂是否安好。潘蜜拉完全沒有頭緒，所以打電話給工作中的伊安，請他繞到溫蒂的公寓去看看是怎麼回事。

伊安敲了溫蒂家的前門，喊了她的名字，但都無人回應，於是他繞到後門試試看。

他後來告訴警方：「公寓內部沒有任何動靜。我接著從其中一個扇型採光窗爬進去。我看到溫蒂的身體被棉被蓋住，只有頭露出來。我舉起她的右手臂，撥起她其中一邊的眼皮。她動也不動。我不敢相信她就這麼走了。」

伊安找不到溫蒂的公寓鑰匙，所以必須回頭從窗口爬出去，才能到附近的消防局報警求助。

「我衝進去坐下來嚎啕大哭。我沒有一天不為她的死感到內疚。要是那天晚上我留下來陪她，她現在還會活得好好的。」

警方抵達時看見溫蒂赤裸冰冷的屍體躺在床上，枕頭上有血，身體下方墊著被套跟一條毛巾。

警方找不到強行進入的痕跡，推測凶手是從一扇窗門被油漆黏住導致無法上鎖的後窗進入屋內。

警方搜索這間雅房後發現溫蒂的前後門鑰匙不見了。警方動員約五十名警力發起一場謀殺案追捕行動，幾小時內就有了一位主要嫌犯。

根據鄰居們描述，在溫蒂屍體被發現的前一天晚上，有看到一個男人從喬佛路十四號前方的窗戶往裡看。

證人安東尼・連（Anthony Len）住在七號公寓，他告訴警方在過去五週裡，每週有三次看到同一個男人在這棟房子附近閒晃。他或者喬佛路十四號的其他居民都不認識這個男人。他們在溫蒂去世當晚，也沒聽到溫蒂的公寓裡傳來任何騷動。

然而一位當地計程車司機安東尼・泰特（Anthony Tate）揭露，他在當天大約凌晨一點十分的時候，碰上一輛藍色掀背車高速從喬佛路開走，逼得他必須緊急煞車。這個人是殺害溫蒂的凶手嗎？如果是，他在謀殺現場跟被害者待在一起兩小時左右，這似乎極不尋常。

病理學家的報告讀來令人心情沉重。溫蒂的頭蓋骨後方有好幾處鈍器創傷，她的大腦也有瘀傷，這指出她的頭曾經被反覆撞擊至某個堅硬表面——例如鋪了地毯的地板。

而脖子上的嚴重瘀傷，還有她眼瞼、臉部與口腔內部爆裂的血管，都指出她是被勒死的。頸部壓迫被列為她的主要死因。

鑑識人員在溫蒂的棉被上發現不屬於她男友的精液。此時DNA相關技術還處於起步階段，只能取得一種粗糙、低階的圖譜。警方在當地進行大規模DNA篩檢，卻沒能找到相符者。犯罪現場調查員還發現其他引人注目的線索，足以指出犯人身分。擺在她身體底下的毛巾，上頭有著跟她認識的人都不相符的唾液。一只塞在床頭板後方的戶外用品店購物袋上有一枚殘缺的血指紋。不過這枚指紋的品質太差了，無法跟資料庫交互比對。在她床上的一件女性襯衫上有枚染血鞋印，我相信這是凶手留下的，而且肯定可以拿來定他的罪。

但我們必須先找到他才行……。

一九八七年十二月十五日，溫蒂謀殺案後六個月

位於坦布里奇威爾斯西南方約六十四公里處的羅姆尼濕地（Romney Marsh）周遭，有名農工在田地邊緣開著拖拉機，此時他在滿水位的排水溝裡看見有個大型物體。他停下拖拉機往排水溝走去好看個究竟。他花了幾秒鐘才搞清楚他在看的是什麼——一具全身赤裸只著褲襪的女性屍體。

警方查出這名女性是二十歲的卡洛琳．皮爾斯（Caroline Pierce），三週前某次夜間外出後就從坦布里奇威爾斯消失了。雖然卡洛琳不認識溫蒂．聶兒，但兩起謀殺案之間卻有不可思議的相似性。

卡洛琳跟溫蒂一樣，在一間公寓一樓獨居。她的住所位於葛羅夫納公園（Grosvenor Park），距離溫蒂的雅房不到一點六公里。卡洛琳跟溫蒂一樣都在肯頓路工作，她在那裡經營一間叫做巴斯特布朗家（Buster Brown's）的餐館。

十一月二十四日晚間，卡洛琳跟朋友們出去，在大約午夜時分搭計程車回家。之後不久，附近居民通報說聽見兩聲聽來如同「動物般」的長聲尖叫，還有人大喊「不」。自此以後，再也沒人見到卡洛琳。

跟溫蒂．聶兒一樣，卡洛琳的鑰匙也不見了，推斷是凶手拿去當戰利品了。不到兩個月前，卡洛琳搬進這棟房子的時候就抱怨過有小偷。朋友們跟她的前男友透露，她很驚恐地發現公寓裡的東西在她出門時被人移動過，因此她請人來裝了窗戶鎖。還有一個令人不寒而慄的巧合也讓人聯想起溫蒂．聶兒：鄰居們回報，卡洛琳失蹤前幾小時，有看到一個男人在她住處附近鬼鬼祟祟，形跡可疑。

病理學家確認了卡洛琳曾被性侵，死因是被勒斃。然而因為她泡在水裡好幾個星期，從她的屍身或穿著的褲襪上都無法取回任何有鑑識價值的證物。儘管如此，警方還是把兩個案子串連起來。他們並沒有對大眾或哀慟的親友揭露這麼做的主因：病理學家很肯定兩名受害者都是在**死後**慘遭性侵。警方不只是在獵捕一名殺手，他們要抓的是一個逍遙法外的戀屍癖連續殺人狂。

二〇〇一年，「雅房謀殺案」十四年後

「我們現在都已經七十好幾了，只希望殺死溫蒂的凶手能在我們死前被抓到。」

溫蒂的父母，比爾與潘蜜拉，他們倆尊貴的人格，還有低調卻堅持要讓公眾

記得此案的決心，讓人無法不為之動容。溫蒂的謀殺案毀滅了他們原本熟悉的生活，哀慟如影隨形跟著他們。那天剛好是比爾的生日，他後來再也不曾慶生。作為一種因應機制，他讓自己投入工作，拒絕退休。他只能靠這種方法，制止自己不再去糾結溫蒂到底發生了什麼事，還有凶手仍舊在逃的事實。

潘蜜拉描述，哀痛欲絕的她砍斷了自家花園裡的一切花草，「因為它們不該活著」。十四年過去了，她還是常常在凌晨三點突然發現自己身在那座花園裡哭泣，卻不記得她是怎麼走來的。她每天還是會對著溫蒂的照片說「早安」跟「晚安」。她的舊識會為了躲開她而刻意過馬路，這讓她很受傷。

沒有人會比肯特郡警方更想滿足比爾與潘蜜拉的最後願望。謀殺案過後十四年，他們請我重新檢視這個案子。閱讀檔案的時候，有幾件事我很確定。首先，殺害溫蒂與卡洛琳的凶手必定是本地人。只有當地居民才能夠在下手前幾週或前幾天就開始觀察物色受害者。

我也確信這個凶手必定是逐步累積，才能犯下這些野蠻的謀殺案。在這類案件裡，我從沒聽說過有哪個凶手沒有暴力侵犯婦女的前科。對於一位殺人犯或強暴犯，你絕對可以從他們的犯罪紀錄中發現，他們的罪行會令人沮喪地逐步惡化，最後發展成終極的惡行。他們的犯行通常從家庭開始，先是家暴或性虐待，接著通常會在他們的紀錄中發現偷窺、暴露狂跟性侵。我很確定，某處的警方必定曾跟這個男人交手過。

最後，除非他已經死亡、移民或者為了其他犯行在監獄長期服刑，我們幾乎可以肯定他絕不會在一九八七年就改邪歸正。這個男人需要滿足他扭曲的性癖好。從殺死溫蒂跟卡洛琳過後的十四年裡，他不會就這麼一直逍遙法外吧？

顯而易見，重啟調查的第一步，就是把溫蒂那條染上精液污痕的棉被弄回實驗室。此時我們已經有了先進的圖譜鑑定方法，可以提取更詳細的DNA圖譜。我們把更新過的圖譜放進國家資料庫比對，卻沒得到任何結果。

鑑識人員當年在現場找到的戶外用品店購物袋上，採集到一枚殘缺的血指紋。儘管自一九八七年以來，技術上已有所進展，但我們還是無法從那枚品質不佳的指紋提取夠多資訊，好放到資料庫裡比對。

指紋本來應該沒那麼重要的，畢竟我們都有他完整的DNA圖譜了。這麼多年過去，這名凶手連續謀殺兩人，他的DNA怎麼還沒出現在資料庫呢？這個殺人犯到底死到哪去了，他在盤算什麼？這實在不合常理。

如果他當時是在地人，他至今可能依然住在坦布里奇威爾斯，或者有家人住在那裡。因此肯特郡警方進行了第二次DNA篩檢。依然沒有結果。

為了追蹤凶手潛在的家族成員，國家DNA資料庫進行了幾次親族搜尋。要追蹤一名嫌犯的潛在親戚，全都要仰賴構成一個人DNA圖譜的十組數字。你的DNA圖譜有一半是繼承自父親，另一半則是來自母親。因此，親子或手足的DNA圖譜紀錄，會共享十組數字中很大一部分。這樣的搜尋可以產出一張可能的親戚清單，接著就能透過其他情報（像是年齡與地理環境）再縮小這份清單。

我們在整個二〇〇〇年代裡，數次重複這套作法；往往剛執行完一次親族搜尋，結果就已經過時了，因為持續有更多DNA圖譜被登錄於系統內。

然而這個作法從未讓我們更接近凶手。還要再過二十年，我們才會發現這兩起謀殺案的可怕真相，還有殺死溫蒂與卡洛琳的凶手以何種詭譎的方式，設法滿足他病態的性衝動數十年，同時卻始終無人察覺。

第七章　史瓦爾克理夫行動

二〇〇一年九月二十一日，星期五

剛過下午四點，三十二歲的資訊科技顧問艾登·敏特（Aidan Minter）離開位於倫敦市的辦公室，要出席倫敦南岸的一場會議。當天是紐約世貿中心遇襲後第十天，首都仍安靜得有些詭異。許多倫敦人擔心會出現恐怖攻擊模仿犯，因此盡量遠離最可能被攻擊的目標——就是被暱稱為「平方哩城」（Square Mile）的金融樞紐倫敦市。

穿越倫敦塔橋半途中，艾登心不在焉地朝著底下狂暴洶湧的灰色河流瞥了一眼。他看到有個棕色球狀物體，順著水流強勁的季節性潮流，速度頗快地向西朝著橋樑漂來。

艾登心想，這一定是只啤酒桶，來自在泰晤士河上做生意的許多「派對船」

之一。然而在他看到那個「啤酒桶」穿著橘色短褲的時候，他猜想那肯定是某個裁縫用模特兒假人。好奇心被勾起的他往下走到河邊，等著那個物體漂過。

隨著河水波動，假人翻了個身，露出被切斷的骨頭殘樁。艾登慌亂地抽出手機打電話報案。

幾分鐘內，泰晤士河水上警察分隊就派出一組人前往倫敦塔橋。在塔橋上游一點六公里處，靠近環球劇場的地方，黑暗水中一抹橘色吸引了他們的注意力。

過沒多久，一位警員把一具孩童殘缺的軀幹從水裡撈出。一位參與本案後續調查的高階警官表示，這是倫敦警察廳史上最艱辛的調查之一。

九月二十四日，星期一，屍體被發現後第三天
鑑識科學服務中心總部，南倫敦蘭貝斯

偵緝督察威爾．歐雷利將手伸入一個棕色馬尼拉紙大信封，抽出一疊A5彩色列印紙張，然後把它們攤平放在會議室的桌子上。我的大腦花了點時間才開始接收那些影像。或許我的大腦並不想看。

這些照片裡是一具營養良好的年輕男孩屍體，只是少了頭跟四肢。

另一位出席的警官，偵緝警司戴夫・貝格斯（Dave Beggs），是他在週末打電話給我，要我出席今天這場緊急會議。我以前跟戴夫共事過，他是一位強悍的南倫敦人，但電話中他的語調緊張到不像他，現在我知道為什麼了。

伴著吊扇的嗡嗡運轉聲，威爾・歐雷利對著整個房間裡的人發言。「星期五傍晚，他從泰晤士河裡被撈起。我們不知道這孩子是誰、他從哪裡來、或者出了什麼事。我們只能猜測他有非洲或者加勒比血統。」

在我檢視這孩子本該有頭跟四肢的地方時，我聽到自己帶著幾分樂觀地問道：「我們確定這些傷口沒有一個是船隻螺旋槳造成的嗎？」

威爾鬱悶地搖搖頭。

「麥克・希斯（Mike Heath）醫師在星期六進行了驗屍。他表示受害者是黑人男性，年齡在四到七歲之間。死因是頸部遭受劇烈創傷。因為沒有任何大力掙扎的跡象，希斯醫師相信這名男孩在頭部跟四肢被切除時已經死亡。

「如果你看一眼頸部的切割痕，它是非常精確的。一把刀被插進頸部的右後側，然後往前抽出，這種方式他只在屠宰動物時看過。」

我努力讓自己聚焦於眼前的冰冷事實，好讓自己不再去思考耳邊聽到的細節有多殘忍。這是眼下唯一的應對之道。

「希斯醫師認為刀子隨後又被磨利了，然後用來切掉雙臂，再來是雙腿。」

威爾給我們一點時間，讓我們慢慢消化這一切。

「希斯醫師認為這男孩在遇害之後，曾被放在水裡大約二十四小時。他認為橘色短褲是在他下水前才有人替他穿上的，因為短褲上有微量血跡。」

我很納悶他們為何讓他穿上如此搶眼的顏色。無論是誰殺了這男孩又將其斬首，應該都不會希望有人看到男孩的軀幹沿著泰晤士河漂流吧？

威爾繼續說：「他在水裡最多待了十天，因為皮膚剛開始剝落。他的生殖器官完好無損，沒有任何性侵害的跡象。

「雷，照你的經驗，為什麼會有人要砍掉一個孩子的頭？」

我頓了一下，先讓眼前的驚嚇與暴力在腦海中沉澱下來。「正常來說，有三種理由。」我語帶遲疑地說道，「為了掩蓋孩子的身分，因為你沒辦法去查一副軀幹的牙科或指紋紀錄。另一個理由是為了容易存放屍體。分屍以後，就能把屍塊放到狹小空間裡藏匿或者搬運。不過在這個例子裡，這理由不成立。這孩子這麼小，他的軀幹幾乎只有一把三十公分的尺那麼長。他們大可以把他塞進一個普通手提旅行袋裡，然後隨便丟在任何地方。替他的軀幹穿上亮橘色短褲，然後丟進世界上最繁忙的河流之一，這完全不合理。」

「那某人肢解一個小孩的第三個理由是什麼？」戴夫問道。

「以我的經驗，恐怕是有心理健康問題。」我如此解釋。

威爾看了我一眼，揚起一邊眉毛，像是在說「做好心理準備吧」，然後開口說道：「希斯醫師相信這具屍體在死後曾經被水平放置、甚至是倒掛著，好把血放乾。」他猛抽了一口氣，繼續補充，「他認為這個作法可能是出於某種儀式性需求。」

我發現自己打起冷顫。儀式性是什麼意思？黑魔法？活人獻祭？都二十一世紀了，倫敦市中心怎麼可能發生這種事？他們從哪裡弄來這個可憐的男孩？我三十年來的工作裡，碰過的恐怖事件如銀河般包羅萬象，但從沒有遇過如此令人不安的案件。

「我能幫什麼忙？」我問道。

「我們現在要做的第一件事是辨識他的身分，」威爾說，「這是唯一的起點。在我們找出他是誰以前，我們便無法追蹤到他的家人、犯罪現場或可能的嫌犯。所以，雷，請用上各種必要的手段，找出這個可憐的男孩是誰吧。」

要想迅速找出這名男孩的身分，最大的希望就寄託於取得DNA圖譜。不過要利用DNA辨識身分，你需要有資料可供比對。不用說也知道，全國資料庫裡並沒有這個小男孩的DNA圖譜紀錄。不過我們猜想，可能會有他父母或親戚的圖譜。

DNA的核心就是遺傳學與遺傳特徵，這個孩子的DNA圖譜在某些關鍵區域，會跟他親生父母的圖譜吻合。近年來，利用電腦程式在DNA資料庫裡追蹤某人的親戚已相當普遍，這種方法就叫做親族搜尋。

然而在二〇〇一年可不是這麼回事。

當年我們的電腦系統只能讓我們搜尋相符的DNA。所以我土法煉鋼，我在肯特郡自家客廳裡，用一支筆、非常多的紙張跟幾個空閒的週末，著手進行英國有史以來第一次的親族DNA搜尋。

在當時，國家DNA資料庫存有約五百萬人的圖譜，實在不可能靠我一個人把這些資料過濾完。我要怎麼縮小範圍？首先，我判斷這宗犯罪幾乎可以肯定是發生在倫敦。你不大可能在利物浦或紐卡斯爾（Newcastle）之類的地方砍掉一個男童的腦袋，然後再把屍體送到首都，再丟進泰晤士河裡。如果這宗犯罪是發生在倫敦，他的父母很可能此刻或曾經住在這裡。DNA資料庫裡記錄了每件罪行的事發地點。所以，如果父母中任何一位曾牽扯到倫敦的任何犯罪活動，資料庫裡就找得到他們。

我還找到另一個能縮小搜尋範圍的關鍵方法。受害者看起來是非洲裔加勒比人，所以他父母也會是。資料庫裡包含大約三萬九千名外表看似為非洲裔加勒比血統的人。這讓我找到相符資料的機率從「不可能」，砍到只剩天文數字而已。我從這男孩的DNA圖譜找出了他生父母在他們圖譜中會出現的六十四種數字組合（從DNA圖譜的十個基因座取出六個）。國家DNA資料庫將這六十四個組合與他們的資料進行交叉比對，篩選出第一批圖譜，然後再利用剩下的四個基因座，手動檢查比對，最後找出數千份圖譜。我接著親自檢查這些結果，挑出與這男孩最相符的圖譜。

我的確是在大海撈針，但我們總得從某個地方開始。這兩個週末裡，我的客廳累積出兩疊文件。超大的那一疊，是不可能跟男孩有血緣關係的人；而小得多的那一疊，是可能會有關聯的人。

這任務很艱難，我靠著大量咖啡因充當燃料，日以繼夜地搜尋。到最後我找出三十五名男性跟十一名女性，有可能是男孩的父母。我把他們的相關細節傳給威爾．歐雷利，他指派警探們去探查這四十六個人。

一個接著一個，警方排除了這些人身為死亡男孩親戚的可能性。不過這就是鑑識科學家的命運：我們必需接受在排除各種證據的過程中，時常是煞費苦心卻又徒勞無功。

我們試圖辨識出任何可能跟男孩接觸過的人，但也毫無進展，因為他在水裡泡了那麼多天，早就洗掉任何血液、唾液、頭髮、纖維或精液的痕跡。

接下來，我們檢視屍體上的肢解痕跡，看看能否藉此得知關於殺人凶手的蛛絲馬跡。我們徵召了一位優秀的工具印痕專家，約翰．勃克特（John Birkett）來檢視那些切割痕跡。他把相關的骨頭整晚浸泡在酶溶劑裡，這款溶劑能把骨頭上的肉清乾淨，暴露出非常精確的傷痕。勃克特回報說，如果警方發現了肢解時使用的刀，而且那把刀沒有受損，那麼他很有把握可以讓凶刀與這些切割痕跡成功配對。要找到凶刀何其困難，不過整個調查期間，警方仍舊把偵辦過程中扣押的每一把刀、刃或開山刀送來給我們，期盼那把凶刀會意外現身。

最後，針對軀幹進行的毒理學檢驗，結果相當詭異。男孩的胃是空的；他死前顯然有好幾小時未曾進食。可是檢查肝臟跟腎臟卻發現了微量的福爾可定（pholcodine），這是一種止咳成藥。這表示在切開這男孩的喉嚨以前，他的監護人們曾經治療他的咳嗽。這完全沒有道理。

在我們進行鑑識工作的同時，警方也針對案件與男孩身分深入調查。他們檢查了失蹤人口清冊還有移民紀錄。他們也聯絡了倫敦三千所托兒所與小學，詢問最近幾週是否有任何四到八歲的男孩失蹤。他們也在全英國與歐洲尋找有潛在關聯的案件。

警方手上唯一一件扎實的證物就是套在他軀幹上的那條亮橘色短褲。內裡標籤顯示這條短褲的品牌是「孩子們與同伴」（Kids 'n' Co），尺寸則是一一六，適合五到七歲的女孩穿著。洗標寫的是德文。

為了要得到更多線索，警方讓這條短褲登上BBC的《犯罪觀察》節目。在我們的調查軍械庫裡，這個節目已經成為極其關鍵的武器。最後只有一位觀眾打電話進來，聲稱那條短褲跟她在一家德國店舖伍爾沃斯（Woolworths）裡買到的衣服有相同商標。警方發現這家連鎖店跟我年輕時代的同名零售糖果店毫無關聯，它的型態比較接近瑪莎百貨（Marks & Spencer）。

透過老派但可靠的調查方式，警方查出那條短褲是中國製造，整批共有一千件，自二〇〇一年三月上市之後，在德國與奧地利共三百二十間店舖裡，共售出了八百二十條尺寸為一一六的同款短褲。

警方研究過追蹤每一條短褲的可行性。但那時候的德國不時興使用信用卡，幾乎完全是現金交易，所以實際上無法辦到這種壯舉。

另一個調查人員的標準工具是閉路監視器。愛爾蘭共和軍自一九七〇年代起就在首都進行恐怖活動，因此倫敦到處都是閉路監視器攝影機。但這就是問題所在，警方該從哪裡開始看起？他們要如何在泰晤士河沿岸找出那個不幸男孩最有可能被扔進去的地點？謀殺案調查組雇用了一位海洋學家研究河流的水流變化，希望可以藉此把追捕範圍縮小到河堤的某個特定區域。海洋學家的報告結果卻恰好相反；這男孩有可能是從奇司威克（Chiswick）到泰晤士河防洪閘（Thames Barrier）之間的任何一處被扔下水。這兩地之間的泰晤士河岸線約三十四公里長，要把兩岸的監視器影像全都拿來調閱，顯然是不可能的。然而海洋學家揭露了一個讓我永遠不會忘記的事實——要是潮水再多翻個兩回，我們可能就永遠不會發現這個小男孩的存在。只要泰晤士河再退潮兩次，這個飽受折磨的殘屍就會被沖到下游的海裡，他生前受過的各種難言羞辱，將永遠被封印。

警方既然無法檢視岸上活動，於是便把注意力轉向在屍體被發現前十天，有哪些船隻在河流上運行。畢竟這男孩的屍體可能是從船上被扔下去的。讓我們心生警覺的是，警方發現沒有一個單位記錄這條河流上的交通運輸。沒有人知道哪些船隻曾航行於泰晤士河，穿越倫敦的正中心；也無人知道它們航行的目的。請記得，這條河川流經英國祕密情報局總部、議會還有倫敦市，還有維多莉亞區（Victoria）、滑鐵盧區（Waterloo）、查令十字與倫敦橋（London Bridge）這些塞滿通勤者的交通樞紐，這似乎是首都安全的一大疏漏。

無論從河岸或者河面上都沒有找到任何線索，警方決定深入探索這條河的幽暗深處，趁退潮時搜索前灘，結果有了令人毛骨悚然的發現。有一張白色大床單包著七根燒了一半的蠟燭，被沖刷到巴特西發電站（Battersea Power Station）附近的南岸。床單上寫著艾德柯伊・喬・佛拉・艾多伊（Adekoye Jo Fola Adeoye）這個名字，共寫了三次，而蠟燭上則刻著佛拉・艾多伊。這會是男孩的姓名嗎？這就是他在某種野蠻儀式中被獻祭的證據嗎？

我們檢驗床單與蠟燭想找出血液、橘色纖維，或者任何可以連結到停屍間解剖臺上那個男孩的證物。我們什麼也沒找到。

與此同時，警方上山下海尋找任何同名、或者有類似名字的人，還為此開了記者會呼籲民眾提供資訊。他們還是沒能得到任何線索。

參與本案的一位偵緝巡佐尼克．查默斯（Nick Chalmers），著手研究這些字母的變位詞，並且把這些變位詞跟英國國內外的紀錄交互比對。經過幾週費勁的搜尋以後，他終於找到一位佛亞．阿杜伊（Foya Adoye），他看來在紐約活得好好的，而且已經二十來歲了。

警方追蹤到他，終於得知他們在岸上發現的那些巫術道具是怎麼回事。「佛拉」解釋，幾年前他從倫敦搬到曼哈頓。他住在倫敦的奈及利亞雙親，在這條河裡獻上供品給諸神，感謝他們的兒子在九一一攻擊中存活下來。又一次失敗。發現這具小小軀幹之後已過了一個月，我們還是一無所獲。

✦✦✦

如果一件可疑死亡案在一個月後仍舊未能偵破，這個案子就要進行監管審查。這是為了確定所有主要線索都有人跟進調查，並且思考調查該如何繼續推進。

所以，我們下一步該怎麼走？

我們連起始點都沒有：沒有人可以訊問，沒有潛在證人，沒有可供查核的不在場證明，沒有可以拜訪的地址，沒有取證地點可以搜尋。我們有這孩子的DNA，卻無法連結到任何人。我們沒有指紋。我們甚至連一張臉都沒有。

而且我們找不到動機。是什麼刺激了一個人去謀殺無辜的孩子，還砍了他的頭，替他被肢解的軀體穿上色彩鮮豔的短褲，然後把他丟進泰晤士河？

如果一宗案件在我們窮盡一切線索還未能突破，最後手段往往就是公諸於眾。有時候只需要來自群眾的一通電話就能破案。一個沒有頭顱四肢的孩子，可能是英國首都中心某種恐怖人類獻祭或黑魔法儀式的受害者。這個案子對嚴肅大報或八卦小報來說都是個禮物。不過在九一一事件與入侵阿富汗之後，這樣的案子連要保住不小心就會錯過的小小欄位都難。在全球陷入危機之際，無論案情有多陰森神祕，誰在乎什麼小男孩謀殺案？雪上加霜的是，他沒有親朋好友會替他到處用力敲門討公道。

沒有可施力的線索，加上有更多更緊急的謀殺案不斷累積，倫敦警察廳最簡單的選擇就是默默把這個案子擱到一邊去。他們把此案相關檔案送到FBI去，對方就是如此建議。在美國人看來，這個案子破解不了，應該丟進垃圾桶。威爾·歐雷利的長官是重案指揮部主管，大隊長安迪·貝克。他掌管整個倫敦警察廳轄區三十三組調查隊伍、約一千四百名工作人員。此刻他最不需要的，就是在已經滿載的工作量上多加一件沒人在乎的懸案。

就在這時，我看到平日飽受批評的倫敦警察廳展現人性光輝。威爾·歐雷利跟他的長官，大隊長貝克，兩人對調查團隊說，我們絕對**不會**默默擱置這個調查。首先，我們有尊嚴要顧！FBI的訊息簡直就像在公牛面前揮舞紅布。這些美國人算老幾，竟然說我們不可能破案？貝克大隊長決定成立一個專家「黃金小組」專責此案。組員包括安迪本人、威爾·歐雷利、偵緝巡佐尼克·查默斯、倫敦警察廳媒體聯絡官凱特·坎貝爾（Kate Campbell）、一位非洲宗教顧問、我，還有一位名叫約翰·阿薩爾（John Azar）的好人，他是倫敦警察廳的顧問，能夠幫助我們處理這次調查中敏感的種族和文化問題。

在黃金小組的第一次會議中，安迪·貝克發表了一段振奮人心的談話，讓我們對自己的使命毫無懷疑。

「這男孩沒有屬於他的群體，所以我們應該當他的後盾。」他說，「這男孩也沒有家人為他到處用力敲門，所以我們會做這男孩的家人，替他敲開每扇門。在我們找到謀殺他的幕後黑手以前，我們不會就此善罷甘休。」

安迪・貝克與威爾・歐雷利決定，既然沒有照片可以用在海報或呼籲行動中，我們需要把這個男孩人格化，至少要給他一個名字。或許靠著替他的靈魂恢復一點小小尊嚴，提醒大家他也是某人的兒子，如此一來大眾會更投入。

所以，我們應該怎麼稱呼他？

我們想過以第一個瞥見他在河流裡的男人來為他命名。不過「艾登」聽起來不大對勁。我們考慮過他被拖出水面的地點——那裡距離環球劇院只有幾公尺，而環球劇院會讓人想起威廉・莎士比亞。不過我們不希望大家以為他是照著高階調查警官威爾・歐雷利的名字取名的。某人想到了科菲（Kofi）——在迦納的契維語（Twi）中，意思是「生於星期五」，這正是男孩被發現的日子。不過當時的聯合國祕書長正是來自迦納的科菲・安南（Kofi Annan），他實在太有名了，而我們也不希望大家假定這男孩一定是迦納人。最後大家都同意的選擇，是一個能代表所有人類的名字，我們覺得很合適：亞當。

✦✦✦

當然，我們之所以如此堅決要找出殺害亞當的凶手，背後另有其他緊迫的原因。我們需要確保倫敦不會又有一起無辜黑人男孩遭謀殺的案件變成懸案。在經歷過專家顧問生涯中最大挫敗之後，對我來說這個案子是我重獲救贖的機會。

一年前，二〇〇〇年十一月，十歲大的達米洛拉．泰勒，被人發現在東南倫敦的北佩克漢住宅區（North Peckham Estate）的一處樓梯間裡大量出血。儘管有幾位路人幫忙，救護車也趕來搶救，達米洛拉還是在國王學院醫院（King's College Hospital）裡被宣告死亡。他腿部傷口造成的血跡，一路蔓延到布雷克斯路（Blakes Road）上。警方相信他是在該處遇襲，被破酒瓶刺傷。

就人性層面而言，達米洛拉之死讓我們所有人蒙羞。此案有許多代表性的影像，至今仍在相關人士心中縈繞不去。好比說達米洛拉剛開學時拍的照片，照片中他穿著嶄新酒紅色制服毛衣，滿面微笑、充滿希望。還有那段令人痛心的閉路監視器影片：他在下午四點五十一分離開佩克漢圖書館的電腦社團，畫面裡的他臉上掛著微笑，一路蹦蹦跳跳的。那是一個剛來到倫敦的男孩，努力讓自己變得更好。然而十五分鐘後，他將會在一個骯髒冰冷的樓梯間裡流血至死。而他父母親冷靜鎮定的反應也令人難忘。他的死於非命，直到今天仍受到社會關注。不過這件案子會在大隊長安迪・貝克跟我心中引起迴響，是出於同一個更私人的理由。

達米洛拉遇害後，我跟安迪一起開會，得知一對在地兄弟檔——丹尼與瑞奇・普列迪（Danny and Ricky Preddie）被當地人點名是凶手。這兩人分別是十二歲與十三歲，都是佩克漢少年幫（Young Peckham Boys）的成員，此幫派肆虐當地社區多年。安迪・貝克給我的指示清清楚楚。這對兄弟的衣服與鞋子已經被扣押送往實驗室，他要求每根線頭都不能放過，要逐一細細查驗尋找血跡。他要求任何被發現的血液樣本都要做DNA圖譜鑑定。

我回到實驗室，把這些指示傳達給負責這項任務的科學家。讓我驚訝的是，這位科學家的防衛心極重，他基本上就是要我管好跟警方的聯絡工作就好，科學方面的事務他會搞定。簡單來說，就是要我別多管閒事。我無法接受，尤其是面對這樣倍受矚目的重大案件更不可能如此。所以，我寫了一封電子郵件給這位科學家，重述安迪的指示。我當時壓根沒想到，這封電子郵件後來會成為關鍵。

幾週後我向安迪回報，普列迪兄弟的衣物上沒發現達米洛拉的血液。警方後續根據一位被稱為「證人布羅姆利」（Witness Bromley）的十四歲在地女孩的證詞，起訴了其他嫌犯。然而審判最後以失敗告終，因為後來發現證人布隆利不斷改變說詞，她不但在證人保護計畫中累積了高額旅館帳單，而且還被警方以五萬英鎊為報酬「誘導」。

一位新的高階警官，偵緝總督察尼克・艾福葛雷夫（Nick Ephgrave）被指派接手達米洛拉案。他到任做的頭幾件事，就是把普列迪兄弟的衣物送到私人鑑識公司重新檢驗。那間公司發現丹尼・普列迪的運動鞋上有一滴達米洛拉的血液，瑞奇・普列迪的一件長袖運動衫上也有另一滴血。請想像一下，當我得知這個消息時，感覺有多驚恐跟屈辱！這兩件證物理應在鑑識科學服務中心都被細心檢驗過了。這個消息讓我感覺噁心到極點。我誠心相信這種等級的失誤，會讓鑑識科學服務中心迅雷不及掩耳地拔掉我的專家顧問職務。如果他們正在找解雇我的理由，同時又想達成心心念念的省錢目標，那現在便可以遂心如願了。

我帶著這個消息去跟負責檢驗衣物的那名科學家對質。他的反應令我震驚。他把錯推給助理們，因為他把這項工作指派給他們，然而他並沒有針對檢驗結果進一步檢查是否有助理漏失的血漬。我的失望變成狂怒。你怎麼能夠從一開始就把這麼重要的任務指派給助理呢？你為什麼就不能就承認你犯了個錯，然後說你很抱歉呢？

但他就是沒這麼做。他從沒有公開承認錯誤，或者為此負起任何責任，更別說是致歉了。不過這也不是我頭一回跟鑑識科學服務中心裡傲慢的科學家起衝突了。

我接著必須面對大隊長安迪·貝克，並且坦承錯誤。我很畏懼。達米洛拉案事關重大，因為在史蒂芬·勞倫斯的悲劇之後，倫敦警察廳背負著做出一番成果的壓力。而要是我們沒漏掉這個關鍵證據，他們本來會成功的。對我來說這是無可原諒的錯誤。我感覺自己讓安迪跟凶殺調查組失望了。更重要的是，我覺得我對不起達米洛拉的家人。此外我也自私地哀悼著，我跟倫敦警察廳高階警官們多年來培養出的信任與尊重都毀於一旦。

像這樣的時刻，我明白了為何有些人是天生的領袖。安迪堅忍地接受了這個消息。我向他保證我們已學到重要的教訓，錯誤不會再發生。他接受了，事情也就過去了。

當然，後續FSS進行了內部調查，那位出錯的科學家從前線轉到訓練工作去了。如果我沒有在那封電子郵件裡重申大隊長貝克的具體指示，我很有可能也會面臨相同命運。但這並非我從達米洛拉案裡學到的主要教訓。從那一刻開始，我很執著於檢查檢驗結果。而且這些結果還要再經過複查。我們要不惜一切代價來確保在我這個專家顧問的監管下，FSS不會再度漏掉關鍵證據。

關於達米洛拉案的失敗記憶，顯然也替安迪帶來沉重壓力。他清楚表明，他不願意在生涯裡留下兩次黑人男孩謀殺案未能破案的紀錄。

✦✦✦

二〇〇一年十二月，也就是亞當的軀幹被發現後三個月，黃金小組致力於在聖誕節前夕展開一場密集海報宣傳活動，懸賞五萬英鎊，徵求民眾提供亞當案凶手的情報。我們也規劃來年初要在漢普郡的布蘭希爾警察學院召開一場以本案為主題的研討會，目的是盡可能廣泛徵詢各種專業意見，所以我們邀請了病理學家、科學家、犯罪學家、鑑識專家還有現職與退役的各級警官與會。

在此階段，只剩下另一條可以探究的線索，就是亞當謀殺案的儀式性質。斬首與疑似曾被放血的證據，再再顯示這場謀殺帶有儀式性質。他死亡的方式還有那條顯眼的橘色短褲，會是某個參與這場儀式性謀殺的特定宗教或教派所留下的簽名嗎？這能夠帶領我們找到凶手嗎？

韓德瑞克・舒茲（Hendrik Scholtz）博士是南非約翰尼斯堡金山大學（University of Witwatersrand）的儀式性謀殺專家。他同意對亞當進行第二次驗屍，並且在二〇〇二年初的布蘭希爾研討會上提出他的發現。舒茲揭露的細節，讓研討會裡最強悍的靈魂都大感震驚。

他向我們介紹了「穆提」（muti）的概念，這是祖魯語（Zulu）詞彙，意思是「醫藥」。這是一種由「桑哥馬」（sangoma）——巫醫——所施行的傳統療法，在非洲多數地區以及美洲都可以看到這種療法以不同形式呈現。在加勒比地區，這種療法被稱為巫毒，在拉丁美洲則稱為「桑泰里亞」（santería）或「坎東伯雷」（candomblé）。

舒茲引用的一篇報告聲稱，光是南非就有三十萬名桑哥馬，整體人口中有百分之八十的人都會找他們諮詢。桑哥馬頻繁地在報紙上刊登廣告，宣稱能讓人加薪、陰莖變大、增進生殖力，還有助人通過考試、贏得樂透，甚至保護車輛主人避免被打劫。

舒茲向眾人解釋道，多數穆提都是良性的，但並非全都如此，南非警方可以證實這點。根據報導，過去十年裡，該國要求以人體部位入藥的桑哥馬急遽增加。有人估計，在南非每年有超過五百件的穆提謀殺案。

這些謀殺案通常是客戶帶著諸如生意失敗、不孕或重病等種種問題，找上一位敗德的桑哥馬尋求解方。桑哥馬接著會雇用殺手以獲取藥方必須使用的特定身體部位。這類藥方通常都可以望文生義：用生殖器官治療不孕，用大腦換得政治權力或商業成功等等。

兒童的身體部位被認為比成人的更加貴重；孩子年紀愈小愈純淨，血液也愈有力量。還有一種觀念是每個人的運氣都是限量的，有可能會用盡。然而非常年幼的孩子還用不上他們的好運，所以只要服下由兒童遺體做成的藥物就可以獲得他們的好運。

根據舒茲的說法，從那些遇害兒童的屍體看來，他們生前通常都受到良好的餵養與照護。極其常見的，或者說比較理想的兒童獻祭受害者，會來自客戶自己的家族，好比說：兒子、姪兒、外甥、表親或手足。情緒飽受煎熬的父母會說服自己，這個孩子會有「新的靈魂」，過著「更好的人生」。

如此一來便能解釋為何沒人出面認領亞當或者通報他失蹤。

穆提使用的各種身體部位中，被認為最珍貴的是位於脖子跟脊椎之間的部位——寰椎（atlas bone）。這個名字的由來是因為神話中，巨人阿特拉斯（Atlas）彎下脖子來承接這世界。負責執行第一次驗屍的警方病理學家，麥克．希斯醫生曾經指出，亞當身上的寰椎被切掉了。

舒茲確認了亞當的屍體符合儀式殺人的所有特徵，當有一小群人需要取得超自然力量，以換取某種商業或政治上的成功時，便會出現這樣的人類獻祭。

仔細檢視他的頭部與四肢被切除的傷口，顯示這是由一位專家使用特別準備的極鋒利刀刃進行的。這個過程讓人想起動物獻祭，從四肢與頸部周圍的肉切進骨頭，然後用類似屠夫剁刀的工具，一擊斬斷骨頭。獻祭過程中，亞當可能平躺或者被倒掛，然後保持這個姿勢讓血液流乾。

他指出亞當曾行過割禮，這顯示他較有可能來自西非而不是南非。在西非，割禮會在出生後不久執行；而南非則把割禮被視為成人禮。

舒茲告訴研討會眾人，他認為是住在倫敦的富裕非洲人從西非「進口」了亞當，可能請了一位專家巫醫來執行這個任務。男孩的家人可能相信有份工作在歐洲等著男孩，把他賣了他才能過上更好的生活。

那天稍晚，我的任務是要向研討會與會者更新目前鑑識工作的進度。面對眾多傑出的賓客，我走近講臺時一如往常感到緊張。但我知道，從鑑識上來說，我們已經涵蓋了所有傳統基本層面。我向與會人士坦白承認，像這樣不尋常的案子裡，標準鑑識工具沒那麼有用。我們需要尋找新作法，任何主意我們都歡迎。

我結束報告時，大隊長安迪．貝克在眾人面前指派了一個任務給我：透過科學，設法盡可能找出關於亞當的一切，包括他的身分在內。

起初我覺得一陣暈眩。我到底該從何開始啊？

但緊接著，我內心湧出一股自豪感。直到現在為止，我一直覺得專家顧問像是個跑龍套的小角色。在碧莉喬．詹金斯案中，警方已經蒐集到證據，我們接著加以核實。在莎拉．佩恩案中，洛伊．懷丁在我加入前已經被逮捕。鑑識團隊表現優異，在懷丁的廂型車裡找到關鍵證據，然而我們不過是在核實他們早已懷疑的事情。這一回，事情似乎真的反過來了。無論熱門電視影集《CSI犯罪現場》（*CSI: Crime Scene Investigation*）裡是怎麼演的，現實生活中的鑑識科學家通常不會被找來單槍匹馬領導或者破解調查案。

現在警方要我想辦法辨識受害者身分，好讓他們可以追蹤到凶手。警方需要我們科學家來替他們指引方向前進，驅動調查。我就必須找出一種辦法，從這男孩沒有血的小小軀幹上辨識出他的身分。

我決定在布蘭希爾過夜，並在當晚去了一間相當宏偉、感覺更像是警察紀念品博物館的酒吧跟威爾還有安迪．貝克會面。我們坐下來之後，威爾抽出一張世界地圖，在我們面前把它展開鋪平。

「所以，我們到目前為止知道的是，亞當是從這邊的某處來的。」他一邊揮舞著他的手覆蓋整張地圖，一邊打趣說道。好個起點……我們需要想辦法盡可能縮小範圍。

如果我說威爾與安迪跟我一樣興奮，想設計出劃時代的新技術來辨識亞當的身分，就未免太輕描淡寫了。幾杯啤酒下肚有助於我們水平思考，我發現自己拚命在紙上記下各種點子。

我們還可以拿DNA做點什麼？可以縮小他故鄉的範圍嗎？還有什麼其他線索能揭露他住在哪裡？他內臟裡的寄生蟲？他牙齒跟骨骼裡的氟化物濃度？有可能進一步追蹤他體內的抗體或疫苗嗎？他的肺部狀況如何？可能有微量花粉告訴我們他是來自英國還是非洲嗎？他的骨頭能透露什麼？它們可能指出他是來自農村或工業地區嗎？

在安迪去拿另一輪啤酒的時候，威爾．歐雷利若有所思地往後靠坐。如果他的姓氏還不足以顯露身分，那麼從他的濃眉、剛毅的臉到蒼白的皮膚，都再再彰顯了他的愛爾蘭血統。他曾是很難對付的英式橄欖球員，這點顯現在他健壯結實的身形跟對一切無所畏懼的作風上。威爾這時說的話，我在往後的專家顧問生涯中一直牢記在心。

「雷，你們科學家的問題是，你們不說出自己的想法。」他說道，「你們總是躲在公正無私跟獨立精神背後。但有時候我們需要的是你們的最佳意見，你們不用去擔心該怎麼把這種意見呈現在法庭裡。」

我從沒忘記這段話，它變成我的座右銘。我領悟到在鑑識學上，我們很習慣處於案件的邊緣位置，冷靜地檢驗樣本與證物，忽略結果所蘊含的人性意義。我們所做的事情黑白分明，二元又枯燥。

如今鑑識科學不只是能證明案子成立，還能幫助警方破案。隨著鑑識科學的重要性日益提升，警方需要我們做得更多。在警方完成所有苦工以後，幫助他們「證明」一個案子是一回事；幫助他們破解一樁調查中的謀殺案或強暴案，絕對更有挑戰性。如果我們希望對進行中的調查有所貢獻，我們就得擺脫科學家的習性，像警探一樣思考。

警方需要我們提供更有創意、更冒險的鑑識方法，讓我們的內在直覺領導大腦。如果我們要幫助他們尋找新的線索，驅動新的調查方向，我們就必須承擔風險，把科學推進到前所未至之境。就像美國人常說的，我們必須踏出舒適圈。

我很晚才上床睡覺，我感到興奮但略帶一點恐懼。我不能仰賴別人，因為過去沒人做過這樣的事。我必須完全靠自己規畫這條找出亞當身分的路徑。

安迪跟威爾在期待成果。他們給我這個表現機會。我無法承受失敗。

第八章　史瓦爾克理夫二號行動

二〇〇二年春天，亞當的屍體被發現後六個月

我的第一個任務：深入鑽研亞當的DNA圖譜，看看是否能從中找到任何能揭露他或者他祖先身分的蛛絲馬跡。我為此聯繫了鑑識科學服務中心一位參與本案的資深生物學家。

我問道：「我們還能從亞當的DNA圖譜裡取得什麼資訊？比方說，它可以提供關於他從哪來或者住在哪裡的線索嗎？」

「這辦不到。」他脫口而出。

「不好意思，你說什麼？」

「你剛剛說的事情，這辦不到。」

「好，但你連討論一下各種可能性都不願意嗎？」我說道，想確定他注意到

我有多震驚。

「設法從DNA裡弄到更多資訊，這是在浪費我的時間跟警方的錢，你不會想這麼做的。」他說。

「這稱不上浪費時間吧，這是我們的工作！況且我們現在談的可是一件兒童謀殺案。」

「辦不到。」他說完，轉頭背對我。

「喜歡追根究柢的科學心靈，原來不過如此而已。」我說著，接著大力甩門揚長而去。

✦✦✦

這並非我第一次跟鑑識科學服務中心的科學家起衝突。有一群科學家非常明確表態，他們不需要專家顧問「在自己的實驗室裡指手畫腳」，此人就是其中之一。我開始習慣這一套了。多年前，某些FSS的科學家曾反對我成為毒理部門的專案主管，因為我的學位是來自一間理工學院，而非某間「傳統」大學。這種勢利眼讓我大為驚駭，然而只要他們做好分內工作，我就可以與之共存。可惜的是，某些較資深的科研人員，毫無意願自我提升，也不願進一步探索所屬的專業領域。我們甚至替其中一位取了個綽號叫「無進步」，因為他的報告裡似乎永遠就只寫著「無須進一步分析」這幾個字。

其實是他自己不想進步，懶得分析他的大腦吧。

絕對不是只有我領教過前述那位生物學家有毒的傲慢。一位資深警探曾告訴過我，他有一次打電話給此人索討一份急件檢驗結果。這位科學家沒回電，警探就再打一次，等終於接上線之後，這位科學家說：「正常來說，在你問第三遍以前，我是不會開始動手的。」

我認為DNA不只是代表某人身分的一組密碼，有可能潛藏更多訊息。這位生物學家選擇以公然冒犯的方式否定這個想法，讓我急於證明他錯了。我決定到FSS之外尋求學界專家幫助。我聯絡了多位來自頂尖大學、曾發表人類基因組論文的教授們。某些人沒回應，但也有人對於我想探究的主題感到著迷，慷慨地聽我暢所欲言，並且讓我從他們的智慧中獲益。但沒有人上鉤，主動提議要跟我聯手合作，看看我們可以為了鑑識科學把DNA研究推到什麼境界。

我接著想起一位才華洋溢又充滿熱忱的基因學家安迪・厄爾卡特（Andy Urquhart），我在FSS伯明罕分部工作的那些年曾跟他打過交道。他曾經跟我提起他在研究如何在沒有目擊證人的時候，運用DNA來確認嫌犯膚色。安迪永無止盡的求知慾，以及對於好酒吧的熱愛，讓他成為非常棒的同伴。我猜他會馬上抓住這個機會，參與像這樣有挑戰性又非正統的研究項目。

我打電話給他，單刀直入地問他：「我們可以根據亞當的DNA圖譜找出亞當的祖先嗎？」

「是有這個可能沒錯啦，可是我們沒有國際資料庫。」

「那該怎麼辦？」我問道。

「嗯，那只能親手建立一個囉！」

那個年代的DNA圖譜分析技術可以解碼DNA的十個區域。不過這十個基因組區域之所以被選上，純粹是因為它們能夠區分不同人的身分。這些數字無法揭露像是眼睛顏色、膚色、髮色或鼻子形狀等遺傳細節。所以這些基因圖譜無法幫助我們辨識族裔。不過根據安迪的解釋，DNA的其他區域確實能揭露一個人的生理細節。

安迪建議我們可以檢視粒線體DNA，它就存於替細胞製造能量的發電廠——粒線體之中。粒線體DNA直接從母親傳遞給子女。你跟你母親以及外祖母會有相同的粒線體圖譜。此外，你跟你的兄弟姐妹也有相同的母系圖譜。有同樣粒線體DNA的人若回溯血統，會在族譜某一處發現彼此有同一位女性祖先。目前看來，亞當有很大的機率是從非洲被帶進英國，粒線體DNA可能有助於讓警方知道要從非洲大陸何處開始尋找線索。

安迪也建議調查亞當的Y染色體，這是從父系遺傳下來的。如果你是男性，你就擁有跟你父親、祖父一樣的Y染色體圖譜，以此類推。然而隨著時間推移，你跟祖先們共享Y染色體圖譜的比例會愈來愈小。舉例來說，你有六十四名曾曾曾祖父母，而你只會跟其中一位擁有一樣的Y染色體。

為了協助調查，安迪設法取得來自非洲各個角落的DNA圖譜，然後著手研究。他雖不保證成功，不過讓人耳目一新的是，他願意試試看。一如所有偉大的鑑識科學家，他想要盡可能拓展科學的極限。

才過了一星期，他就打電話回報消息了。

根據亞當的粒線體DNA與Y染色體，可以排除他來自南非與東非的可能性，不過倒是把他連結到西非的好幾個國家，其中最有可能的地點是奈及利亞。

我興奮極了。這聽起來可能沒什麼，但這是我們的第一個突破。這也證明了堅持進行研究是合理的，這並沒有浪費我們的錢，也沒有浪費警察的時間。

當然，亞當也有可能是在南倫敦的佩克漢出生成長，甚至連他父母也是。當時幾乎有十萬名來自奈及利亞的人以倫敦為家，因此這個線索對我們來說依舊是大海撈針。他父母甚至有可能不認為自己是非洲人。他們家族可能如同其他西非人一樣，在好幾世紀以前因為奴隸販運而在加勒比地區落腳，而後又輾轉來到倫敦。

不過多謝安迪，讓我們終於在此案中得到一個難得可貴、如此斬釘截鐵的線索——亞當的血統來自西非。

先向太空人尼爾·阿姆斯壯（Neil Armstrong）賠個不是，在此我要套用他的話：事實證明此事對我們的調查來說是重要的一步，但對於透過DNA來辨識族裔而言，更是一大躍進。最終，有個涵蓋全球各角落的DNA圖譜國際資料庫被開發出來了。安迪·厄爾卡特在二〇〇五年過世，但遺緒長存。時至今日，你甚至能在網路上找到粒線體DNA的區域變異！有一間英國大學目前正在建立Y染色體資料庫，打算把這項遺傳資訊連結到另一個通常也是父子相傳的事物上——姓氏。既然多數犯罪者都是男性，這樣的工具可能會是徹底改變警方辦案程序的創舉。

✦✦✦

二〇〇二年四月，大隊長安迪．貝克，還有現在已經晉升為偵緝總督察的威爾．歐雷利，飛越一萬一千兩百公里，來到了世上唯一設有神祕謀殺特別小組的國家——南非。

他們在當地得到的第一個消息是，亞當謀殺案很有可能不是最初懷疑的穆提殺人案。南非警方調查心理學小組的高級警官，傑哈．拉布沙尼（Gérard Labuschagne）博士指出，為了穆提醫療目的而殺人時，被害者的生殖器官與重要器官會被移除。此案並沒有發生這種狀況，因此他推論：亞當是在獻祭中死去的，有可能是撒旦崇拜，與非洲巫術並無直接關係。

他們也拜會了南非頂尖的桑哥馬之一，克雷多．慕特瓦（Credo Mutwa），他對男孩遇害提出一個讓人震驚的見解。他說凶手們在他死後，會從斬斷的頭部切下一塊「頭頂骨」來飲用男孩的血。

「他的指關節會被當成護身符，或者磨製成某種膏狀物，用於某種能帶給這些凶嫌力量的儀式。我想這是給某種水神的人類獻祭，進行獻祭的那幫人想要強化自己的力量，以便進行某些醜惡至極的罪行。他們做這種獻祭，是因為他們對於自己做過、或者即將要做的事情充滿恐懼。」

慕特瓦表示，凶手們是某種西非巫術奉行者，這個派別實行「形式最恐怖的人類獻祭，對象通常是還不到青春期的孩子」。

無論是安迪．厄爾卡特的DNA調查，或是亞當接受過割禮這兩條線索，都已經把調查導向西非，而克雷多．慕特瓦在完全不知情的情況下，也指出了相同的方向。這打開了一條重要的新線索；如果我們可以辨識出實行這類儀式的西非信仰系統，這個系統就會把我們帶進亞當案凶手的活動範圍裡。

為了辨識出這種獻祭是要祭拜哪一位神祇，高階警探們聯絡了一位巴斯思巴大學（Bath Spa University）的西非宗教犯罪學家、神學家兼講師，他剛好也是國家警察資料庫裡唯一一位多元文化專家。

「要辨識出特定的男神或女神並不容易。」他事先警告。「西非萬神殿裡真的有數以百計的神明。」

然而在他開始著手面對這項挑戰時，他承認橘色短褲跟亞當被丟到河裡這兩個線索，可能會有所幫助。

就在幾週前，我發現自己盯著一張空蕩蕩的世界地圖，納悶到底要從何開始。現在我們至少有個起點了——儘管這個起點是一個由十六個國家組成的廣大、多樣化的區域，而且還有超過三億人口。不過核實了此案與西非的關係，並不是安迪跟威爾在南非最大的收穫。

從案發第一天起，要抓到亞當案的凶手，機會最大的作法就是追蹤他的家庭。我們得想辦法在整個非洲大陸散播「有人家裡有小男孩失蹤嗎？」這個訊息。安迪與威爾出發去南非前，安迪突然靈光乍現。

他要求蘇格蘭場的媒體聯絡官凱特．坎貝爾致電前南非總統尼爾森．曼德拉（Nelson Mandela）的辦公室。他的個人助理接了電話，聽完凱特的來意便立刻把電話轉交給她的老闆。凱特解釋完來龍去脈，幾秒鐘之內曼德拉便表示：「沒問題，算我一份！」

好個靈光妙計！

曼德拉不只是做出感人的呼籲，徵求各界提供關於亞當的資訊，他還穿針引線，確保這個消息散布到整個大陸，甚至把訊息翻譯成叢林裡、沙漠中與灌木林裡各個偏遠部落的語言。曼德拉對亞當案的關心並沒有到此為止。他不時會親自打電話到專案室，客氣地詢問最新消息。這位男士的謙遜與全然的正直，讓我們徹底為之折服。難怪他受到全世界的尊崇。

隨著亞當的祖先與這樁殺人案的性質都指向西非，威爾・歐雷利提出了一個非常有意思的問題。我們該如何知道亞當曾經活著待在倫敦？如果他抵達倫敦時就已身亡，這起刑事犯罪還能算是發生在英國嗎？他有沒有可能是在另一個國家遇害，然後屍體被運送到英國，再丟進泰晤士河裡？

我們該如何找出亞當生前在哪度過最後一段時日？一如過去經手的案子，我決定從考古學下手，我發現如果分析消化過的塵土與花粉，便有可能找出解答。我打電話給專精於此的孢粉學家，有趣的是他的名字很貼切他的身分，叫做尼克・布蘭奇（Nick Branch）[5]。

5 Branch 意即樹枝。

尼克接到我的電話似乎很驚訝，他表示他過去在屍體上研究花粉內容的經驗，是針對在柴郡（Cheshire）發現的沼屍，還有鐵器時代的儀式殺人受害者。

「你認為你可以對亞當做這種分析嗎？」我問道。

「相同的偵查與分析原則，沒有理由不能應用在現代屍體上。我當然樂於嘗試。」

我多麼希望某些缺乏動力的FSS同事可以振作起來，拿出這種熱忱。

尼克第一個要求是取得病理學家採集的樣本。因為亞當的氣管、胃或十二指腸裡都空無一物，他唯一的選擇是調查是大腸或是下腸胃道其他部分。除非萬不得已，通常不會從那邊採集樣本。但這麼做有個好處，那就是大腸裡不管發現什麼物質，都確定已在男孩生前被消化過，所以不可能來自泰晤士河的河水。

幾週以後，尼克打電話到我位於蘭貝斯的FSS實驗室向我回報最新消息。他在亞當的大腸裡找到花粉樣本。檢測揭露出樣本裡包含赤楊跟樺木的花粉，這些樹種在歐洲有，但在西非沒有。他也找到來自禾草還有商業性穀物的花粉，這些植物只可能出現在九月的歐洲西北部，也就是亞當從水裡被撈出的那個月分。

尼克推論這些花粉孢子可能來自亞當的最後一餐。若真是如此，他就得比對花粉找出亞當生前到底吃了什麼。尼可展現出一個真正的鑑識科學家近乎瘋狂的韌性，跑遍超市採購營養穀片、麵包、餅乾跟蛋糕，只為了檢驗這些食物上頭是否有花粉。答案是：沒有。

因此，幾乎可以確定花粉是隨著亞當的呼吸進入體內，搭了唾液便車，最後抵達大腸。尼克指出，這個過程不會超過七十二小時。這就表示，亞當很有可能在英國至少待了三天。我們解答了威爾的疑問——看來幾乎可以確定，亞當是在英國遇害的。

遺憾的是，花粉無法告訴我們他是否在這裡待了超過三天。亞當依然有可能是在佩克漢土生土長，不過目前看來更有可能的狀況是，他是被當成祭品走私到英國。

意識到這一點，我忍不住納悶，劫持他的人到底是用什麼謊言來交代這趟旅程的目的？他們在殺害他以前對他這麼好。可憐的亞當在哪一刻才發現駭人的真相？我只希望他直到最後都渾然不知自己恐怖的命運。

我提醒我自己，現在我唯一能為亞當做的，就是幫忙找到那些凶手。因此，當尼克．布蘭奇提到他在男孩的大腸裡還找到一些他無法辨識的物質時，我便將那些物質送去化驗。我沒想過那些神祕的物質最後竟會揭開不尋常的真相。

二〇〇二年四月，亞當的屍體被發現後七個月

薩里郡艾格漢姆（Egham）的倫敦大學皇家哈洛威學院（Royal Holloway University），位於南倫敦蘭貝斯 FSS 總部西南邊約三十公里處。其校舍是以法國羅亞爾河谷（Loire Valley）上的一座城堡為藍本興建，跟風格粗獷、灰色調的 FSS 總部感覺上有天壤之別。

我把車停在漫長寬闊的車道盡頭，下車尋找環境地質學教授肯恩・派（Ken Pye）的辦公室。

我認識肯恩好幾年了，他是個性格開朗的大塊頭，經常協助警方與鑑識科學家們辨識土壤樣本。奇怪的是，我過去從未直接與他共事過。今天我要向肯恩提議一件事，如果他接受的話，將會是鑑識學界的創舉。但他很有可能只會大笑著把我轟出辦公室。

一月時，在大隊長安迪・貝克公開要求下，我答應盡力解開亞當身分之謎。我們靠開創性的 DNA 分析證明了他的西非血統。而今天我想要問肯恩・派的

是，我們有辦法確認亞當在他短短數年的人生中曾經住過哪裡嗎？因為不管他住在哪裡，他的家人也會在那裡。他在那裡上學，交朋友。總會有人知道些什麼。

我身為專家顧問的職責之一，就是設法推動科學發展，去做讓人意想不到、預料之外的事，嘗試各種新事物。自從接下這份工作以後，我一直在閱讀考古學等類似主題的文章跟學術論文，看看該領域裡是否有什麼新發展會對鑑識科學有所助益。我發現全英各地的眾多大學院校裡，專家們都在努力驅動科學發展，而這些新技術可以幫助我們抓住殺人凶手。

我已數不清有多少個晚上熬夜讀著一篇又一篇的論文，設法理解我的毒理學專業以外的科學。幸運的是，我的妻子潔姬是個狂熱的閱讀愛好者，也是全心支持我的後盾，她會陪我坐在那裡，如饑似渴地讀著她新到手的小說。我廢寢忘食地試圖理解各種科學新知。有時候某位科學家提到某件事，當天晚上回到家，我就得翻書或者上網查資料去搞懂那番話。實際上，我必須靠自學來搞懂遺傳學、地質學與生物學之類各種學科。我別無選擇，只能借助書籍與網路搞懂這一切。

身為科學家與警方之間的聯絡人，我必須想辦法用普通人的語彙來溝通複雜的科學——通常也是因為唯有這樣我自己才能夠先理解！我看到學術界有無數潛藏的寶藏，我們能利用最新科學發展幫助我們達成目的。畢竟鑑識學向來是奠基於其他科學學門的發展上，根據我們的需求調整其應用方式。好比說DNA就是個好例子。

✦✦✦

回溯到一九八四年，遺傳學家亞力克・傑佛瑞斯爵士（Sir Alec Jeffreys）一直在研究DNA，試圖釐清為何某些種族群體比其他人更容易罹患特定疾病。典型案例包括鐮刀型紅血球疾病、庫賈氏病還有地中海貧血這種遺傳性血液疾病。傑佛瑞斯假定這與患者的基因有關，他嘗試建立一套方法來研究一個人的DNA。一九八四年九月十日，當他看著技術人員其家人的DNA X光照時突然靈光乍現。他意識到每個人都有個獨特的基因密碼。

三年後，DNA圖譜鑑定首度應用於起訴柯林・皮奇佛克（Colin Pitchfork），他在萊賽斯特郡（Leicestershire）謀殺了兩名青少女，原來的主嫌李察・巴克蘭（Richard Buckland）則被判無罪獲釋。這項技術如今已被公認為打擊犯罪最重要的科學發展。這並非傑佛瑞斯教授的原意，但無論如何，鑑識科學還是納入了這項技術！

考古學總讓我特別興奮。畢竟他們也很關心屍體的來源，而且用挖掘地點發現的證據拼湊出事件真相。有天深夜我在客廳裡閱讀的時候，碰巧發現一篇考古學論文，似乎跟亞當一案有神祕的相關性。引起我好奇心的是，考古學家從一九七〇年代開始，就能夠透過研究古代骨骼的化學構成來判定其地理來源。我想知道，我們是否能應用這種科學來辨識謀殺案受害者。更具體地說，亞當的骨頭能否告訴我們他是否在倫敦、西非或者別處生活過？

我向肯恩提出這個問題時他沒有笑，這是個好的開始。事實上，看到他的眼神為之一亮讓我鬆了一口氣，這表示有機會。

「雷，你對同位素知道多少？」他說道。

「非常少，只有大學時代學過的片段記憶。」我回答。

我很快就要學到更多了。

所有元素，包括碳、氮與氧，都是由個別原子組成。每個原子都由一個原子核構成，其中有特定數量的帶正電粒子（質子）。質子數量定義了這個元素，例如：碳有六個，氮有七個，氧有八個……諸如此類的。

原子核裡還有電中性的粒子，稱為中子。這些中子把質子捆在原子核中；少了它們，質子就會彼此排斥，原子核會解體。我把中子比擬成牆壁中黏合磚頭的水泥。少了水泥，牆就會崩塌。

最後，為了讓原子呈現電中性，原子核周圍會環繞著有一定數量的帶負電粒子，稱為電子。為了確保原子為電中性，電子數量會跟質子一樣多。

每種元素裡，會有質子數相同但中子數不同的原子，這就是同位素。以碳元素為例，碳十二的原子核中有六個質子跟六個中子，碳十三有六個質子跟七個中子，碳十四（用來做碳定年）的原子核中則有六個質子跟八個中子。這些都是碳的同位素。

一等我消化完這些資訊，肯恩又對我提出另一個全新的問題。

「你對鍶了解多少？」

「這是一種自然生成的鹼土金屬元素。」我這麼回答，然後補充道，「在地殼中相對來說含量豐富。」

「正確。不過這裡有個關於鍶的有趣知識。它有四個主要同位素，分別是鍶

八四、八六、八七跟八八。自四十六億年前地球剛成形時開始，銣八七就以穩定速度進行放射性衰變，形成鍶八七。地質學家利用鍶八七跟鍶八六的比例來判定地質年代。」

雖然我覺得這一切都很讓人著迷，我還是看不出來這跟亞當的血緣有什麼關係？肯恩很快就解答了我的疑惑。

「不過關於鍶同位素，**真正**有趣的事情在這裡。從岩石、土壤、水到植物之中，它們的比例一直保持不變，」他這麼解釋。

「動物會食用植物跟喝水。我們接著吃掉植物跟動物，然後這些同位素會傳遞到我們身上，以同樣比例儲存在我們的骨骼裡。所以基本上，我們骨骼中的鍶同位素比例，會與土壤中的比例類似。」

「所以說，」我邊說邊在心裡統整這些資訊，「就像俗話說的，人如其食？」

肯恩點點頭，我想到隨之而來的種種可能，心頭湧現一股興奮。

「所以亞當的骨頭可以告訴我們他從哪裡來？」

「理論上是的。」肯恩說。

肯恩用「理論」這個詞彙來告訴我，「免責聲明來囉」……。

「雷，重點是，多數西方國家有岩石中鍶濃度的相關資訊與資料庫。我懷疑西非國家的資訊會少得多。想建立這種資料庫，基本上意謂著得從零開始為整個地球繪製地質地圖。這工程浩大。」

我滿懷期待地揚起眉毛，這是表示「做不到」或者「給我時間就辦得到」？

「這會耗掉我們好幾個月。」肯恩說著，而我露出微笑。

「你想想看這當中蘊藏了多少可能，肯恩。」

「我在想，雷。相信我，我正在想。」

二〇〇二年五月，亞當的屍體被發現後八個月

雖然亞當謀殺案沒能在英國成為新聞焦點，但此案讓整個歐洲開始警戒，因為這表示非洲的儀式殺人開始在歐陸現蹤。

自從發現了亞當的軀幹後，瑞典、德國、比利時、法國與義大利的一些儀式性幼童謀殺案也隨之浮上檯面。雖然負責協調整個歐盟警力工作的歐洲刑警組織（Europol）並沒有把這些凶殺案連結起來，但二〇〇二年他們召開了一場特別會議，集結了警察主管、鑑識專家與學界人士來討論這些案件，並匯集各方知識。

這場會議名稱略嫌浮誇，叫做「歐洲儀式殺人會議」，而大隊長安迪．貝克、偵緝總督察歐雷利、非洲宗教專家跟我，都受邀前往海牙（Hague）發表演說。

會議中，歐雷利跟我都沮喪地表示過去六個月來我們缺乏線索，案情停滯不前。非洲宗教專家則在會議中確認了亞當是人類獻祭的犧牲者，並且指出他認為這最有可能是某種西非宗教的儀式。根據這位教授的說法，亞當可能是被獻祭給奈及利亞第二大民族——約魯巴人（Yoruba）的四百位祖先神祇之一，約魯巴人稱之為歐里莎（Orisha），而其中一位名為奧孫（Oshun）的約魯巴女河神，跟橘色有關聯性。而亞當被獻給泰晤士河的時候，穿在他身上的那條短褲正是橘色。

這些文化線索巧妙地與我們從DNA發現的證據吻合。約魯巴人分布於西非，特別是在貝南（Benin）、多哥（Togo）、喀麥隆（Cameroon）、迦納還有奈及利亞這些國家。藉由辨識出約魯巴文化，這位宗教專家證實了安迪．厄爾卡特的發現：亞當跟他的家人看來最有可能來自奈及利亞。

二〇〇二年七月，亞當的屍體被發現後十個月

常有人說一通電話就能破一個案子。每次要公開案情，讓媒體百無禁忌地渲

染聳動細節時，我常感到苦惱。這時我必須提醒自己，如果我們接到那通重要至極的電話，那麼這些公開宣傳就值得了。

用不著說，該位學者在研討會上聳人聽聞的聲明，讓亞當案登上了英國與全歐洲的報紙頭版與新聞快報。幾個月後，這波媒體宣傳得到驚人回報。

事情的開端是二〇〇二年七月，一通典型的「這可能沒什麼，但是……」電話，打到位於南倫敦卡特福德（Catford）的亞當專案室。

打電話的男子是斯特拉斯克萊德（Strathclyde）警局兒童保護小隊的警員，吉姆．麥葛林（Jim McGlynn）。某天他坐在格拉斯哥郡法院（Glasgow Sheriff Court）後排，等待下一場聽證會開始，而當時進行中的案件有位證人引起了他的興趣。

喬伊絲．奧賽吉德（Joyce Osagiede）是一位從西非來尋求庇護的難民，住在格拉斯哥南部的波洛克索斯（Pollokshaws）。她正在庭上講述各種奇幻故事，內容是關於黑魔法與難以言傳的黑暗力量。不過，真正引起他注意的是，喬伊絲聲稱她的幼子成了一場儀式殺人的受害者。

一位社工凱文．威廉斯（Kevin Williams）作證說，喬伊絲曾告訴他，她本來是某個邪教的成員。他曾在她公寓裡看見各種奇怪的手工藝品跟各種顏色的瓶子，裡頭看起來像是放著另類療法藥品。

這一切聽來雖然匪夷所思，警員麥葛林還是提醒調查亞當謀殺案的倫敦警方注意這名女性。他絕對沒想過，單單這一通電話會觸發一連串驚人事件。

警方必須先查核喬伊絲．奧賽吉德的背景。移民署透露她是在二〇〇一年十二月首次聯繫他們，她聲稱要跟她分別是六歲與四歲的兩個女兒一起尋求庇護。這個時間點是亞當屍體被發現後三個月。沒有人知道在那之前她在英國待了多久。

她告訴移民署官員她來自獅子山共和國（Sierra Leone），一九九〇年代中期，在奈及利亞的貝南城（Benin）嫁給一位名叫東尼．歐納斯（Tony Onus）的男子。她描述他是一個邪教幹部，這個教派叫做「惡魔上師馬哈拉吉的黑袍之眼」（Black Coat Eyes of the Devil Guru Maharaj）。根據喬伊絲的說法，這個教派參與了好幾次人類獻祭，她丈夫在其中扮演要角。而其中一次的犧牲品是她在一九九五年剛生下的兒子。

喬伊絲聲稱，她逃離了她的婚姻跟奈及利亞，因為她害怕東尼也會拿他們的女兒去獻祭。按照政策，移民署會將尋求庇護者分散安置於英國各地，移民署將她們一家送到格拉斯哥，她在那裡替自己跟兩個女兒找到一間公寓。

偵緝巡佐尼克．查默斯告訴我們這個故事，他繼續說道：「她的兩個女兒被交給社福機構，因為有人舉報她一抵達格拉斯哥就開始賣淫。警方去了她家，發現孩子們乏人照顧，因而把她們帶到安全地點。」

然後在二〇〇一年除夕，奧賽吉德女士做了一件極其古怪的事。她走進波洛克索斯當地的社福部門，要求帶回她的孩子們。表面上看，一位母親在節日提出這種要求並非完全不合理。只是喬伊絲隨即承認她想帶女兒們回家，是為了讓她們參與當晚的一個宗教儀式。社工人員問她，這個儀式跟她從奈及利亞逃離的邪教是否有關，她坦承不諱。這就是為什麼社工們把喬伊絲告上法庭：他們在設法申請一份禁制令，禁止她接觸女兒們。

在接到麥葛林警員的電話之後，警方出勤到格拉斯哥去約談喬伊絲。尼克．查默斯告訴我，他懷疑她知道的比說出口的更多。

「她並不像你想像中的受害者那麼配合。她不願意多談兒子的死亡細節。不過她確實籠統地提起儀式習俗，很顯然她非常熟悉那些作法。」他說。

然而警方確實從訪談中得到一條有力線索。在他們設法說服喬伊絲進行DNA檢測時，當地一位眼尖的偵緝警員喬．維爾（Jo Veale）看見一張百視達會員卡，上頭有個位於南倫敦卡特福德的地址。他默默記住地址然後轉交給倫敦的團隊。

倫敦警方親自跑了一趟。一名奈及利亞女子應門，堅稱她不認識任何叫做喬伊絲・奧賽吉德的人。然而她確實從一張照片裡認出了喬伊絲，聲稱喬伊絲有一次來敲她的門，找某個住在附近的人。重要的是，這名女子回想起來，喬伊絲說她在赴英以前曾住過德國。

這是個極為關鍵的線索。亞當的軀幹曾穿上一條只在德國與奧地利販賣的橘色短褲，而且是在亞當遇害前幾個月才上市。每個人都在猜測同一件事：喬伊絲有可能是亞當的母親嗎？她與德國的這層地緣關係，表示她可能跟亞當之死有某種關聯。然而以喬伊絲提供的婚前與婚後的名字查詢，都查無德國相關紀錄。警方決定要突襲她位於格拉斯哥的公寓，以便尋找證據。

在這場精心策畫的突襲中，警方將不會是單獨行動。幾個月來，有個電視紀錄片劇組默默在旁跟拍亞當案的各種關鍵調查行動，甚至連我也入鏡了。當這部紀錄片終於宣布播放日期時，我打電話回家告訴父母。

我爸接了電話，我告訴他我初登螢光幕的種種細節。

「這樣啊，那我們只能把它錄起來。」他說，「因為同時段其他頻道在播司諾克撞球賽。」

我一直覺得，我父親認為我在鑑識科學服務中心的工作是管電梯！我沒有把這件事放在心上。我的朋友們全都經歷過自己的老爸對他們的工作顯得漠不關心。這是世代差異的問題，往好處想，至少我們不用背負非得出人頭地的壓力！

另一方面，我媽總是想知道我的工作內容，她總覺得案件偵辦過程中的各種峰迴路轉有趣得不得了。

「我真不知道你的腦子是從哪來的。」她以前總愛這麼說，但我內心很清楚。就像他們那個世代許多人一樣——在我們那個地方尤其如此——我父母沒受過多少正式教育，不過他們兩個都聰明又博學。我媽總是埋首書堆，我爸則是一講到數學跟任何實用的事物都精明得很。

他們不是會得意洋洋炫耀三個兒子有何成就的那種人。對他們來說，重要的是我們舉止得宜，永遠保持我們的價值觀，其中包括了要保持謙遜。我向來都知道無論我達成什麼人生成就，都永遠不及撞球重要！

當突襲喬伊絲家的時機到來，紀錄片劇組也準備好從旁記錄。威爾．歐雷利、尼克・查默斯以及參與此案的一位傑出採證員，偵緝警員馬克・漢姆（Mark Ham），一起出現在她的一樓公寓門口。查默斯大聲敲門，引起屋裡傳來一陣恐慌的人聲。那聲音消失了，但門沒有打開。警方決定破門而入。

喬伊絲獨自一人，在遠處靠牆而站。她穿著一件寬鬆的棕色女用罩衫跟藍色長褲，看起來似乎嚇壞了。

在後方房間裡的一個衣櫥中，警員漢姆找到幾件上面有「孩子們與同伴」標籤的童裝，這跟亞當那件可能在德國購入的橘色短褲是同個牌子。

尼克問道：「喬伊絲，妳能解釋妳是從哪拿到這些衣服的嗎？」

「是我買的。我以前住在德國。我在那裡買了這些衣服。」

「在德國的哪裡？哪間店？」

她輪流看著身邊每一張臉，好像在設法揣度她到底惹上多大的麻煩。

「伍爾沃斯。」她終於開口。

「喬伊絲・奧賽吉德太太，」尼克說道，「我要逮捕妳，因為妳跟一位被稱為亞當的小男孩在二〇〇一年九月遭到謀殺有關。妳可以保持沉默，但這樣可能會對妳的辯護不利……。」

他們打電話給我，說喬伊絲的DNA樣本已經飛抵倫敦，問我可以多快交出結果？我答應會動用關係，第二天早上就能拿到。將近九個月漫長艱辛的調查工作，這是頭一回我覺得好像終於追查到亞當案凶手的蹤跡了。

警方陪同喬伊絲搭較晚的班機來到倫敦，把她帶回局裡問話，但她不願開口。然而第二天早上她態度鬆動了。她重述對移民署的說詞，說她從獅子山共和國嫁到奈及利亞，然後住在貝南城。然而她現在承認曾搬到德國，她的兩個女兒都是在那裡出生的。她住在漢堡市（Hamburg）附近，也是在那裡購入「孩子們與同伴」的衣服。她說她從未在德國申請過福利金，當時她是跟她丈夫一起住在那裡。

「所以，妳舊護照上有冠夫姓嗎？」尼克．查默斯問道。「妳之前姓什麼，喬伊絲？妳之前護照上的姓氏是什麼？」

「歐諾吉海歐維（Onojighovie）。」她邊說邊緊張地環顧四周。

「我聽不太懂，喬伊絲。」尼克說，「可以請妳替我們寫下來嗎？」

尼克把一本便條紙跟鉛筆推到桌子對面。她拿起鉛筆玩弄了一會，終於寫下「東尼．歐納斯（Tony Onus）」。

然而之後她又全盤推翻。她否認曾提過歐諾吉海歐維這個姓氏，否認住過德國，否認曾經講過衣服的事，也否認曾參與儀式。就在她三緘其口之際，DNA結果出爐了。我全心全意祈求能有正面的結果。

「喬伊絲・奧賽吉德跟亞當絕無血緣關係。」

如此一來，便毫無根據能指控她任何罪名了。

幾天之後……

典型的七月天，窒悶的倫敦市中心熱得讓人難以忍受。不過這並不是我此刻冒汗的唯一理由。

肯恩・派有事情要向偵緝總督察威爾・歐雷利跟我宣布。我抵達的時間早得離譜，只盼能說服他提早透露消息，但他完全不露口風。

六個月前，大隊長安迪・貝克跟偵緝總督察威爾・歐雷利下了戰書，要我竭盡所能用科學找出關於亞當的一切。我先前曾誇口說鑑識學不只可以，也應該要發揮核實證據以外的更多功能。現在我必須證明，我們能夠在一項進行中的調查裡提出新鮮的證據與線索。

到目前為止，科學已經確定亞當的西非血統，並且證明他在英國遇害。但如果我們要追蹤到他的家人，我們就需要找出他在哪裡渡過短暫的一生。肯恩・派答應接下這個任務之後已過了近四個月。他針對鍶同位素上的研究，絕對是我們達成此目標的最後希望。

「天啊，雷，你看起來好像剛去過三溫暖。」威爾到場時開了個玩笑。

「是我的愛爾蘭皮膚作怪。」我咕噥道，「我根本不該躺在那種空氣裡面，更別說是移動了。」

該到的人都到了，肯恩打開面前的一份檔案，環顧整個房間，然後開口了。

「我已經分析過從亞當骨骸三個區塊取出的樣本。」他高深莫測地說著。

「我們可以立刻確認的事情是，亞當不是在英國長大的。他骨頭裡的鍶同位素比例，遠高於在英格蘭東南部長大的同齡兒童。

「他的鍶同位素比例也不符合在加勒比地區、亞洲或歐洲其他地區成長的人。所以我們把目光轉向他處。如果亞當並不是來自倫敦或加勒比地區，他就很有可能來自非洲。不過非洲幅員遼闊，能取得的同位素資訊卻極端粗略。真正的問題是，要往哪找呢？

「雷建議我們聚焦在西非，這建議幫了大忙。最後我們發現那裡某些大學有不錯的資訊能讓我們使用。

「現在要揭曉重點了。西非的資訊跟亞當骨骼的地質成分吻合。有三個特定區域都有一塊橫跨五個國家的前寒武紀岩。」

他把一幅西非地圖轉向我們。

「你們看，這三區分別位在奈及利亞的卡諾（Kano）跟喬斯（Jos）兩個城市之間，還有這塊面朝喀麥隆的高地，還有這邊的約魯巴蘭高原（Yorubaland Plateau）。證據強烈指向這三個區域中的最後一個。」

我搖搖頭。這實在是貨真價實的重大發現。我查過，這是過去刑事鑑識科學領域中從沒人做過的事。我們採納了從學術界習得的技術，驅策它往前發展，最後得到了結果。而這個結果吻合到目前為止蒐集到的所有證據：南非的桑哥馬、安迪·厄爾卡特劃時代的DNA研究、對奈及利亞神明的研究。這一切證據全都指向從北奈及利亞延伸到多哥及貝南的這一塊約魯巴蘭高原。

然而，如同肯恩指出的，約魯巴蘭高原面積大約跟佛羅里達州差不多，而且有五千萬人口。我們還有一大段路要走。

「這三個區域沒有進一步的資料。不過要是我能取得這些地方的土壤及骨骼樣本，我應該能夠把亞當這半輩子的生活半徑限縮到很小的範圍之內。我甚至有可能精確定位到某個特定村莊。」

大隊長貝克一聽到這句話，就決定威爾跟我要跑一趟西非，替肯恩蒐集完成研究所需的一切。

二〇〇二年八月，亞當的屍體被發現後十一個月

突襲喬伊絲．奧賽吉德位於格拉斯哥的公寓，並且徹底搜尋她的社會福利紀錄，抖出了兩個跟她有不明關聯的倫敦地址。

其中一個地址是由一位名叫金斯利．歐卓（Kingsley Ojo）的男子承租，他後來成為本案調查中的主要角色。至於另一個位於路易斯罕（Lewisham）的地址，警方在裡面發現偽造的旅行文件與護照，顯示此處可能在經營非法移民或人口販運。其中一份護照屬於喬伊絲，證實了她並非如她聲稱是出生在飽受戰火蹂躪的獅子山共和國，而是生於奈及利亞的貝南城。

警方也發現一支VHS錄影帶，年份是一九九七年二月，上面的標籤是「喬伊

絲與山繆・歐諾吉海歐維（Samuel Onojighovie）的婚禮」。警方查看那支錄影帶的內容時，發現婚禮儀式中包含獻祭一隻活山羊。時機到了，應該多認識一下喬伊絲這位神祕的丈夫了。

警方在歐洲刑警組織的資料庫裡搜尋山繆・歐諾吉海歐維這個名字，立刻查到結果。他在德國被通緝，他在當地使用另一個假名，易卜拉欣・卡達德（Ibrahim Kadade）。他們致電德國警方，對方表示「易卜拉欣・卡達德」被控人口販運，卻棄保潛逃。在他缺席的情況下，德國法院還是判了他七年刑期。

喬伊絲在德國時使用過繽圖・卡達德（Bintu Kadade）這個名字。難怪我們要找到她在德國的相關紀錄如此困難。紀錄顯示她曾經跟丈夫還有兩個女兒一起住在漢堡市。

最後我們有了喬伊絲過去在德國的地址可以前去查看。如此一來，警方可以查出她在當地生活的一切，釐清她的生活中是否出現過符合亞當描述的小男孩。我們很肯定當地會有人會幫助我們把這些線索連結起來，帶我們找到亞當的家人。

第九章　史瓦爾克理夫三號行動

二〇〇二年，亞當的屍體被發現後十二個月

早秋時節，我被通知要去一趟倫敦大學皇家哈洛威學院，造訪肯恩·派的辦公室。這意謂著案子有了新突破。說真的，這正是我們所需要的。從肯特郡到艾格漢姆的車程讓我有機會盤點一下，我們在這停滯多時的調查裡取得過哪些進展。

根據目前所知，亞當成長於奈及利亞、貝南或多哥，然後被販運到倫敦作為祭品。在抵達倫敦以前，他在德國漢堡市周遭度過了一段時間，很有可能就在那裡遇見喬伊絲·奧賽吉德。

至於其他追查中的線索則包括要取得奈及利亞的骨骼與土壤樣本，來協助肯恩·派教授縮小亞當及其家人出身之地的範圍；追蹤喬伊絲·奧賽吉德跟她神祕的丈夫曾在德國住過的地方，追查是否與亞當有任何關聯。還有一個重要任務是

讓這個故事保持媒體能見度，希望有民眾致電提供關鍵情報。

除此之外，我們還有最後一條線索：辨識出尼克．布蘭奇在亞當大腸的花粉樣本中發現的謎樣物質。我們期盼這種物質是獻祭儀式中給亞當服用的某種「魔法藥水」，可以提供我們DNA或者連結到某個特定地點的線索。

會議開始前，肯恩只告訴我們他的團隊針對亞當的大腸檢體「取得突破了」。威爾、警員漢姆跟我這幾張老面孔各自就座，肯恩．派站在會議室前方，手拿一支雷射筆來指示螢幕上的放大影像。讓我們好奇的是，他臉上那抹胸有成竹的微笑。

「這些是亞當大腸裡發現的黏土跟沖積土壤顆粒。」他邊說邊指向看起來像是一團模糊污點的東西。「就我看來，這些顆粒來自河岸、泛濫平原或者是湖泊邊緣，它的組成成分跟某個來自西非的樣本一致。我們還在研究中，不過這些沙粒的礦物構成，到最後或許能提供更精確的位置，我們可以判斷它來自何方，甚至知道來自哪個特定的礦床。

「這邊這個點用顯微鏡才看得見，實際尺寸大概是〇點一公釐。這個物質是石英。我本來認為這有可能來自泰晤士河，不過如果這是泰晤士河的石英，邊緣會更銳利些。這些滑順的邊緣意味著它並非來自泰晤士河。

「這個魔法藥水或者混合物，裡頭還有高劑量的礦物跟金屬粒子，包括石英跟黃金。

「看看這個，」他故弄玄虛地說道，「這個晶格結構有鈣跟磷的化學特徵。這肯定是骨頭，但我還無法告訴你們這屬於動物還是人類。而且這顆粒恐怕太小了，無法從中取得DNA。我們已經聯絡了紐約的首席醫療官辦公室。九一一攻擊事件以後，他們發展出很多從細小骨頭裡抽取DNA的專業技術。我們希望他們能在這件事情上幫助我們。

「所以，簡而言之，我們有跟西非相符的沖積沙粒跟微量的石英、黃金與骨骼。不過在這個混合物裡，其他礦物含量很高。裡頭有微量的碳，幾乎可以肯定是把混合物放在罐子裡燃燒後所產生的。此外我們也發現微量的錫，可以支持這個推論。看起來這個混合物曾被放在某種金屬罐裡，被烹煮攪動過。

「其中也有某種植物原料，不過降解得太厲害，沒辦法分辨那是什麼。但可以毫無疑問地認定，這個混合物，或者其中的原料是從國外被帶進英國，而且就在倫敦這裡讓亞當服用。」

「所以，我再確認一下，」威爾插嘴說，「有人在這場人類獻祭儀式裡，給亞當服用這種魔法藥水？」

「我內心非常肯定。」肯恩說，「因為它嚐起來會很噁心，所以這是唯一合理的解釋。」

「我們需要辨識出那是什麼植物。」威爾說，「它可能會提供我們一個具體的地點。雷，你知道有誰能幫得上忙的嗎？」

我笑了。「我剛好認識這樣的女性。她被稱為邱園（Kew Gardens）的瑪波小姐[6]。她的真名是海索·威爾金森（Hazel Wilkinson）博士。如果世上有人能辨識出降解的微量植物，肯定就是她了。」就這樣，我們帶著樣本去找海索，然後開始緊張地等待結果。

二〇〇二年十月，亞當的屍體被發現後十三個月

大隊長安迪·貝克要求遺傳學家安迪·厄爾卡特跟我本人，陪同偵緝總督察

6 瑪波小姐（Miss Marple）為英國作家阿嘉莎·克莉絲蒂（Agatha Christie）筆下著名女偵探。

威爾．歐雷利到奈及利亞去。我們的任務是收集可以用來做地質圖譜鑑定的樣本，以便嘗試縮小亞當成長的區域範圍。

這些樣本包括土壤、來自當地市集或路殺的動物骨頭，還有來自太平間的人骨樣本。你可能會認為這是張看來簡單的購物清單。但蒐集這些物品的實際狀況，真的一點都不簡單……。

我們這三人旅行團從一開始就達成共識：我們希望盡可能縮短這趟旅程。威爾跟我手邊還有其他緊急的案子，但除此之外還有另一個理由。

我們知道這不會是一趟「快樂」的旅程，不可能有機會觀光、做日光浴或者去購物。我們眼前是一趟炎熱而艱苦的旅程，將沿著廣闊的第三世界偏僻農村的塵土小路收集各種遺骸。我們願意每天從早忙到晚，就為了能盡快離開那裡。

統籌這趟旅程的人員表示，如果從過夜航班起算，要完成這個任務最短也得花上三週半。這比我們預期的久了些。不過我們自我安慰，至少這趟旅程會很低調，就我們三個再加上幾位當地司機，祕密進行這趟「土壤與骷髏」狩獵之旅。

我在飛機上睡不著覺，而且我搭機前工作了很長的一天。班機降落在奈及利亞首都阿布札（Abuja），下機時步履蹣跚的我看起來一定一團糟。高級專員公署[7]的人來迎接我們，我非常清楚地向他們說明，當天所剩時間裡，我只有兩個願望——沖個長長的澡，然後睡個更長的覺。但他們另有盤算。他們留給我們的時間只夠歇個腳、沖個澡，然後就直接帶我們去會見當地警察局長。

在我們被帶進局長辦公室的時候，我們發現彷彿有幾百臺相機閃光燈對著我們閃，從頭拍到腳。我們像瞎眼的黑猩猩那樣走得搖搖晃晃的，驚恐地意識到局長安排了奈及利亞所有媒體來「歡迎他來自英國的朋友」。我只能期望我氣色糟到看起來像坨屎的畫面不會傳回英國，否則我太太潔姬會宰了我！

我事先要求整趟行程必須有當地的病理學家隨行，好向對方請教關於獻祭謀殺的知識。我們現在得知，來自貝南城的病理學家，威爾森・阿基伍（Wilson Akhiwu）醫師，還有偵緝警司大衛・柯羅（David Kolo）會全程陪同。我們幾乎可以肯定他們不是來幫忙的，而是來緊盯著我們，好向局長回報狀況。

7 大英國協內，成員國間的最高外交使節為高級專員，其辦公機構則為高級專員公署（High Commission），相當於大使館。

當我一找到時間跟阿基伍醫師獨處，我立刻問他，在他所出身的貝南城，是否也有人類獻祭這種事？

「當然沒有，費許先生。」他語帶惱怒，顯然是被冒犯了。後來我常回想起這段對話。

我們本來的計畫是分乘兩輛吉普車行動，並且由高級專員公署派來的司機駕駛。但現在不只有在地警察跟病理學家加入，警察局長還多派了兩輛吉普車隨行，裡頭坐滿配有AK-47步槍的警察。於是我們變成共四輛吉普車的車隊了。我們每到訪一個新區域，當地警察就會再補上兩輛載著武裝警察的吉普車隨行，想像一下我們有多驚訝吧。每到一個城市，車隊前後總有閃著燈的警車開道與壓陣，警笛大鳴大放，讓我們看起來比較像是入侵的私人軍隊，而非一支科學考察隊。我們三個人都覺得這組隨伺在側的移動軍火庫，一點都無法讓人心安。但我們還是想辦法從中得到一點什麼：我們堅持每個警衛跟警員都要提供一份DNA樣本。

我們在要去的第一間市場停下車來，看著著翻譯們掙扎著對肉販們解釋，眼前這些滿身大汗的白人男子想要買肉，但只需要骨頭，肉販們可以把肉留著。你可以想像一下他們看我們的眼神。不過就像所有精明的市場小販一樣，他們堅持該付的錢可是一毛都不能少。

「他們果然很懂得宰肥羊。」威爾開玩笑說道。

我們每天日出時分出發前往特定地點蒐集土壤樣本，接著去賣羊肉的市集，也去找販賣猴子、老鼠、蛇跟蝙蝠等等「野味」的路邊小販。約魯巴蘭高原的紅樹林與起伏的綠色山丘，美得令人屏息——如果我們能好好呼吸的話！塵土飛揚的碎石臨時道路、中午高達攝氏三十二度的灼人氣溫，還有讓人窒息的濕度，這一切把我們的行程變成一種慢動作酷刑。不過至少我們睡得很香。我們在有門禁的高級專員家裡過夜，我們的東道主會費盡力氣讓我們感到賓至如歸。冰箱裡永遠裝滿啤酒，而在某個值得紀念的夜晚，我們還被招待了自製的英式牛肉腰子餡餅。

我們所到之處，當地那些充滿活力和歡樂、面容稚嫩的孩子們都會蜂擁而至。他們看起來如此迷人、聰明、有趣又無憂無慮；如果亞當沒有從他熟悉的世界中被抓走，然後被扔入地獄，他就該是這個樣子。也許我們在這次旅途中學到的最令人警醒的事情是，如果亞當真的是被賣掉的，他為家人換來的錢甚至不如賣出一隻成年山羊。

到了第二週，我們逐漸警覺到，每當科學家安迪．厄爾卡特在當地城鎮村莊現身，似乎就會讓當地民眾陷入歇斯底里，我只能將之比擬成披頭四狂熱。我們的警衛解釋了原因：安迪茂盛的鬍鬚讓他看起來像極了耶穌基督。安迪享受著這份愛戴，好好地養著鬍子，也養出了對奈及利亞人民的真誠熱愛。我們離開前一晚，我發現他落淚了。我猜他是難以接受要走下神壇回到凡間。

另外有一天，安迪跟我正深入叢林採集土壤樣本，我們突然轉向彼此，沒說半句話，不約而同地搖搖頭笑了出來。我們知道彼此在想什麼。做了這麼多年的研究，到頭來兩個人竟然在荒郊野外，腰痠背痛，汗流浹背地鏟泥巴。

這趟旅程進展到一半的時候，我們被帶到奈及利亞鑑識科學實驗室，驚訝地發現他們竟然向一家德國公司買來兩臺最先進的DNA處理機。唯一的麻煩是，他們沒有可供機器運作的電力。的確，我們的導遊鬱悶地告訴我們，當地所有鑑識工作都停止了，因為他們用光了英國殖民時期留下來的採指紋墨水。

這樣超現實的時刻，時常被更恐怖的事情給掩蓋。例如，如果有車輛沒有及時讓路給我們的車隊，警衛會命令駕駛下車，用棍棒痛毆他們。我們試圖阻止，但失敗了。為了確保我們可以在某些地區順利進行研究，我們得先拜會當地領袖。其中某些人等不及要炫耀他們窮奢極侈的財富，以及新娶進門、還未到青春期的新娘。對我個人來說，谷底肯定是要在沒有冷凍設備的停屍間裡從骨頭上採取樣本。沒有任何乾洗用化學物質可以把那種味道從你衣服上去除。也沒有任何事物可以把這件事從記憶裡刪去。

但是我們辦到了！就在將近一個月後，威爾、安迪跟我帶著這趟史詩之旅的關鍵戰利品回到了家鄉。我們從超過一萬平方公里的區域裡搜集到一百五十份土壤、骨骼與岩石樣本。我們現在只希望肯恩・派跟他的團隊，可以從這片廣泛的區域找到亞當生長的社區，那裡肯定會有人知道他是誰。

✦ ✦ ✦

當我們在非洲四處尋找骨頭跟土壤的時候，凶殺調查組在德國挖到了黃金。警方前往喬伊絲在漢堡市住過的郊區查訪，然後得到一連串關鍵性發現。首先，他們發現直到喬伊絲在二〇〇一年十二月出現在克洛敦（Croydon）的移民服務處的前幾天，她都還住在德國。比起亞當的屍體從泰晤士河裡被撈出來的時間還要再晚三個月，所以她不可能直接參與這起謀殺。

德國社福單位確認了她在一九九二年途經義大利抵達漢堡市，用的是假名績圖・卡達德。早在前一年她的伴侶易卜拉欣・卡達德就已經定居在漢堡市。我們毫不懷疑，「易卜拉欣」事實上就是山繆・歐諾吉海歐維——被德國警方通緝的在逃人口販運者。

這對夫妻有兩個孩子，當地人知道她們叫艾斯特（Esther）與艾索珍（Eseoghen），分別出生於一九九七年與一九九九年。喬伊絲的第一個孩子是兒子，根據紀錄，在一九九五年出生時即死亡，然而根據她對英國相關單位的說詞，那一天正是她丈夫在一場人類獻祭中殺害他的日子。

二〇〇〇年，艾斯特與艾索珍在漢堡市曾經短暫待了一陣子托兒所。其中一名員工，迪博恩（Dibbern）女士透露，她曾照顧過這兩個女孩一小段時間。她最後一次看到她們是在二〇〇一年的八月或九月——就在亞當的軀幹從泰晤士河被撈起的前幾週。迪博恩女士、她丈夫跟女兒全都清楚記得見到那些女孩的場景，他們全都提到較年長的艾斯特穿了一件特別引人注目的服飾。

一件亮橘色短褲。

二〇〇二年十二月，亞當的屍體被發現後十五個月

肯恩．派在會議一開始時，就先替在場的警探們、一位多元文化專家跟我，簡短說明了我們需要知道的同位素知識。

「所以，讓我們以雷為例，」肯恩開口說道，「他住在肯特郡的威爾德區（Weald），他的骨頭會有肯特郡威爾德的特徵。就算他吃了很多進口食物跟飲料，他喝的水、還有他烹煮食物用的水都是來自肯特郡威爾德區，所以那會是他骨骼裡占壓倒性多數的化學物質。

「如果雷決定搬家，好比說是搬去伯明罕，要花大約六到十年時間，他的骨頭才會把來自肯特郡威爾德的特徵變成伯明罕的特徵。」

我迅速掃視一圈房間，並不只有我對骨頭化學能揭露的事情感到興奮。肯恩的每位客人都本能地身體往前傾，想聽清楚他講的每個字。畢竟這對於刑事鑑識科學來說是全新領域。不過肯恩．派還只是在暖身而已。

「所以，身體還有哪些部位儲存著它無法消化的元素？牙齒。你的牙齒反映

了你的成長時期，基本上就是你掉了乳牙以後的居住地點。所以，雷的牙齒會有東南倫敦貝維迪爾的特徵。

「接下來是頭髮。你腦袋上的頭髮每個月大約長一點五公分。所以，如果某人有好幾年沒剪頭髮了，你可以分析頭髮，找出他們兩年前去了哪裡度假。

「最後，你的指甲包含了你大約一年份的旅行紀錄。」

肯恩接著宣布頭條新聞：他用亞當的三根骨頭，跟我們從西非史詩之旅帶回的戰利品加以比對分析。藉由交叉比對亞當骨頭裡發現的微量前寒武紀鍶岩，肯恩得以排除那一萬平方公里當中百分之九十五的區域。

光靠鍶同位素比例，他研判有兩個地區可能是亞當的家鄉，就是南奈及利亞的貝南城，還有位於西邊兩百八十一公里處的伊巴丹市（Ibadan）。

肯恩透露他不只比對了鍶同位素，我們的骨頭裡也有鉛留下的地理特徵。像是工業製程與地方上的汽油污染等因素，都會反映在我們骨頭裡的鉛同位素上。我當時並不知道，這種骨骼裡的鉛元素特徵，後來會幫助我們辨識出一起惡名昭彰槍擊案的子彈來源，也不知道它會證實一名恐攻嫌犯曾經在巴基斯坦的訓練營裡度過幾個月。

就手邊證據看來，分析定位指出亞當最有可能出生長大的地方是貝南城。

「面積將近一百三十公里的貝南城，當中某處就是亞當的家。他的家人很有可能還住在那裡，不是在貝南城郊區，就是在外圍無數小村莊裡。」

調查初始，整個地球就像一塊空白的畫布，如今我們竟然能精確定位出亞當的家就在奈及利亞這一塊區域，感覺簡直是奇蹟。當然，喬伊絲・奧賽吉德也來自貝南城，這不可能只是巧合。她已分居的人口販子丈夫山繆・歐諾吉海歐維，以及在倫敦的人口走私同夥金斯利・歐卓，也都來自貝南城。

威爾做了總結，說出我們都在思考的事情。

「如果我們去貝南城呼籲一下……一定有人知道些什麼。」他說。「那裡一定有人在納悶亞當到哪去了！五萬英鎊的獎金多到可以改變人生了。我要著手安排盡快去一趟。」

肯恩也網羅了一位牛津大學的考古學家蕾拉・蘭秀（Layla Renshaw），請她應用同位素分析來解答本案其他重大謎團之一。我們現在知道亞當並非來自倫敦，但他被謀殺之前在英國首都待了多久？再次強調，光是這個資訊本身無法定罪任何人，然而要能成功起訴嫌犯，這些資訊可能極為關鍵。

正常狀況下，蘭秀博士會檢驗受試者的頭髮、牙齒跟指甲，查看飲食或污染造成的地理特徵變化。當然，以亞當這個案例而言，這是不可能的。她改為聚焦於膳食中的同位素，像是亞當的內臟、脂肪與骨頭中的碳與氮（來自動物蛋白質）還有氫與氧（來自水）。她也分析了他的皮膚，其中可能保留了他人生最後兩個月裡，跟膳食還有空氣污染有關的關鍵特徵。

給蘭秀博士的好消息是，德國與英國保留了食品中的同位素值詳細記錄，這有助於她計算亞當在何時曾待在這兩個國家。她的研究指出亞當是在遇害前三到四週從漢堡市被帶到倫敦，所以要不是在二〇〇一年八月底，就是九月初。

喬伊絲·奧賽吉德這段時間住在漢堡市。愈來愈多證據顯示她認識亞當，知道他最終的命運。她嫁給一位已知的人口販子。她很有可能採買了亞當穿著的那件橘色短褲。她曾告訴社福人員她跟約魯巴地區一個有謀殺行為的邪教有關聯。現在是時候把喬伊絲帶回局裡訊問了。

不過有個問題。

喬伊絲為了提高獲准留在英國的機率，對移民署撒謊聲稱來自受戰火蹂躪的獅子山共和國，而非奈及利亞。移民署官員發現後拒絕了她的庇護申請，把她安置在西倫敦諾霍特（Northolt）的拘留中心裡。二〇〇二年十二月末，儘管警方提出抗議，表示她在一項進行中的謀殺調查裡仍舊是關鍵證人，內政部仍然決定將她遣返奈及利亞。事實上，他們非常急於擺脫她，甚至為此租了一臺商務私人飛機。喬伊絲．奧賽吉德就這樣搭乘豪華包機返回奈及利亞貝南城。不過她並非獨自一人。迫於無奈，威爾．歐雷利跟尼克．查默斯跟著她一起上機，力拚最後一次讓她敞開心扉的機會。

喬伊絲依然拒絕開口。抵達拉哥斯（Lagos）的時候，威爾與尼克只能眼睜睜看著她被帶進奈及利亞海關，然後消失在人群中。

二〇〇三年二月，亞當的屍體被發現後十七個月

在英國與奈及利亞兩地媒體大肆宣傳下，威爾．歐雷利重回貝南城尋找關於亞當的資訊，這一回同行的還有大隊長貝克與偵緝警員馬克．漢姆。

警探們煞費苦心地提醒所有人，只要提供情報便可獲得五萬英鎊的豐厚賞金，此外他們也從任何自願受檢者身上採取DNA樣本。他們也帶了大量的倫敦

警察廳周邊商品——代表性的「巴比」[8]頭盔、胸章跟鑰匙圈——以便爭取當地孩子的支持。亞當肯定有手足、表親或朋友，此刻正納悶他出了什麼事吧？

與此同時，當地警方嘗試追蹤被遣返後的喬伊絲．奧賽吉德，但卻徒勞無功。想像一下威爾有多驚訝：他接到高級專員公署來電，說喬伊絲約了日期要來公署洽公。再想像一下喬伊絲有多驚訝：當她抵達高級專員公署，發現竟有三個英國警察在等她。

喬伊絲到高級專員公署是為了詢問女兒們的近況，她們人還在蘇格蘭。沒想到角色互換，她反而要面對來自威爾、貝克與漢姆的詢問。就像先前幾次交手一樣，事實證明，要讓喬伊絲「敞開心扉」極具挑戰性。她似乎很害怕，而且精神有些不穩定。

在被告知法律權利以後，喬伊絲終於承認她從一九九四年到二〇〇二年是馬哈拉吉上師邪教的成員。她證實了她丈夫山繆算是教派裡某種「大祭司」，並且再次指控他參與謀殺兒童。她聲稱自己太害怕後果，拒絕透露更多關於該教派的事。

當第一次被問起亞當的時候，她說：「倫敦那件兒童謀殺案我什麼都不知道。」但後來她承認：「我知道那孩子是在路易斯罕被殺的。我不知道頭跟四肢在哪裡。我想那男孩被獻祭，是因為他父母被馬哈拉吉尊者（Maharaj Ji）的教義給洗腦了。」

她承認從伍爾沃斯買了一條「孩子們與同伴」的橘色短褲給她大女兒艾斯特。問她那條短褲現在在哪，她說在她格拉斯哥的舊公寓裡。但我們搜查過那間公寓，那條短褲不在那裡。喬伊絲接著堅持短褲一定在她德國的舊公寓裡。我們也搜查過了，那間公寓自喬伊絲離開後一直沒租出去，但也沒找到短褲。到最後，喬伊絲依然無法解釋為何一條一模一樣的橘色短褲會出現倫敦，穿在亞當的軀幹上。

警官們在她手機裡只找到兩組名字跟號碼。其中一個是金斯利．歐卓，那個住在東倫敦的人口販運嫌犯。

儘管我們已經了解亞當生命最後幾天、幾週的詳細情況，卻依然無法為這起謀殺案起訴任何人。警方決定退而求其次。他們要透過其他罪行來鎖定這些涉案

8 英國人對警察的暱稱。

男性。

蘇格蘭場的人口販運監督小組（Human Trafficking Surveillance Unit，簡稱HTSU）突襲了金斯利．歐卓位於東倫敦的家。他們碰上了歐卓以及他豔光照人的女友，現場還有一個同時持有德國與奈及利亞護照的同夥，此人立刻跳窗逃跑了。歐卓聲稱他不認識喬伊絲，也不知道亞當謀殺案任何內情。在他公寓裡也沒發現任何東西能證明他與本案有關。

然而警官們確實發現幾樣物品，看起來跟奈及利亞的朱朱（juju）巫術／巫毒教／黑魔法儀式——隨你怎麼叫——有關聯。這些物品包括一個布袋，裡面裝有一個怪異的動物頭骨（沒有人能確認是什麼動物），頭骨上插著一根大金屬釘，並且被一種厚重、黑暗、像棉線一樣的繩索纏繞著。只能推測那是某種詭異的死亡面具。醜陋、陰森不祥，更別提有可能受到詛咒……我把它交給一名助理分析。

其他袋子裡裝了同樣古怪的物品。乾牛糞、奇怪的粉末跟藥水，黏土跟土壤，還有裝滿混濁油狀液體的藥瓶，裡頭還有木頭十字架漂浮著。

警方的人口販運調查小組開始跟監歐卓，很快就蒐集到他會見同黨、安排奈及利亞人非法入境英國的證據。事情逐漸明朗，多年來他走私了數百名奈及利亞人到歐洲——某些人年紀就跟亞當一樣小——從事家務奴隸、在性產業工作，或者充當詐取福利金的人頭。事實上，讓跟監警方最驚訝的是，歐卓在進行非法勾當時有多自大又明目張膽，竟然公開在他的手機還有公共場合裡高談闊論。

警方開始懷疑歐卓自認行事萬無一失。向諸神獻祭人體的假定「益處」之一，就是可以讓凶手「所向無敵」。歐卓的自信有可能是出於亞當的死嗎？

二〇〇三年六月，警方搗破歐卓的人口走私集團，突襲九個倫敦地址，逮捕了二十一名男女。一天後又有另兩位嫌犯就逮。集團首腦金斯利，在義大利布雷西亞（Brescia）的雛妓院裡被英國與義大利的聯合警力逮捕。

警方追蹤喬伊絲分居的丈夫兼逃犯，三十七歲的山繆・歐諾吉海歐維到了都柏林，他在當地被捕，然後被引渡到德國。DNA檢測顯示他跟亞當沒有血緣關係。

將近三年前，亞當的屍體被人發現在河面載浮載沉。如今，在距離屍體發現處不遠的地方，位於泰晤士河南岸的南華克刑事法院（Southwark Crown Court），金斯利・歐卓被判處四年徒刑。威爾・歐雷利提醒媒體，還有一宗年幼男孩的謀殺案，正義尚未能伸張。

「這是亞當謀殺案調查中涉及人口販運的部分。我們相信警方揭發了一個人口販運犯罪網絡，主要是從非洲大陸途經歐陸來到英國。」

二〇〇三年十月，亞當的屍體被發現後超過兩年

從鑑識觀點來看，我們在這起調查中還剩下一個牢靠的線索。我背負著巨大的壓力，要把線索轉變成扎實的證據。

在耗費兩年建構案件後，大隊長貝克跟威爾想要把檔案移交到皇家檢控署，希望至少能針對販運亞當的相關罪行，起訴喬伊絲、金斯利・歐卓與山繆・歐諾吉海歐維，也許還有機會成立更多罪名。我們得知總檢察長高史密斯勳爵（Lord Goldsmith）對本案很有興趣，甚至提議親自起訴此案——自一九八〇年代的一場間諜審判之後，就沒有總檢察長做過這種事了。但我們需要挖掘某種牢靠的證據，他才能著手進行。現況是，我們的案子有很多地方都是靠間接證據。

有一樣東西我們尚未能成功辨識，就是在亞當大腸裡發現的植物。他遇害前被餵食了某種儀式用的混合物，裡頭除了植物還有沉積顆粒、石英、黃金跟骨頭等成分。骨頭仍然在紐約的專家那裡，他們正盡力從中提取DNA樣本。

每次我碰到涉及植物的謎團時，我只有一個地方可以去——位於西南倫敦、舉世聞名的邱園。又一次，我的腦海立刻浮現了以邱園為工作基地的優秀研究員，海索．威爾金森博士。我發現海索幾年前退休了，不過仍然每天騎腳踏車去那裡，沉浸於她終生的熱情：研究罕見植物。

幾乎一年前我就已經給她那個神祕植物的放大影像了，但到目前為止，她尚未得到結果。我跟學界人士共事獲益良多，但我從中學到重要的一課，就是你不能催他們。相信我，催促一個科研人員是不管用的。他們會用盡全力，不過得按照他們的步調來。

有一天海索打電話來，聽起來極度興奮。

「我剛剛碰上最不尋常的好運！」她說。

「海索，我們在這個案件上沒碰過什麼好運。」

「幾個星期前我剛好看到一張海報，上面介紹一種罕見的豆類。我發現這種豆子是在奈及利亞被發現的，我突然想到，它可能就是你送來那個樣本裡的植物。我設法找到一些樣本，壓碎以後模擬它被消化的樣子。接著我用掃描電子顯微鏡放大它。然後你知道我發現了什麼嗎？」

「我洗耳恭聽，海索。」

「雷，完全符合！」

「妳確定？」

「百分之百確定。」

「那這種豆子叫什麼？」

「學名是*Physostigma venenosum*。它更廣為人知的名字是卡拉巴豆（Calabar bean[9]）。不過它對這個案子之所以如此重要，是因為在西非，卡拉巴豆被用於巫術。」

我請海索告訴我所有細節。隨後我自己也研究了一番。真是讓人大開眼界！這個名字是來自奈及利亞的卡拉巴城（Calabar），一八四〇年代歐洲人在這裡發現這種豆子。無臭無味的卡拉巴豆看似無害，然而巧克力色的豆莢會在一小時內置人於死地。

它的作用就像神經毒氣，影響神經與肌肉之間的交流。卡拉巴豆中毒的第一個跡象是大量分泌唾液、抽搐，還有膀胱與腸子失去控制。毒素接下來的作用是讓脈搏變慢，並且迅速升高血壓，抑制中樞神經系統，導致肌肉虛弱無力。

一旦中毒，標準處置是先洗胃，然後給受害者從茄科植物中提煉出的阿托品作為解毒劑。

在奈及利亞，這種豆子被稱為esere，意思是「神聖考驗豆」，因為它的用途是拿來測試被控犯下巫術之類罪名的嫌犯。被迫服用這種豆子以後，如果嫌犯嘔吐了，就會被認為是無辜的，但如果他們死了，就會被認為罪證確鑿。這種豆子也被用來當成某種形式的決鬥。敵對雙方各會吃掉半顆豆子，看誰能活下來。在多數例子裡，雙方都死了。

一八四〇年代，當時最有名的毒理學教授羅伯特・克里斯提森（Robert Christison）嚼食八分之一顆卡拉巴豆來測試它的效果，差點害死自己。

而我們的「邱園瑪波小姐」海索，不只在亞當生前服用的藥水裡找到這種天然鎮定劑，她也找到微量的東莨菪鹼（Scopolamine），這種化學物質也是從茄科植物裡提煉出來的，而且就像氟硝西泮（Rohypnol）一樣，可以讓服用者變得順服無助。在哥倫比亞，東莨菪鹼惡名昭彰，又被稱為惡魔的氣息，有數千起已被

9 另一個常見俗名是毒扁豆。

告發的「下藥」案都與此物有關。這些案子發生在酒吧與夜總會裡，受害者隨後被搶劫、強暴，甚至謀殺。這種藥也在綁架案裡被用來鎮定受害者。

在英國，卡拉巴豆跟東莨菪鹼都很難取得，如同此藥水的其他成分，肯定是由凶手們從西非帶來的。亞當在他遇害前四十八小時服下了這種藥水，也許是經過專業偽裝摻在飲料裡。

「所以這不是他們第一次來這招了？」我對海索說道。

「要給一名幼童服用剛好的劑量，這手法相當專業。」她說，「這表示他們以前練習過，而且免不了得反覆試驗好幾回。」

「是這樣的，雷。」她繼續說道，聲音聽起來很嚴肅，「小劑量的話，它會癱瘓受害者，卻不會把他們弄昏。亞當會知道發生了什麼事。」

我用力嚥了口水。

「所以，妳是在告訴我，他們割開他喉嚨的時候，他是有意識的？」

「恐怕如此。他會喊出聲來，然後流血。不過他無法掙扎或移動，連縮一下身子都辦不到。」

想到亞當在驚恐中坐在那裡，承受著撕心裂肺的痛楚，無法保護自己也無法理解眼前發生的一切，這讓我充滿哀傷。這真是邪惡不人道的行為。怎麼可能會有任何心智正常的人，對一個無法自保的幼小孩童做出這種事？

我打電話給威爾，告訴他這個消息。這很快就把我丟回嚴峻的現實。

「這個證據無疑證明了這是一場在貝南城發想策畫的儀式謀殺。」他說，「我們相信是由這三名嫌犯犯下的，我們可以證明他們彼此有關聯，也跟亞當有關聯。雷，這是拼圖的最後一塊。把它寫下來，然後我們會把檔案送去皇家檢控署。」

二〇〇五年十二月，亞當的屍體被發現後超過四年

再沒有比兒童棺材更令人心碎的景象了。我們為亞當挑了一具藍色棺木，用泰迪熊裝飾它。

那個陰鬱的十二月早晨，這是最後一次，我們五個人成為他的家人。威爾讀了追悼詞。安迪・貝克、尼克・查默斯、馬克・漢姆跟我，輪流把土壤扔進沒有名字的墳裡，各自向他致意。我向亞當說抱歉，因為我沒做到我承諾的事——找出他的真實姓名。在他那座無名墳墓頂端小小的木十字架上，一眼就能看見少了

什麼。直到今日，這座墳墓的位置仍然是最高機密。警方最不希望發生的事情，就是讓亞當最後的安息之地，被謀害他的信仰體系信徒們當成神龕。

我們覺得調查很接近核心了；喬伊絲肯定知道真相。面對漫長的刑期，她肯定會願意「做個交易」，變成汙點證人供出其他嫌犯。她是我們僅有的希望。不過皇家檢控署覺得喬伊絲作為證人太不可靠，難以靠她成案，直到今天仍沒有人因為亞當的謀殺案而被起訴。

一直到威爾與安迪．貝克在二〇〇八年退休為止，他們仍繼續嘗試破解此案。此事就是未能成功。我不是個虔誠的人，但我從英國聖公會斯特普尼主教（Bishop of Stepney）所說的話裡得到安慰，主教把亞當比擬成一位不為人知的士兵：「如同無名戰士，他的死不是徒勞。某種因他而生的善，必將成為他的墓誌銘。」

這麼多年過去，我可以確切地說出亞當帶來什麼善果。這個案子裡運用了劃時代DNA技術——親族DNA搜尋、用DNA來辨識祖籍血統、藉由地質測繪來定位某人曾經生活過的地方——已經解決全球無數案件，將來也會繼續如此。在本書後續章節你會讀到相關案例。

這一切多虧了大隊長貝克以及偵緝總督察威爾・歐雷利，他們持續迫切追求真相，而且不接受任何拒絕的藉口。

亞當的遺緒，就是他迫使我們更大膽應用鑑識學，他讓我們走得更遠，更努力嘗試，跳出警方舒適圈尋找答案。因為他，這些技術才得以被發展出來。

為此，我們全都虧欠這個小男孩一筆巨大的人情債。

第十章／球體行動

二〇〇一年十一月十五日，星期四

肯特郡艾許佛德市（Ashford）的史丹豪普住宅區（Stanhope Estate），是戰後的社會住宅實驗之一，這些實驗壓倒性地證明了一個假說——別把這個社會最不在意的人，全扔進陰森、宛如貧民窟的公營住宅大廈。

史丹豪普建於一九六〇年代，當時它被稱為「倫敦外溢」住宅區，換句話說，這裡被當成垃圾場，用來收留首都急於擺脫的三千居民。到了二〇〇一年，史丹豪普被當地人稱為「史丹好窮」（No-Hope），各種考慮欠妥的都市計畫衍生的社會問題，這裡都有：失業、家暴、反社會行為、一幫又一幫的野孩子威脅著在地人。有個惡名昭彰的軼事如下：皇家防止虐待動物協會（RSPCA）的某間送養中心，拒絕讓一戶住在史丹豪普的家庭領養貓，因為工作人員害怕讓貓進入那樣的環境。

然而就像我在東南倫敦的故鄉一樣，這裡也有真正的好人，他們從未停止嘗試做出改變。某些熱心公益的在地人跟警方聯手成立了一個青少年社團，每週四晚上在社區的中心點聚會。想當然，他們經費短缺，所以為了宣傳這個名為「穿梭社」（Shuttle Club）的社團，每週聚會前他們都會在雷艾倫社區中心（Ray Allen community centre）外豎立起手寫海報。

十一月十五日晚間九點過後，社團活動接近尾聲，有個十歲的當地女孩被派到外面去拆海報。在她收回這些海報的時候，有個站在馬路對面公車站前的男人叫她「快一點」。她加快速度，小心避免跟這個顯然精神不大穩定的人眼神相對。

突然間，女孩感覺有人從背後把她抱離地面。她無法尖叫，因為這個男人用左手摀住她的嘴巴，同時用右手緊抱住她的腰。

「如果妳尖叫，我會打斷妳的腿或者殺了妳。」他在她耳邊語帶威脅。女孩意識到這就是先前在馬路對面找她麻煩的人。

他抱著她跑過一個停車場，到了一個打著泛光燈的足球場後方樹叢裡，他把她扔到地上。他開始侵犯這個女孩，但樹叢另一邊傳來壘球隊在泛光燈球場上訓練的聲響，顯然讓他心神不寧。他抓住受害者的手腕，沿著學校操場南邊的林蔭小徑奔跑。

男人在那條小徑中途某個樹蔭環繞的隱蔽處停下腳步，再度侵犯那女孩。接著他拖著她的手腕途經幾間房屋，到了另一個隱蔽但不遠處有民宅的地點。他再度強暴她，然後拿走她的T恤，命令她盯著地面數到五百。「我會監視妳。」他說。

女孩一察覺對方離開了，才踉蹌走到附近的房子去求助。

事發隔天早上，我從專案室打來的電話裡得知這女孩經歷的恐怖劫難。我感到震驚與無比噁心，但這些感受最終被堅定的信念給取代——我可以幫這女孩找到做出這檔事的病態混蛋。

「我能幫什麼忙？」我告訴警方，「儘管說吧。」

警方已把受害者送進醫院檢查，並且用陰道拭子採集證物。這些拭子現在正被送往實驗室。我可以確保這些拭子以最優先順序受檢嗎？

我申請了緊急DNA圖譜鑑定，生物學家從這兩個拭子上檢測到精液。依照當時的技術，我們能在二十四小時內做出DNA圖譜鑑定，隔天早上就可以拿到結果，但隔天偏偏是是週六。有個侵犯兒童的強姦犯在逃，我需要位於伯明罕的國家DNA資料庫緊急交叉比對犯罪者的圖譜，尋找是否有相符者。若有，我們就能立刻逮捕嫌犯，讓這個瘋子從街頭消失。問題是——你可能覺得很難以置信——國家DNA資料庫星期六沒人上班。

如同我之前說過的，我急切想改變的事情之一就是這種充斥於鑑識科學服務中心與國家DNA資料庫的朝九晚五「公職」文化。我喜歡警方切入一樁重大犯罪的方式。他們知道在調查初期搶先「破解最困難的部分」至關重要。警探們會打電話通知家人說會有幾天不回家。整個團隊會靠著咖啡、外帶食物跟腎上腺素過活，直到他們為求迅速致勝而竭盡全力為止。如果鑑識學想要被認真視為破解重大刑案的夥伴，那麼我們就需要採取同樣先發制人的彈性作法。可嘆的是，許多資深科學家一想到要放棄寶貴的午休就心生怨恨，更別說是週末加班了。所以儘管眼下有個兒童強暴犯在逃，我還必須低聲下氣拜託DNA資料庫的高層派人週六加班一小時。

我很篤定會在DNA資料庫裡找到這個強暴十歲兒童的男人。強暴犯不會一開始就從繁忙街頭擄走兒童。他必定是前科累累才逐漸走到這一步。

消息終於來了。國家DNA資料庫裡查無此嫌犯。

經過二度與三度查核之後，結果沒有改變。我記得我在電話裡大聲哀號。怎麼可能有人有能耐犯下這麼邪惡的罪行，卻逃過我們的DNA情報網？這不合理。目前更緊急的是，我們到底要如何在他再度出擊前逮到他？

我向專案室回報壞消息。隨後我接到高階調查官，偵緝總督察柯林・莫瑞（Colin Murray）打來的電話。

「雷，我擔心的是這傢伙膽子很大，隨時可能再犯。我們必須想辦法抓到他，而且要快。」

柯林想知道我能否第二天早上到位於美德茲頓（Maidstone）的肯特郡警察總部參加一場緊急簡報會議。別說明早了，就算是當晚我都願意去。

✦ ✦ ✦

能夠在重大刑案調查初始就被納入團隊，是天底下最棒的感覺了。這樣說聽起來可能很不近人情，但我出席會議時覺得熱血沸騰。五年前我接下專家顧問職位的時候，並沒有前人的工作細節可供參考。我必須自己想辦法成為調查重大犯罪的高階警官們不可或缺的幫手。我需要變成他們的求助對象。一路至今二〇〇一年十一月，我覺得我至少成功把自己放進展示櫃裡，讓大家注意到我了。我在莎拉・佩恩案裡培育並監督的辛苦鑑識成果，成功讓洛伊・懷丁在這個月因謀殺案受審。而在泰晤士河男孩軀幹案裡，我們為了辨識亞當的身分，更是把科學推向突破性的境界。

消息顯然已經傳開了：我不是間諜、不是威脅，也不是什麼既得利益者。我是來幫忙的。我可以在小地方派上用場，例如讓 FSS 加速交出檢驗結果，或者找到最好的科學家進行你要的測試。我也能提供更重大的協助，比方說探索開創性的鑑識手法，並且從外界找到最厲害的科學家來執行。要是結果不如人意，高階調查官可以怪罪於我；要是取得成功，他或她可以居功。畢竟我大半是在陰影底下工作，只有參與辦案的高階警探還有實驗室的同僚認識我。

不過還有另外一個原因，讓我對這個案子感到樂觀。我曾經跟偵緝總督察柯林・莫瑞共事過，我知道他會歡迎我加入調查。身形瘦小的他一身橄欖膚色，頭髮總往後梳得蓬鬆完美，喜歡穿著一身俐落有型的西裝。他總讓我想起電影《教父》（*Godfather*）第三集裡的艾爾・帕西諾（Al Pacino）。他有大學名校講師的那種安靜而低調的權威感，他相信領導要以身作則。他的團隊裡沒有人比他更勤奮，然而他總是保持包容，對新想法抱著開放態度。

「那可憐的女孩怎麼樣了？」這是我的第一個問題。

「她很痛苦，這是自然。她父母傷心欲絕。這實在是可怕，可怕至極的罪行。做筆錄時她告訴我們的第一件事，就是她最喜歡的迪士尼卡通人物是屹耳（Eeyore）。隨後我們發現他刻意弄傷她只為了能插入她。我真的很擔心這個傢伙接下來會做什麼。顯然他真的很病態，但該死的是我們對他一無所知。」

「你打算從哪裡開始？」

他打開筆記本，露出好幾頁手寫筆記。「就從我們目前知道的事情開始。」他說。「關於攻擊她的人，這女孩只能給我們非常模糊的描述。她沒能好好看清他的臉，只說他是白人，大概跟她爸差不多年紀跟身高，所以是三十五歲左右，身高在一百六十五到一百七十二公分之間。沒刮鬍子、黑髮往後梳，穿著牛仔褲跟運動鞋。她說他聲音輕柔，呼吸聞起來有酒味。警官們正在向當地持有外賣酒類執照的每間店鋪跟酒吧調監視器畫面來看。

「昨晚我們派出大量警力前往當地盤問每個人。沒有人目擊任何事，所以我們盡可能取得每個地方的監視器畫面，連當地公車裡的都不放過。」

柯林向來一絲不苟的服裝現在有點皺了，黑眼圈也冒了出來，他看起來像個沒睡飽的男人。像他這樣的人不會為了罪行本身而失眠，而是因為缺乏線索。

「我跟一位行為科學家談過了，他的看法證實了我們許多推論。」他說。

「首先，這看起來像是隨機犯罪。他穿越一條繁忙的馬路接近受害者，附近就是公車站，而且還在街燈下，旁邊還有兩棟房子，裡頭的人可以清楚看到他。在史丹豪普他大可以挑選其他更隱蔽的場所，避開眾人視線去撲向一個毫無防備的孩子。

「我不理解為什麼他沒有那樣做。他顯然熟悉這個地區。他直接把那女孩拖到一條小徑去，一路直通他攻擊她的三個地點，彷彿是預先選好了。他對那條小徑熟門熟路，才能在在一片漆黑中在那些地點之間奔跑。所以他要不是當地人、有當地親友、以前住在這一區，不然就是因為工作或嗜好而認識這裡。

「現在來講講我們不知道的事情。這份清單長得多了。」他嘆了口氣。

「我們不知道他是否懷抱特定目的在監視青少年社團，鎖定孩童為攻擊目標。他下手的時候，多數孩子已經被他們的父母帶走了。這個女孩可能是他第一次有機會可以擄走某人。或者他可能是在那裡等公車，只是一時衝動犯案。我們已經聯絡參加那個社團的所有父母、小孩跟工作人員，要找出他們看到了什麼。到目前為止線索不多。

「另一個謎團是他為何拿走她的T恤。他強暴她之後用那件衣服擦拭自己，所以我們一開始以為他是出於警覺，不留下任何鑑識證據。但現在我們知道他沒有試圖清掉受害者身上的精液，所以我們認為那是戰利品。他把那衣服存在某個地方，可能跟其他紀念品放在一起，所以我們透過媒體發布關於這件橘色／紅色T恤的消息。但願他存放這東西的方式很草率，或是他有個愛管閒事的另一半。

「接下來，他在攻擊後去了哪裡？他是走路回家的當地人，還是離開了史丹豪普？如果離開了，他是步行、搭公車，還是有輛車停在某處？就像我剛說的，我們正在設法取得所有能取得的監視器影像。

「最後我問行為科學家，他對那女孩說的話是否能透露什麼線索？行為科學家認為嫌犯威脅要殺她、要打斷她的腿，顯示他有犯罪背景。這裡有件事情我想不明白。行為科學家表示，十個性侵犯之中有九個在轉向性犯罪之前，就已經因為其他類型的犯罪留下前科了。所以他堅持這個嫌犯肯定有某種犯罪紀錄。那為什麼資料庫裡找不到他？」

我過去已經向高階警官們解釋過許多回了，這一切起因於過去某個令人震驚的異常現象，至今偶爾會回頭來糾纏我們。

「是這樣的，柯林，國家DNA資料庫在一九九五年成立的時候，只有犯下嚴重罪行被警方逮捕的嫌犯才會被加入資料庫。一直到一九九九年才開始替服刑中以及要出獄的囚犯取樣，並且放進資料庫裡。所以這名嫌犯可能是在一九九九年以前出獄，而且此後就沒再犯過罪了。」

柯林皺起了臉。「或者我們從沒抓到過他。」

他繼續說道：「為了謹慎起見，我們正在清查所有中止調查或者嫌犯被開釋的性侵案。」

他遞給我一張由那位行為科學家替這位嫌犯畫出的「特徵分析矩陣」。這個方法是以一種浮動評分系統來估算這位嫌犯最可能具備的關鍵特質與犯罪前科。

清單上「最有可能」的欄位詳列著：他是個二十到三十五歲的白人，身高約一百六十五到一百七十二公分，住在史丹豪普或者南艾許佛德，曾因為家庭性虐待前科而在某個犯罪資料庫裡留下紀錄，要不是剛出獄就是緩刑中。

「雷，所以你對這一切有什麼看法？」

「我同意嫌犯不是偶然經過史丹豪普。沒有人會意外跑來這裡。我同意他是本地人，或者有地緣關係。我們必須針對曾經或目前住在史丹豪普還有南艾許佛德的人進行一次由情報主導的篩檢。我們剛在索塞克斯進行過一次，有得到結果。所以我們必須起草一份清單，列出可疑人士。」

由情報主導的篩檢，意思是要辨識出一個地區裡最可疑的嫌犯，採集他們的DNA，然後比對已知犯人的DNA圖譜。這是個大工程，不過有些實用的捷徑可走。從篩檢中取得的DNA樣本，並不需要像警方從調查中蒐集的樣本一樣如此嚴格測試。有個迅速又簡單的篩檢程序，可以一次消去三十人的嫌疑，而且大幅降低成本。倒不是說在處理一名十歲強暴受害者的案件時，還有任何人在計較成本。但我們意識到時間是個關鍵因素。我們必須在這個禽獸再度出擊前逮到他。

接下來，我們必須為接受DNA測試的人排出優先順序。顯然性犯罪者是第一優先；不過事實證明，施行起來沒有聽起來那麼簡單。首先，我們需要檢視這些性犯罪者是否在國家DNA資料庫裡。如果是，那麼我們可以立刻排除他們，因為我們的嫌犯不在資料庫裡。不過就像我提醒過柯林，國家DNA資料庫是在一九九五年建立的，性犯罪者登記系統則是在一九九七年才成立。性犯罪者登記系統列管的每個人，不一定都會出現在國家DNA資料庫裡。警方需要仔細核對，確定性犯罪者登記系統中的本地人是否也出現在DNA資料庫裡。如果沒有，就需要採集他們的DNA。

下一批要採樣的則是所有最近剛出獄的人。再接下來的目標是針對家暴還有虐待兒童的舉報案件、參加酒精和藥物依賴治療計畫的男性，此外還有被該區域的緩刑監督機構、房屋委員會跟社福機構註記為有暴力或者性暴力傾向的所有男性。

我建議柯林，任何篩檢程序都需要嚴格的身分辨識政策。惡名昭彰的性侵犯柯林・皮奇佛克是第一位因為DNA而被定罪的嫌犯。他當年付錢請朋友假扮成他去接受篩檢，導致警方的調查被徹底誤導了好幾個月。

簡而言之，必須確認受檢者的身分無誤才行。

我們也需要安排一場媒體記者會來宣布進行篩檢，這可能會讓我們因此接獲有用的情報。此外，如果任何一個篩檢目標突然搬離這個區域，他們就極有可能犯了某種會被自身DNA揭露的罪行。我們決定以TIE原則——追蹤（trace）、調查（investigate）、評估（evaluate）或排除（eliminate）——來處置任何沒現身接受篩檢、或者拒絕提供樣本的人。

在這個詳盡徹底的篩選過程開始之際，警方同步調查了從過去至今在史丹豪普住宅區還有南艾許佛德居住或工作的所有男性犯罪紀錄。他們查核了性犯罪者登記系統中有家人住在此區的人。他們過濾了肯特郡甚至全英國所有異常的犯罪，尋找潛在連結。他們也搜尋了國家犯罪與行動部門（National Crime and Operations Faculty）的犯罪資料庫。

這一切努力，包括對三千位在地男性的篩檢，都徒勞無功。

柯林問我，在鑑識上我們還有沒有別條路可走。我必須誠實地說，我看不到任何實際的選項。我們沒剩下任何線索了。我已經數不清有多少次我們坐在那裡絞盡腦汁想著：我們已竭盡所能了嗎？還有別的事情是我們該做的嗎？我們有可能漏了什麼嗎？

讓每個人無比絕望的是調查不得不縮減規模。柯林與一位家庭聯絡官把這個消息告訴女孩和她心碎的父母。然而我們全都知道，這個嫌犯會再度犯案。柯林最大的恐懼是——下一次他會變本加厲。

二〇〇二年七月，攻擊後八個月

我接起手機，聽到來電者是伯明罕國家DNA資料庫的人，感到有些驚訝。然而她告訴我的事情，甚至讓我更加驚訝。

「我們知道你們還在找史丹豪普十歲女孩強暴案的嫌犯。嗯，有個新發展。」

我感覺自己心跳加速。過去八個月來，我每天早上醒來都有股恐懼，就怕嫌犯再度犯案，毀掉另一個無辜孩子的人生。

「七月十一日在薩里郡的厄爾斯伍德（Earlswood）發生的一件強暴案，有部分DNA跟你們的嫌犯相符。」

來電者提供了一組實驗室查詢碼，讓我可以在電腦上找出更多關於這位最新受害者的訊息。在我點擊進入案件管理系統的時候，我震驚地發現受害者跟上次那個十歲女孩很不一樣。這一回，他攻擊了一位三十歲女子。

「相符程度有多高？」

「是不同人的機率大概是一千三百萬分之一。」

我心想，肯定是他。

我以前從沒碰過一個案子是嫌犯同時強暴兒童與女人的。我不是行為科學家，但這在我看來極端不尋常，我很納悶是不是出了什麼錯誤。我打電話給薩里郡警方了解狀況。

他們確認了這起DNA有關聯的強暴案中，受害者是一位三十歲女子，她在早晨九點半左右在自家附近的綠地遛狗，這時強暴犯出擊了。光天化日之下，他從後面抓住這個女人，把她拖進灌木叢裡綁住她的雙手，接著把她的上衣往上拉，好讓衣服蓋住她的眼睛。

「如果妳抓傷我、尖叫或看著我，我就會殺了妳。」他告訴她。

多年來我曾經聽過一些警官——有男有女——納悶為什麼受害者沒有反擊或大聲尖叫。如果你看過這個女人身上的瘀傷，你就會了解為什麼。在這場惡毒的攻擊中，攻擊者在她身上造成了五十六處不同的外傷。這位受害者毫不懷疑，攻擊者強壯到足以殺死她，而且要是她反擊、甚至只是不小心瞥見他的臉，他會貫徹他的威脅。

接著有個轉折：這名女子解釋，在他脫掉她的長褲時，她聽到一個包裝袋的聲音。

「別擔心，我有保險套，」他這麼告訴她。

果然，從私密處做的拭子檢驗沒能驗出任何精液。嫌犯變得有鑑識意識了。他從我們的宣傳中得知，我們從他留在史丹豪普性侵案中的精液裡得到他的DNA圖譜了。他不會再犯同樣的錯誤。不過他還是犯了另一個錯。在這次攻擊中，這名強暴犯逼受害者陪他角色扮演，假裝這是一場你情我願的性愛。

「我要妳自己動，要前後扭動。」他告訴她，「跟我說妳喜歡這樣，說我又大又壯。」

他過度沉浸於自己的妄想中，以至於他一度忘情舔了受害者的左耳。一開始針對耳朵拭子的檢驗是採用標準的DNA圖譜鑑定法，沒能產生圖譜。然而有一種被稱為低拷貝數（Low Copy Number）DNA圖譜鑑定技術相當靈敏，驗出了這名男性DNA的部分圖譜。

根據這份DNA圖譜提供的訊息，這位攻擊者只有一千三百萬分之一的機率跟八個月前史丹豪普住宅區的強暴犯是不同人。兩起攻擊事件之間還有其他讓人信服的相似之處。他再度在一個靠近停車場的公共場所出擊。包括行人、跑者、停車的人、附近住家居民在內的許多人，都有可能目擊他抓住受害者。此外，他犯案的地點依然不是公共公園，而是選擇某個只有當地人才會知道的住宅區後方空地。而且跟上次一樣，受害者依然沒能看到攻擊者的臉。

我立刻打電話給柯林．莫瑞。我們都想不透受害者類型為何改變，也無法理解這起攻擊為何發生在離史丹豪普超過八十公里處，或者他為什麼停了八個月才再度犯案。我們當時也不知道，他很快就會補上那段空白的時光。

二〇〇二年八月，初次攻擊後九個月

來自肯特、薩里、泰晤士河谷（Thames Valley）與倫敦警察廳的高階警官們，同意在布蘭茲哈奇賽道（Brands Hatch racetrack）附近的一間旅館會談，討論史丹豪普與厄爾斯伍德的強暴案，以及各自轄區內任何可能相關的犯罪。不過他們對於是否要正式把史丹豪普與厄爾斯伍德的強暴案連結起來無法達成共識。倫敦警察廳的大隊長比爾．葛瑞菲斯（Bill Griffiths）堅持，沒有充足證據可以證明是同一名男子犯下這兩件案子。其他人不同意。他們轉向我，我明確感受到我得投下一票。

我知道連結兩宗犯罪有其風險。一旦明確指出只有一名犯人，所有後續調查都會把這當成確定之事，朝此方向校準。如果我們搞錯了，其實有兩名犯人，就等於是把這個調查推往錯誤的方向。要是因此導致更多人受害呢？我們真的無法承擔這個風險。

不過我必須信任鑑識科學。我想起威爾．歐雷利說過，科學家都不愛有話直說，然而現在是要展現決斷的時候了。我知道有個男人正逍遙法外，他對任何年齡的女人跟女孩都是種威脅。任何地方、任何時候，他都可能再度出擊。

警方正式連結這兩起案件，並建立起跨區域調查。每位高階調查警官都檢視了各自轄區內的懸案，尋找兩起案子間可能的關聯。不只是DNA跟指紋，還有鞋印、輪胎痕跡，甚至是犯罪手法，可能都足以讓我們連結起犯行。

就在當天稍晚，倫敦警察廳揭露了一個令人震驚的事實。

二〇〇二年七月十一日，這個強暴犯在薩里郡的厄爾斯伍德對一位三十歲女性犯下凶殘的性侵案之後，在同一天二度出擊。

就在第一次攻擊後六小時，大約下午四點三十分，在西南倫敦綠意盎然的普特尼希斯（Putney Heath），一名正在為一場慈善競走活動做訓練的二十六歲護理師遭到攻擊。這次又是個非常公開的場所，風險極高，而且還是沿著一條熱門散步路線，就在繁忙的A3公路北邊，很靠近電報酒吧（Telegraph pub）。犯人從毫無防備的受害者背後跑來，用鎖喉技從背後抓住她。

「如果妳尖叫我會扭斷妳的脖子。我不想再被抓。」他告訴她。

她的受暴過程，遵循著跟其他人一樣的殘酷模式，她被綁住、被蒙眼、被毆打，性命受到威脅，不過這罪犯顯然愈來愈有自信了。

「妳是個好看的女孩。妳比前一個人聞起來香，她臭死了。」他這麼告訴她。

「你為什麼要這麼做？」他的受害者哀求道。

「因為我在家裡根本沒有砲可以打。」

強暴她之前，他厚顏無恥地掀起她的臨時眼罩，高到剛好讓她可以看見他戴了保險套。他侵犯她的時候有好幾次試圖吻她的嘴，而且還安排了更多劇本。

「告訴我妳喜歡這樣，吻我。」

他完事以後在她的袋子裡摸索，找到了她的手機。滑動搜尋她的聯絡人以後，他找到寫著「媽」的聯絡人，按下「通話」。

「哈囉，媽。」他說道。

「我女兒在哪裡？」那個震驚的女人說道。

「喔，她現在『有點忙』，騰不出手。」他邊說邊笑出聲來。

✦✦✦

這一回他企圖親吻受害者所留下的唾液，驗出的DNA品質不佳，只能證實部分DNA相符。不過我們現在明白了一件可怕的事情——要預測他的下個舉動是不可能的。看來我們在追捕的這個強暴犯是隨機挑選犯案地點，等待著下一個不幸路過、毫無戒心的女孩或女人。

我們別無選擇只能公開案情——一個會再度犯案的瘋狂強暴犯在逃中，而且罪行可能會發生在任何地方，沒有任何女孩或女人是安全的。警方不只警告女性不要夜間獨自外出，他們甚至警告女性時時刻刻都要提高警覺。然而有幾分尷尬的是，我們無法提供根據證人描述而拼湊出的嫌犯肖像，甚至連文字描述都拿不出來。到目前為止，我們只知道這個男人講話有東北部的「喬迪」（Geordie）口音，身上有濃烈菸臭味。

我打電話給肯特郡的柯林．莫瑞。史丹豪普的十歲受害者，現在免不了要暴露在這些相關案件的報導之下。我之前得知的最新消息是她已經回到學校，進展不錯。

「這樣不好，」他強調，「這樣會把一切記憶都帶回來。家庭聯絡官告訴我，她無法獨自上床睡覺，而在她上床以後會睡不著。她無法忍受置身於黑暗中。在我們抓到他以前，這可憐的女孩會永遠被困在地獄邊緣。」

第十一章 球體二號行動

在同一天強暴兩名女子過後幾星期，嫌犯第四度出手。二〇〇二年八月六日，一名五十二歲女子在南倫敦的溫布頓公共綠地（Wimbledon Common）遛她的兩隻傑克羅素㹴時，從背後遭遇「旋風式」攻擊。這一次，受害者被尖刀威脅。她呼喚她的狗兒們，讓人沮喪的是牠們沒能來救她。在她轉身要看他的臉時，嫌犯捶了她一拳。

「妳是處女嗎？」他問道。

「不可能啊，我五十二歲了。」這個很有膽量的女人反問對方，「你是處男嗎？」

在他開始對她上下其手之際，她閃開身子說道：「你得拿刀戳我才行。」

但攻擊者靠蠻力制服了這名女性。他對她說自己有用保險套，但她無法確定。她接著觀察到一件事，或許能讓我們一窺這名男子性方面的不足之處。

「他的陰莖感覺很小——我是指長度，很短。」她告訴警方。

他帶著這女人的T恤離開，威脅她要是尖叫的話就要割開她的喉嚨，還指示她二十分鐘內都不准動。

一天之後，八月七日，他在倫敦西南部邊緣的埃普索姆（Epsom）發動了迄今最大膽的攻擊。他在埃普索姆公共綠地（Epsom Common）把一位二十六歲的芬蘭女子從人行道上硬生生拖進樹林裡然後強暴她。他再次企圖親吻被害者，而這一次，我們設法從他的唾液裡取得部分圖譜。它屬於另一位犯人的機率是七百萬分之一。

這是該嫌犯在一個月內的第四起強暴案，如果從去年十一月在肯特郡史丹豪普攻擊那位十歲女孩算起的話，就是第五次。很快這就變成近四分之一世紀前的約克郡開膛手案之後，最大規模的緝凶行動，一共投入五組警力跟大約三百五十名警員。

然而我們還是沒有關於他長相的描述。據推測，他的年齡可能落在三十三歲到六十歲之間。而我們甚至連要猜他住在哪裡都毫無頭緒。我們可以找到有地緣連結的唯二強暴案，就是位於南倫敦的普特尼希斯以及溫布頓公共綠地這兩件，彼此只相距約八百公尺。所以我們對該地區男性發起一場以情報主導的篩檢。不過篩檢流程開始不久後，他就在埃普索姆西南方十九公里處再度犯案。

我們陷入困境了。此事會怎麼收場？他下次犯案會變本加厲，掐死受害者嗎？就我個人來說，我從未經歷過如此巨大的緊張與壓力。我為此案子進行的鑑識工作橫跨五個實驗室，涉及上百位科學家及助理。我知道他們多數人認為我很麻煩，而且因為我總是要求趕快拿到結果，他們總抱怨連連。但我總是跟他們說：「如果你應付不了壓力，就別參與跟重大犯罪有關的工作。」我認為我的工作是領導科學家，而非管理他們。我們需要成果，而且要夠迅速，因為人民的安全仰賴於此。再說，他們在月底會有一大筆薪水入帳，這份工作比替商品上架好多了！

而且每當實驗室受人指責的時候，上火線的人也不是他們。警方常把我們當成代罪羔羊。最常見的抱怨是我們動作太慢了，但我甚至聽過有人嚴厲譴責我們「沒有從證物裡取得結果」。我必須定期提醒所有階級的警探們，我們的工作是呈現科學事實，而不是說他們想聽的話。

應對來自四個郡的高階調查警官還有一位總指揮官，同樣不容易。我喜歡並且尊敬這些人，但他們全都習慣當老大，而且期待我一週七天、一天二十四小時聽候差遣。他們總是立刻就想得到結果，或者希望緊急檢驗某項證物。正常狀態下這要求也不過分，但如果你要面對五位高階調查警官，人人都想要他們的無數證物排在第一優先的時候，一切就變得窒礙難行——尤其是在接下來的一週裡，你還必須解釋為何他們的要求並沒有全數完成。

那個年代還沒有群組視訊通話，我如果有什麼想法，必須分別打電話給這五位高階警官。接著我必須再回電給他們每一位，轉達其他警官的意見。像這樣冗長重複的過程，其中一個典型例子是其中一位高階警官建議引入一位犯罪心理側寫師，確認這些案件之間有沒有什麼被我們遺漏的連結。在只有一位高階警官主導的常規調查裡，這件事可能只要花兩分鐘。在這個案子裡，我卻必須撥出兩小時。但到最後他們總算全都同意了。

犯罪側寫師注意到，本案所有攻擊都是發生在星期一到星期五之間，而且除了發生在肯特郡史丹豪普的第一起攻擊之外，其他案件都是發生在一般上班時間裡。我們推論不管這個男人的職業為何，都會帶著他走遍英格蘭南部，他才能在這一區裡尋找機會、發動攻擊。而史丹豪普的攻擊案發生在「下班時間」，或許是因為他住得離那個地點比較近？

我們的地理側寫師則找到這些案件其他幾個共同點。這幾起攻擊全都發生在環繞倫敦的M25高速公路沿線附近，因此某些媒體替他命名為「M25強暴犯」。多數攻擊發生在靠近鐵路路線之處，因此也有其他媒體稱他為「鐵路強暴犯」。他習慣從犯罪現場帶走衣服之類的物品，導致也有少部分媒體指他是「戰利品強暴犯」。我們甚至連給他什麼綽號都沒共識。要怎麼抓到他？

二〇〇二年九月六日星期五，他打破了上述其中一個犯案模式：他在正常上班時間之外，對薩里郡沃金（Woking）的一位十三歲女孩發動攻擊。大約晚間七點，這女孩騎著腳踏車穿過帕佛德公共綠地（Pyrford Common）外的樹林，這時一個男人把她從腳踏車上擊落，把她拖進樹叢裡強暴她。

十月二十五日星期五，他再度改變作法，在倫敦北方的哈特福郡靠近史蒂文納吉（Stevenage）處，撲向一名十四歲的女孩。此回他依然持刀攻擊，這符合他慣用的犯案手法，但有一個極為關鍵的差異：她清楚看到他的臉。

她描述他介於四十歲到六十歲之間，有緊實的棕色肌膚，還有一個真正足以縮小嫌犯範圍的特徵——引人注目的綠色雙眸。其他犯案細節跟先前的攻擊相符，例如：喬迪口音、陳年菸味、使用保險套。她幫助警方繪製出一幅拼貼嫌犯肖像，並表示這幅肖像與攻擊者「很相似」。事實上，這張肖像效果實在太好了，因此警方決定讓它登上超過五百萬名觀眾收看的《犯罪觀察》節目，因此收到超過五千通民眾來電。

其中一通電話來自一位女性，她住在肯特郡的小村莊艾普多爾（Appledore），就位在史丹豪普以南約十八公里處。她建議警方去查看她其中一位鄰居，他很符合那張拼貼肖像，也有喬迪口音，而且菸抽得凶。最關鍵的是，她提供了他的地址跟姓名：安東尼·伊米拉（Antoni Imiela）。

當然在這個階段，伊米拉只是警方要處理的眾多嫌犯之一。他們遲至十一月才抽出時間打電話給他，安排一次口腔黏膜拭子採集。

四十八歲的伊米拉解釋說自己是鐵路工人，現在駐守在南安普頓（Southampton），所以警官們到他家去完全沒意義。

「那麼我們可以南下去找你？」警官這麼建議。

「當然不可以，你不能到我工作的地方來。」他抗議道。

他終於同意在下一個休假日，十一月十九日跟警官們見面。警官們很訝異，伊米拉一到現場就質問警方的要求是否合法。

「哎呦，就把樣本給他們啦，東尼。」他的妻子克莉絲汀在旁催促道，「你又沒什麼好隱瞞的。」交給警方一枚拭子以後，他問道：「要過多久結果才會出爐？」

「七到十天。」一位警官說，「不過就像尊夫人說的，我想你沒什麼好擔心的。」

十三天後，就在十二月二日星期一早上，我接到伯明罕國家DNA資料庫的電話。

「我們找到符合你那個M25強暴犯的人了。」對方語氣輕快地說道。

「這位朋友，如果你是想搞笑，這不管用……。」

「我是認真的，雷。你們抓到他了。」

我立刻打電話給柯林．莫瑞。他震驚到無法言語，然而此時無聲勝有聲。

我們開始拼湊手邊關於安東尼．伊米拉的所有資訊，我們現在可以確認這個男人就是被稱為M25強暴犯的連續攻擊者了。

多數犯行都發生在靠近鐵路沿線之處。伊米拉的工作是在倫敦與南安普敦兩地擔任英國鐵路網的軌道安全督察，因此他頻繁行駛於M25高速公路上。他顯然利用工作之便探勘路線，探查女性散步或慢跑路線周遭的隱蔽地點。駕車穿梭在倫敦與南海岸之間時，他會造訪這些地點，等待受害者出現。他鐵路督察的工作甚至也解釋了他頭兩次犯案之間的八個月空白；因為那段期間有位同事接送他上下班，所以他無法在他預先挑選好的出沒地點盯哨，等待被害者出現。

儘管伊米拉跟鐵路有關聯，我們先前卻未能找出他，這是有充分理由的。警方查核過有性犯罪前科的鐵路工人，但伊米拉沒有相關前科。然而他很年輕時就曾觸犯過法律。

一九五四年，伊米拉出生在當時隸屬於西德的呂北克（Lübeck），他是一位波蘭士兵與其德國妻子之後，人生頭七年都住在難民營裡。一九六〇年代早期，這家人搬到英國的達蘭郡（County Durham）追求新生活，然而鄰居們記得他爸爸是個麻煩不斷又情緒不穩的人，他從未學過英語，還經常用皮帶抽打他的孩子們。

一九六八年，安東尼十四歲的時候，他母親艾芙莉德出門去買炸魚薯條，從此一去不回。伊米拉就此行為脫軌，開始闖空門跟偷車。十六歲時他進了少年感化院。

這段經歷似乎讓他改邪歸正了，至少那段時間是如此。他成為一名泥水匠，還跟他當時的女友育有一子，名為艾登。但在一九八七年，他持槍搶劫英格蘭北部多間郵局，他用一把削短型霰彈槍威脅驚恐的工作人員，聲稱要「炸掉他們的腦袋」。當警方終於查出伊米拉的身分並發起逮捕行動之際，他不知從何得知了這個計畫，逃之夭夭。

逃亡的時候，伊米拉偶爾會打電話恐嚇負責追捕他的偵緝督察，亞瑟．普勞德（Arthur Proud）。但大約一年後他突然自首了，最後被判十六年徒刑。

伊米拉在一九九六年初獲釋，他被獄方形容為一位「模範囚犯」。如同我先前向偵緝總督察柯林．莫瑞解釋過的，要到一九九九年，出獄的囚犯才會被強制要求提供DNA樣本；這就是為什麼他不在國家DNA資料庫裡。然而當年以持械搶劫罪名逮捕他歸案的偵緝督察普勞德，他很篤定那個「傲慢、自鳴得意」的犯人會再度犯罪。

伊米拉出獄後尋求嶄新的開始，他搬到東索塞克斯的萊鎮（Rye），與克莉絲汀迅速墜入愛河後成婚。他搬進克莉絲汀位於艾普多爾的家，家中還有她正值青春期的女兒，雪柔。雖然他從沒動過雪柔一根汗毛，但她確實透露了一起令人不安的事件：他不小心撞見她脫衣服，後來問她「這麼做是否在暗示什麼」。雪柔告訴警方，伊米拉曾調戲一位女性鄰居，這位鄰居後來對克莉絲汀抱怨了這件事。伊米拉忠誠的妻子拒絕相信，但這個女人後來得以報復：她打電話到《犯罪觀察》去告發伊米拉。

令人挫折的是，在史丹豪普發生第一次強暴案後，我們進行情報主導篩檢的區域距離艾普多爾也不過幾公里而已。如果篩檢範圍再大一些，我們就會發現伊米拉的犯罪紀錄，也會採集到他的DNA。我們只差那麼一點，就能夠拯救後續所有強暴受害者。

我們一得知他的DNA與那些強暴案相符，就必須在伊米拉再度出擊前逮捕他。他的妻子透露他在十二月二日當天早上五點離家，開長途車到南安普敦去工作。她預計他當晚就會回來。我們擬定了一個計畫，要用他的手機追蹤他的行動，等他當晚一開車回肯特郡就逮捕他。

結果當天稍晚，事情又有了可怕的轉折，讓緝捕他歸案的壓力倍增。幾週前，伊米拉把拭子交給警方時，他問過要多久才會取得結果。伊米拉當然知道這個拭子會揭露他就是M25強暴犯，他逍遙自在的日子屈指可數了。為了展現令人作嘔的反抗決心，他決定盡可能利用最後的自由時光。

在提供拭子後兩天，他打電話給妻子說他的車子在牛津拋錨了，他必須在那裡過夜。實際上，他開車到伯明罕去，隨機選擇了又一位年輕的受害者。他瞥見一個十歲女孩在街上走路，他要對方上車，但被拒絕了。他跟蹤她，告訴她自己有刀，如果她不上車就會殺了她。對這女孩來說，這是五小時痛苦折磨的開端，這段時間裡，他在八個不同的場合性侵她。最後一次性侵是在他的雪鐵龍Xantia車上，持續了痛苦的十分鐘。在把她扔到車外的街道上時，他告訴她：「妳沒事的，妳眼前還有一整個大好人生。我的人生結束了。」

伊米拉在伯明罕犯下的恐怖罪行，直到十二月二日當晚，就在他從南安普頓出發，準備開四小時車回家的時候才全盤曝光。他必定知道我們已經取得、或者很快就會取得他的拭子測試結果。我們突然間意識到，他沒什麼好怕的了。此時我們最大的恐懼是，他會駛離M3高速公路，最後一次隨機挑選一位年輕女孩當目標。

偵緝總督察莫瑞與團隊藉由追蹤伊米拉手機的定位訊號，監控他在M3高速公路的行蹤，感覺就像開著一輛隱形車跟在他後方。為了預防任何技術故障，警方從漢普郡跟肯特郡派來的跟監團隊隨時待命準備接手。莫瑞考慮過部署這些團隊去跟蹤伊米拉的車。然而他猜測嫌犯此時處於高度警戒狀態。他可能會察覺警方的追捕陷阱然後趁機脫逃，就像他在一九八〇年代時做過的一樣，那時他逃亡了一年。他們承受不起讓這種事再發生一次。

突然之間，手機定位方向改變了。

想像一下，當伊米拉突然駛離M3高速公路時，偵緝總督察莫瑞跟執行監看任務的警探們有多驚恐。他們發現車輛是朝著伊斯特利（Eastleigh）這個城鎮前進。莫瑞總督察擔心伊米拉知道自己在劫難逃，會搶在落網前再次試圖攻擊某個毫無戒心的孩子，於是派出漢普郡的監視小隊去鎖定他的位置。

他只希望他們能及時逮住他。如果一個連續強暴犯就在警方追蹤他的一舉一動之際再度出擊，這會有多難堪？定位訊號停在伊斯特利。伊米拉現在到底在幹嘛？

時間一分一秒過去，莫瑞跟他的團隊等著漢普郡的小隊回報是否找到伊米拉。但接著伊米拉的車再度駛回M3高速公路。他之前到底在伊斯特利搞什麼鬼？他們現在什麼都不能做，只能看著他在M3公路上前進，然後又繞到M25公路，最後終於下了交流道前往肯特郡，然後又開上M20公路。莫瑞偵緝總督察下令出擊。一支待命中的交通警察隊執行了用於追捕和控制逃逸車輛的「策略性追擊與封鎖（Tactical Pursuit and Containment，簡稱TPAC）」戰略，圍困他的車並且逮捕他。

逮捕他的警官想知道的第一件事，就是伊米拉在伊斯特利做了什麼。原來伊米拉只是停下來買炸魚薯條，享受最後一頓身為自由人的晚餐，這讓所有相關人士大大鬆了一口氣。我要求他們扣押他的車，因為我曾共事過最細心的犯罪現場探員之一——莫琳·「小莫」·休斯（Maureen 'Mo' Hughes）要著手檢驗那輛車。因為伊米拉在伯明罕的犯行距今才剛過一星期，我希望小莫能在那輛車裡找到些什麼，可以透過鑑識證明伊米拉跟那位十歲受害者之間的連結。

第二天早上我接到專案室打來的電話。我們必須處理一個證據拭子，要跟十一月十九日在伊米拉家裡從他身上採集到的口腔黏膜拭子進行比對。測試結果必須迅速出爐，好讓他們能以強暴罪起訴他。我接著受邀參加第二天早上的一場案件管理會議，討論我們該如何著手準備起訴。

與此同時，小莫．休斯在伊米拉的車後座上找到兩根毛髮，是屬於在伯明罕被他擄走的十歲女孩。那個勇氣十足的女孩不只是明確指認了他的車子，也從列隊指認中挑出了伊米拉。警方向她承諾，伊米拉永遠不會再以自由人的身分重見天日了。

要是我可以給她相同的承諾就好了。事實上，要能夠以伊米拉犯下的多起強暴罪行起訴他，還有很長一段路要走。從鑑識上來說，這個案子最大的挑戰還在前方。

✦✦✦

案件管理會議一片歡樂喧鬧，眾人相互拍肩祝賀，氣氛無比放鬆。十二個月以來讓整個南英格蘭聞之色變的男人，現在被牢牢關在監獄裡了。警察善盡職責逮到了嫌犯，現在換我來當掃興鬼了。

我們聚焦分析伊米拉犯下的八次攻擊：肯特郡史丹豪普的十歲女孩、厄爾斯伍德的三十歲女子、普特尼希斯的二十六歲護理師、溫布頓公共綠地的五十二歲遛狗女子、埃普索姆公共綠地的二十六歲芬蘭女孩、薩里郡沃金的十三歲腳踏車騎士、在史蒂文納吉看到他整張臉的十四歲女孩，最後是他在被捕前幾天在伯明罕擄走的女孩。因為他使用保險套，在這些案子裡只有四起案件我們有DNA證據，分別是：肯特郡史丹豪普案、薩里郡厄爾斯伍德案、埃普索姆公共綠地案，還有伯明罕案。

其他攻擊事件怎麼辦？除了犯案手法還有像是他的口音跟體臭之類的細節，我們沒有任何鑑識證據可以把他連結到這些強暴案上。我們絕對不能讓他逃過他犯下的任何一樁罪行；我們要替每一位受害者經歷過的一切討回公道。不過我們該如何把伊米拉跟其他攻擊事件連結起來呢？我被告知得在一週內擬定建議並且進行簡報。

沒有DNA，我們必須另尋管道把他跟全部八宗強暴案連結起來。伊米拉的手機活動與提款卡紀錄，跟這八次攻擊的時間與地點相符。這是個好的開始，然而傳統調查方法也只能做到這麼多了。而剩下四宗沒有DNA的案子裡，我們有的證據還遠遠不足。我們需要想出與眾不同的全新辦法。或許是某種前無古人的開創之舉。

我們很早就排除了把纖維當成證據來源。這四個案子裡，沒有一位受害者在被攻擊的時候看到伊米拉穿了什麼衣服，所以檢查她們衣服上有哪些纖維屬於攻擊者，似乎是多此一舉。再說，他在攻擊時穿的衣服很有可能已經被他毀掉了，以確保這些衣服之後不會扯他後腿。就算他沒這麼做，像他這樣有鑑識意識的人，至少會把這些衣服送去用非常熱的水清洗，而且可能不只洗一次。

然而纖維是我們僅存的希望了，我必須想想辦法，或者找到能幫上忙的人。我聯繫了一位纖維專家蘇・切夏爾（Sue Cheshire），並且安排在實驗室跟她碰面開場非正式的緊急會議。

經過漫長討論之後，她建議我們分析所有受害者的衣服，看看這些衣服是否都有某種共同的外來纖維。如果這些外來纖維在顏色或化學組成上有其獨特性，或許就能拿它們跟伊米拉擁有並穿過的特定服裝做比對。

「不過當然了，要有說服力的話，就必須是一種極不尋常的纖維。」她指出，「而且你還得證明這纖維是來自他在犯罪當天穿過或者接觸過的衣物。」

我認定這是個好主意，大半是因為這是我們唯一的主意。說真的，感覺上這像是某種怪異的最後一搏，大喊「聖母保佑」以後孤注一擲。伊米拉看來就是那種衣著普通的男人，大概全英格蘭有半數男性衣櫥裡都會掛著跟他類似的衣物。就算我們確實在受害者身上找到不尋常的獨特纖維，到底該如何才能把纖維連結到事發當日的嫌犯身上？

不過我們總是得從某個地方開始著手。況且我必須在下一場案件管理會議上提出方案。

我提案時，覺得我的五位上司不大滿意這個建議。不過在理解我們的處境有多絕望以後，他們最終還是同意了這個方案。我們就從沒採到DNA的那些案子（普特尼希斯、溫布頓公共綠地、沃金及史蒂文納吉）裡的衣服開始。幾天後我接到蘇．切夏爾的電話，要我到她實驗室一趟。

「我在兩位受害者身上發現某樣東西，肯定很獨特。」她說著，邀請我透過她的顯微鏡看看。

那纖維看起來是一種俗豔的深粉紅色。

「這是聚酯纖維，」蘇指出，「還有一些同樣顏色刺眼的壓克力纖維。」

「這不是我會穿的顏色。」我說。

「我也是這麼想。如果伊米拉有什麼東西是這種顏色，嗯，那就會顯得很突出，因為那不像是他衣櫥裡會有的東西。」

我決定跟蘇・切夏爾還有小莫・休斯在伊米拉位於艾普多爾的家會合，尋找屋裡有沒有任何東西可能跟那種粉紅色纖維相符。

在屋裡，每面牆上都是伊米拉跟他太太克莉絲汀的裱框照，照面中他們以各種愛意滿滿的姿勢抱在一起。不過仔細檢視以後，他們之中只有一個人看起來愛得頭昏腦脹，而那個人不是安東尼。

我大步走上樓，到主臥室檢視他的衣櫥。幾分鐘後我又失望地走下樓去，我在查理・卓別林（Charlie Chaplin）的黑白電影裡看到的顏色還比他的衣櫥多。

「雷，過來這裡一下。」小莫從客廳裡喊我。

我走進去的時候還納悶她為什麼背對著窗簾站在那裡，臉上掛著大大的笑容。真相大白：那些窗簾是一種讓人偏頭痛發作的粉紅色，而且跟蘇在那臺顯微鏡底下看到的纖維十分相似。不過一幅家用窗簾上的纖維，是怎麼從肯特郡偏鄉出現在南倫敦的犯罪現場呢？

我決定之後再煩惱這個問題，還是先拿一段膠帶採取樣本，然後打電話給專案室要緊。我知道警方最近在訊問克莉絲汀，因為我聽到他們私下討論，說這可憐的女人把她跟「東尼」的戀情看成是羅曼史小說成真。根據她的說法，他相當浪漫，經常用小禮物跟各種隨興的小動作給她驚喜。

「看起來他把最大的驚喜留到最後了。」她的其中一個訊問者打趣說道。

我要他去問克莉絲汀，他們早晚有哪些日常習慣，要特別詢問是誰負責開關露臺玻璃門前的窗簾。

他們很快就回報了。克莉絲汀滔滔不絕地說「東尼」總是第一個起床，並且在他離家前做些細碎家務，包括替她泡杯茶、打開熱水開關，還有——我們需要的就是這個——拉開樓下所有窗簾。

現在我們只需要證明，從三位受害者身上發現的粉紅色纖維是來自伊米拉家的窗簾。等待結果的同時，我要人打電話給窗簾製造商。好消息是，他們確認了窗簾是用聚酯纖維跟壓克力纖維做的；壞消息是，他們賣出了數千組這種色調的窗簾。

最後，電話打來了：「在這些女性身上找到的纖維，跟伊米拉家裡的窗簾是相符的。」

這是很強力的證據，但我們需要更多。

我們擴大範圍，在已經有伊米拉DNA的案子裡搜尋這些粉紅色纖維，最後果然在那些受害者的衣服上也找到了。這下證據又更多了，但仍然不足以達到「排除所有合理懷疑」的陪審團定罪標準。

我的纖維偵探們回頭去受害者們的衣服上搜尋其他外來或者外觀獨特的線頭。讓我訝異的是，他們帶回更多發現。

他們回報說，在許多受害者身上發現亮黃色與橘色的聚酯纖維。這些女性沒有一位曾經穿過前述任何一種顏色的衣物，她們在日常生活裡也沒有理由接觸到。不過為什麼安東尼．伊米拉在進行攻擊的時候，會穿著黃色跟橘色的衣服呢？他肯定不希望輕易被人瞥見吧？

然後我們恍然大悟。身為鐵路工人，伊米拉執勤時會穿著反光的橘色與黃色外套跟連身工作服。我們全都看過那些軌道工人，他們顯眼到從火星上都看得到！在他計畫發動攻擊的時候，極有可能脫掉他的高能見度外套，把它留在車裡。但所有接觸都會留下痕跡；這些外套在裡面的衣服上留下橘色與黃色線頭，這些線頭獨特到會在黑暗中發光！他攻擊這些女人的時候，無意中把這些會洩密的發亮纖維轉移到她們身上了。

攻擊結束後，他一回到車上顯然就把那些高能見度外套直接穿回去了，如此才能融入背景之中。畢竟高能見度衣物的反諷之處，就在於你永遠不會真的注意到穿著它的人。而且沒有人會懷疑某個穿著高能見度外套的人，剛剛在公共場所強暴了別人。這是個完美的掩護——除了那些沾黏的鬆脫纖維以外。

我們派出一位警官到南安普頓火車站去扣押伊米拉的安全外套，然後把它們直接送進實驗室。檢驗揭露了從七位強暴受害者衣物上發現的纖維，要不是直接符合其中一件外套，就是符合他家的窗簾。

我們逮住他了！

然而伊米拉拒絕認罪，他決心要讓他的受害者出庭，承受在加害者面前陳述自身苦難的那種恥辱。許多評論者都說，這是他試圖最後一次病態地控制並羞辱那些受害者。

然而二〇〇四年三月，他在美德茲頓刑事法院受審期間，我所看見的一切都恰恰相反：每位出庭作證的受害者都展現出道德勇氣、尊嚴與平靜的憤怒，讓整個法庭為之震撼。這些受害者彷彿藉由說出自己的故事，驅除了他籠罩在她們身上的力量，重新取回敘事權跟自我。審判期間，我唯一看到在啜泣的就是伊米拉本人，簡而言之，他就像一隻被困在牆角哭哭啼啼的老鼠。他使盡渾身解術要脫身，聲稱警方栽贓陷害他，說自己其實是同性戀者。

我沒去現場聽審，而是透過電視看到他被定罪，要為每一件強暴案服七年徒刑。他還因為綁架、強暴未遂與猥褻伯明罕的十歲女孩，另外被判處二十九年刑期。

不過那並非伊米拉案的結尾。沒有人能預見前方還有些轉折。

✦✦✦

一如往常，案件結束後並沒有什麼慶功派對或是狂歡痛飲；因為當案件進入審判程序時，我們通常也已經深埋在其他不幸之中。然而幾個月後，我受邀出席一場社交聚會，為了我在本案的貢獻而受到表揚。在擺脫了緝捕連續強暴犯的壓力後，再度看到參與偵查的夥伴們，感覺真好。

我特別為柯林·莫瑞高興，他從一開始就持續追緝這名嫌犯。他告訴我，在史丹豪普住宅區第一起攻擊事件中的十歲受害者，在審判過後有了極為正面的大幅進展。緝捕伊米拉歸案，讓那個女孩從被恐懼包圍的地獄邊緣中解放出來。既然伊米拉如今已經被判處終身監禁，我極其盼望所有的受害者也都一樣能著手重建她們破碎的生命。

我們當時根本不知道，警方後續還得付出多少心血，才能把他留在監獄裡。

令人難以置信的是，伊米拉只要服刑八年就可以申請假釋。我們研判他永遠不會獲得假釋，但警方不想冒險。關於此案還有一件事，讓警方與心理學家始終搞不懂。警方逮捕強暴犯的時候，通常可以發現他們的犯罪歷程是逐漸升級，最終演變成強暴。強暴犯起初通常是暴露狂或偷窺狂，會因為這種罪行留下輕罪的犯罪紀錄；要不然就是他們的社福紀錄會顯示家中曾疑似發生過家暴或性虐待。重點是，強暴犯並不會一開始就從街頭擄走十歲女孩。警方確信伊米拉在二〇〇一到二〇〇二年的連續犯罪以前，一定有過其他性犯罪。

倫敦警察廳開始尋找還有存檔物證能進行鑑識分析的強暴懸案。我們多年來發現的一件事情是，早在DNA圖譜鑑定技術出現之前，許多生物學家就習慣把沾染精液的衣物剪下來，然後把它們夾在案件檔案裡。他們也會保留任何含有精蟲「蝌蚪頭部」的載玻片。也許他們早有預感，有一天會有某種新技術能夠解讀這項證據。也許他們預見了DNA圖譜鑑定技術的降臨！我向他們的先見之明以及他們的常識致敬。他們必定知道，要是把這些材料送進警方儲存室，只要警方空間不足的時候，這些東西免不了就會被丟掉。

某一件要回溯到一九八七年聖誕夜的案件裡，有一位像這樣具有前瞻性的科學家，就是這麼做的。育有兩個小孩的三十一歲母親，席拉．詹考維茲（Sheila Jankowitz），她跟丈夫正從南倫敦錫德納姆（Sydenham）的一間酒吧回家。那是聖誕夜的深夜，路上他們吵了一架。她氣沖沖地走人，最後回到他們就在附近的公寓，卻發現她丈夫不在家。她出門去找他，卻被人拖進灌木叢裡，對方拿磚頭威脅她，然後痛毆並強暴了她。

二〇一二年三月，在伊米拉因為連續強暴被定罪過了八年以後，他出現在老貝利法庭，被控強暴了席拉。法庭中指出，一九八七年事發時，伊米拉正因為持械搶劫而逃亡中。兩週後他自首了，承認他的持械搶劫罪名，然後被關了十四年。因為這起強暴罪行發生在DNA圖譜鑑定技術出現前，警方沒能把伊米拉跟錫德納姆的攻擊事件連結起來。

近四分之一個世紀過去後，留在席拉強暴案現場的一個微量跡證與伊米拉的DNA圖譜吻合。他不認罪，堅稱那是合意性交。因此席拉的前夫跟女兒必須在法庭上作證，在這麼多年過去後重述他們承受的苦難。

我們聽到了這場攻擊如何對席拉造成可怕的負面影響；親戚們說，她從沒真正走出來。她的婚姻結束了，她移居南非，然而在二〇〇六年慘遭謀殺，客死異鄉。非常特別的是，如今她透過當年的書面陳述，從墳墓中指證伊米拉。

伊米拉主張這是合意性交，這顯然是荒謬絕倫，更是侮辱了已故的席拉。擔任此案法官的是擁有資深大律師頭銜的約翰·畢文（John Bevan），他判了伊米拉十二年刑期，然後告訴他：「我覺得這個案子讓人感到哀傷，不只是因為席拉·詹考維茲的人生至少從一九九〇年開始，一直到她在二〇〇六年被謀殺為止，始終被精神疾病所困擾。我知道這樣說可能會令人驚訝，但我認為你的犯案手法也很可悲。

「檢方認為你憎恨女人，我不同意。根據我在這個審判裡聽到的內容，我認為你根本厭惡全人類。」

他繼續說道：「你對於你充滿槍枝、強暴與各種暴力的生活完全不思悔改，儘管你已經服了八年刑期，卻還是沒有表現出一丁點悔意。」

我們以為這回他就註定要坐穿牢底了，但我們錯了。在二〇一八年一月，我目瞪口呆地讀到現年六十三歲的伊米拉再度被考慮假釋。兩個月後，在作成決定之前，他就死於威克菲爾德監獄（Wakefield Prison）。

這是我人生中少有的一次，我暗自想著：「也許到頭來真的有神存在。」

第十二章／特修斯行動

二〇〇五年七月七日

所有倫敦人都會清楚記得他們聽到這個消息時身在何處。我正在肯特郡達特佛德（Dartford）警局裡開會。這場會議到底在討論什麼，我想不起來了。突然之間，這其實也不重要了。

我們找到一臺電視，看著新聞不斷更新；第一起爆炸據報是早上八點五十一分，發生在地鐵漢默史密斯及城市線（Hammersmith and City Line）上的阿爾德門（Aldgate）車站，就位在金融中心倫敦市區的邊緣。五分鐘後，第二起爆炸發生在皮卡迪利線（Piccadilly Line）的羅素廣場（Russell Square）車站，位於忙碌的西區。

任何曾經搭過倫敦地鐵的人，都可以想見這場大屠殺的慘狀。所有乘客，所有的金屬與高熱，都困在那樣狹窄黑暗的空間裡。

呼叫器顯示，位於蘭貝斯的FSS總部傳來一則直接了當的訊息：「雷，立刻回實驗室。」

在回程的車上，消息傳出，環狀線（Circle Line）上的埃奇韋爾路車站（Edgware Road Station）發生第三起爆炸，這一站就位在大理石拱門（Marble Arch）以北約八百公尺處。接著第四起爆炸發生在尤斯頓站（Euston）附近的塔維斯托克廣場（Tavistock Square）上的一輛公車。我們從四年前的九一一事件後一直害怕的事終於發生了——在倫敦市中心的自殺炸彈客。

「問題不在於是否有人死亡，而是有多少人。」新聞這麼報導。

恐怖分子的炸彈對英國來說不是新鮮事。愛爾蘭共和主義團體在一八八〇年代率先針對首都進行炸藥攻擊。幾乎一世紀之後，臨時愛爾蘭共和軍經常以倫敦最有代表性的建築為攻擊目標——而且執行難度不高。在當時，你完全可以把車隨意停在任何地方。一九七三年三月，我在霍本的倫敦警察廳實驗室十樓工作，我聽到也感覺到一股震動地面的強勁爆炸聲。我望向窗外，看到煙霧籠罩著老貝利。有個臨時愛爾蘭共和軍的恐怖分子，就只是把一輛裝著炸彈的車停在那棟宏偉老建築的外面，然後就走了。

有傳言說我們是下一個目標。反恐警察接獲情報，說臨時愛爾蘭共和軍停了一輛汽車炸彈在我們建築外頭。畢竟在我們協助之下，成功抓到了他們好幾個情報員。怪的是，我們那時候太習慣炸彈威脅了，以至於沒有人驚慌，我們就只是冷靜地從建築物撤離。

結果倫敦警察廳實驗室並沒有成為目標。不過拆彈組那天在中倫敦又拆了另外兩個汽車炸彈，其中一枚位於維多莉亞區，就在正面是玻璃帷幕的蘇格蘭場總部外。唯一讓我們擔憂的事情是什麼？那些引信被拆除的炸彈，通常會先被直接帶到霍本的實驗室儲存，之後才會轉送到當時位於伍利奇兵工廠（Woolwich Arsenal）的爆裂物實驗室。我們都太清楚愛爾蘭共和軍有多擅長在這種裝備上設置詭雷了。

一九七四年我們搬到位於泰晤士河南岸蘭貝斯的新總部之後，還是會擔心自己已被愛爾蘭共和軍當成目標。總部上方有一條通往交通樞紐滑鐵盧車站的鐵路，下方還有一條大隧道經過，再加上附近到處都是免費停車位，我們不禁會想，恐怖組織絕對找不到比這裡更理想的攻擊目標了。

不過對我影響最大的是一九八一年倫敦西區的愛爾蘭共和軍炸彈事件。當時我們被稱為倫敦警察廳實驗室，我們對於身為首都警力的一分子感到無比自豪。因此當我們之中的一員在執勤時遇害，我們全都心有所感。十月二十六日星期一，倫敦警察廳拆彈組被召喚到倫敦最繁忙的商業大道，牛津街（Oxford Street），因為那裡的溫皮漢堡餐廳（Wimpy burger bar）地下室一間廁所裡發現了某種裝置。儘管知道裝置裡可能滿載炸藥，拆彈專家肯．郝沃斯（Ken Howorth）還是進去拆彈。炸彈在片刻後引爆，他當場喪命。

為了紀念他，倫敦警察廳每年都會舉辦一場六人制板球賽，廳裡每個行政部門會參賽競逐肯．郝沃斯獎盃。某回我代表實驗室組隊參賽，成功贏得勝利。從肯的遺孀安，以及倫敦警察廳廳長彼得．殷伯特（Peter Imbert）手中接過獎盃，感覺十分榮幸。

一九九〇年代中期愛爾蘭共和軍停火以後，倫敦享受了十九年沒有致命恐怖炸彈的日子。不過二〇〇五年七月，一切改變了，我們發現自己正面對一個意想不到的新敵人——在自己身上引爆炸彈的宗教極端主義分子，也稱為自殺炸彈客。

七月七日這四起刻意協調好時間發動的四重攻擊中，最慘重的傷亡發生在皮卡迪利線。當時列車正在隧道裡，爆炸的力道無處釋放，只能穿透車廂。不幸地共造成二十七人死亡，三百四十四人受傷。

另外兩輛在阿爾德門與埃奇韋爾路的列車，是處在地鐵網絡中通風良好的位置，所以衝擊稍微降低。阿爾德門有八人死亡、九十人受傷；埃奇韋爾路則是七人死亡、一百八十五人受傷。

與此同時，塔維斯托克廣場雙層公車上的炸彈殺死了十四人，造成七十四人受傷。要是公車車頂沒有像沙丁魚罐的蓋子那樣剝落，天知道可能還會有多少人喪命。

四枚炸彈總共殺死了五十六名無辜的通勤者，這起事件至今仍然是有史以來發生在英國國土第二嚴重的恐怖主義暴行，僅次於洛克比（Lockerbie）空難。

倫敦警察廳專門負責反恐行動的特殊行動第十三小隊（SO13）以及鑑識管理組（Forensic Management Team，簡稱 FMT）會帶頭追捕這些攻擊的幕後黑手。FMT 與普通的行政職犯罪現場調查員不同，FMT 成員皆為受過特訓的警察，專職處理恐怖攻擊的後續調查。這些 FMT 成員通常是退伍軍人，可以在人類所能想像最糟糕的環境下工作，被認為是此領域的菁英。

從這四起恐怖攻擊裡取得的所有證物都會送來FSS。我立刻看出這種做法會有兩個根本問題。

第一個問題，是我。

回溯到一九九六年，有兩位資深科學家同儕跟我受聘為倫敦與英格蘭西南區的專家顧問，三人劃分了各自的責任與管轄區域。我接下東南倫敦、肯特郡與索塞克斯；安．普里斯頓（Ann Priston）博士則接下西倫敦以及反恐部門SO13——此單位大幅仰賴專業鑑識科學。

由於臨時愛爾蘭共和軍的志願軍愈來愈有鑑識觀念，變得難以緝捕，因此SO13需要找到新方法來逮住他們。安．普里斯頓在纖維方面的專業便成為他們的祕密武器。安靠著區區幾根線頭為基礎，就能把嫌犯跟炸彈工廠與恐怖分子藏身處連結起來。憑藉這樣的專業，安多次成功讓愛爾蘭共和軍的特務被定罪。多虧了安，纖維被證明是愛爾蘭共和軍的阿基里斯腱。SO13熱愛安的工作成果，他們也熱愛安。

二〇〇五年上半，安退休了，處理七月七日恐攻證物的責任便到了我手上。

自從接手安的工作以後，我發現SO13跟FMT相當棘手。光是設法找他們開個會都是種挑戰。我必須不斷提醒他們別把我遺漏在任何要事之外，並且不斷重申我幫得上忙。他們很客氣又專業，但我可以感覺到他們對我這個人還有我的動機心懷疑慮。FSS是在設法接管調查嗎？還是要接管FMT在恐怖活動現場的角色？

在我們少數幾場面對面的會議裡，我向他們保證，我對於敵對部門首長間的權力鬥爭沒有興趣，我只是來幫忙的。此後幾個月裡，我協助他們向實驗室送了幾次件，然後就沒別的了。就此看來，他們明顯偏愛並且信任他們內部的專業技術。所以，當七七爆炸案發生後，機會來了。這是我爭取SO13跟FMT認同的機會，我必須證明我們的價值，並且贏得他們的信任。如果面對這樣的暴行我們都無法贏得他們的支持，那麼我們跟反恐部門的關係永遠不會有任何進展。

上述困境正好與七七爆炸案對FSS造成的第二個問題有關——我們該如何因應規模如此龐大的任務？我們要如何處理如此大量的證物，同時達到SO13以及FMT所要求的速度與精確性？畢竟當恐怖攻擊事件發生時，他們的團隊會分分秒秒全力運作，直到身心負荷達到極限為止。他們要不成功突破調查瓶頸，不然就跟瓶頸同歸於盡。FSS不可能繼續像現在這樣，每到晚上與週末實驗室就空無一人，沒檢查的證物就擺在大夥桌上。當FMT的警官們一週七天、每天二十四小時都在血肉模糊的地鐵爆炸現場仔細過濾搜查，我們可不能這樣。

我早就覺得FSS需要全新的工作文化。現在七七爆炸案給了我強力推行的好機會。我向我的上司亞倫・貝利（Alan Bailey）提起成立重大犯罪處理組的願景。亞倫上任第一天就和我一拍即合。我當時建議他，當我的上司主要任務只有一個：「亞倫，你只有一個任務，就這麼一個，就是別讓行政管理工作來煩我。」亞倫從善如流，我們合作無間。

他立刻接受了重大犯罪處理組的概念。我們接著利用七七爆炸案調查的急迫性，把這個想法推銷給FSS的管理階層。我們必須隨時準備好面對規模如此龐大的案件。讓我們震驚的是，他們核准了。我從小就聽說過倫敦在二次世界大戰期間，在彈如雨下的時刻展現過人的冷靜堅韌，這種傳奇的民族性被稱為「大轟炸精神（Blitz Spirit）」。如今我自己也稍稍體驗到一點這種戰時「有志者事竟成」的機智應變能力。

所以這個重大犯罪處理組該如何運作？首先，在生物學、微量化學、指紋顯現（重案組）、槍械、毒物學等各個學科，都得有一位首席科學家領軍。做了近十年的專家顧問，我知道哪些科學家擔當得起重任，也知道哪些人根本不用費事去問。

這些首席科學家手下會有幾位初階專案主管。接下來是首席助理、助理與技術人員所組成的團隊，他們會負責執行大量體力活。首席科學家會處理主要的分析策略，但每個實驗室還是會有一位專案主管負責處理檢驗結果與相關事務。

我們找出有意願也有能力承擔每次值班十二小時的工作人員，好讓實驗室至少在七七爆炸案調查取得突破前可以隨時保持運作。令我欣慰又高興的是，多數FSS員工都贊同這個做法。他們也開始理解鑑識科學需要跟上重大調查的步調，我們必須做得更多更好。

最後共有超過百名員工加入這個計畫。

與此同時，亞倫·貝利則負責照顧員工的各種需求。多數志願者都住在郊區或甚至倫敦之外，所以他安排了夜間計程車；對於必需挑燈夜戰的人，則在附近的滑鐵盧陸軍及海軍俱樂部安排好住宿。此外，任何時段都可以報公帳點餐外送到大樓。簡而言之，沒有任何藉口好說了。

有炸彈在倫敦被引爆。這是我們最起碼能做的。

作為回報，我答應工作人員每天進行詳盡的簡報，說明調查進度。每個人知道的會跟我一樣多。我會全天候待命。我會進行全面性評估，確保沒有遺漏任何細節。我一直都是試算表的忠實信徒，這個案子就成為我個人的試算表天堂。

我現在有能力對SO13與FMT提出以下保證：無論何時，你們遞交的每樣證物都會在隔天早上八點送回並準備好檢驗結果，就算是DNA圖譜鑑定也一樣。換句話說，他們能在晨間簡報前收到需要的結果。我們會是調查的一部分，協助推動特定調查。

不過有個附帶條件。SO13跟FMT已經在倫敦租用一個巨大的工業倉庫來存放這次恐怖攻擊的證物。這是最高機密——保密到我們被告知，去那裡的時候不要開醒目的車、不要穿制服，甚至不要打領帶。裡面已經存放數千件來自這幾起恐怖攻擊的證物。如果他們送來太多證物到實驗室，一旦作業量超出負荷，整個系統會崩潰。他們必須針對要送驗的證物排出優先順序，這我能幫得上忙。

做出這項承諾的時候，我緊張得要死，但我必須相信我的團隊。這些年來我已發現一帖確實有用的抗焦慮良方——讓自己埋首於工作。

接下來十天左右，是我人生裡最忙碌的日子。我太太潔姬堅持我每天晚上都要回家。我想她是擔心，若不這麼要求我根本不會停止工作！然而凌晨三點的電話鈴聲跟呼叫器訊息成為常態。尤其是如果FMT找到了某樣重要的東西，例如某位嫌犯的手機時，更是如此。警方當然會想急著下載並分析所有來電、訊息與聯絡人。不過在鑑識學的世界裡，一切都必須按照正確順序處理。所以在任何人下載任何資料以前，我們必須檢測這支手機上的DNA、指紋、血液跟其他微量跡證。這類事情不應該等到我早上起床才處理。

凌晨時分呼叫器響起有個壞處，那就是我通常會直接徹夜工作，直到隔天很晚才結束。這我應付得來。然而無法在輪班結束時關機，這件事磨垮了我。就連我向來信賴的啤酒都沒能治好我日益嚴重的失眠症。謝天謝地，有一位守護天使就在身邊。

很快我就意識到，有人替我做了許多決定。首席生物學家布莉姬特・馬奇（Bridget March）從一開始就接受重大犯罪處理組的概念，不久之後，她就主控了整個實驗室的日常運作。她的好勝心足以應付來自SO13、FMT、甚至還有我的期待！她真正照顧著整個團隊的福利，必要時更會為資淺員工挺身而出。布莉姬特率先發明了「快速勝利」這個詞彙，意思是要找出那些最有可能讓我們取得所需證據的證物。當我們面對第一個任務——協助辨識七月七日自殺炸彈客身分——的時候，這個想法格外實用。

這項任務的挑戰性比我們預期中更低一些。畢竟那四位嫌犯抱著壯烈成仁的決心，所以完全沒有掩飾身分。每個嫌犯被發現時，身上都有足以辨識身分的個人物品，我們只需要加以證明即可。

首先我們必須確認已身亡的嫌犯。來自白金漢郡（Buckinghamshire）艾爾斯伯里（Aylesbury）的十九歲青年傑曼・林賽（Germaine Lindsay），在靠近羅素廣場站的地鐵車廂裡引爆了炸彈。快速勝利一號：我們從他家取得一把刮鬍刀，驗出跟他符合的DNA。只有嫌犯一個人使用過的牙刷，是取得DNA樣本的最佳家居物品；刮鬍刀則是緊列其後，畢竟它是確實刮取了皮膚細胞。

我們確認了林賽的身分，不過還需要證明他是這項陰謀的一分子。警方透過閉路監視器，拼湊出四名嫌犯的行動。其中三人搭火車從里茲（Leeds）南下。他們在倫敦以北大約四十八公里處的盧頓（Luton）站下車，在那裡跟林賽會合。四個人接著搭乘一班泰晤士連線（Thameslink）火車進入倫敦的國王十字（King's Cross）車站。警方在盧頓的停車場裡找到一輛登記在林賽名下的紅色飛雅特Brava汽車。快速勝利二號：車裡藏了把槍，上頭有他的DNA。

證明另外三人身分的過程甚至又更簡單。

公車炸彈客是來自里茲、十八歲的哈希普・海珊（Hasib Hussain）。鑑識員在現場發現他的駕照跟信用卡。炸彈引爆後，海珊的父母報案申報失蹤，說他在那天早上三點左右離家前往倫敦後就音訊全無。

國王十字車站的閉路監視器顯示海珊從地鐵北線（Northern Line）離開。這裡本來是他的攻擊目標，但那天早上這條路線暫時停開。手機紀錄顯示他試著打電話給其他嫌犯，但他們的裝置已經引爆了。他接著搭上三十號公車，在塔維斯托克廣場引爆了炸彈。

二十二歲的沙札德・坦維爾（Shehzad Tanweer）來自里茲，他在靠近阿爾德門車站的地方引爆炸彈。他的DNA因為之前的一宗罪行，已經儲存在國家資料庫裡。

三十歲的穆罕默德・西迪克・汗（Mohammad Sidique Khan）也來自里茲，他是一個小孩的父親。透過取自他父母的DNA樣本，得以辨識出他就是埃奇韋爾路的地鐵炸彈客。

以上這些是調查中簡單的部分。恐怖攻擊調查跟大多數其他調查不同，光是辨識出誰犯下罪行還不夠。我隨即發現，調查範圍廣大得多。首先，我們需要找出誰製造了炸彈，在哪做製造的。我們必須提防難以想像的狀況——可能有另一批炸彈已準備就緒，等著下一批恐怖小隊以倫敦或另一個英國城市為目標進行攻擊。還有這些裝置是怎麼運作的？位於肯特郡霍爾斯德堡（Fort Halstead）的鑑識爆裂物實驗室（Forensic Explosives Lab，簡稱 FEL），以前從沒碰過這種粗陋的自製爆炸裝置。

引爆器是由一枚電池與一只被砸破、燈絲外露的燈泡所組成。電池提供燈泡電力，而燈絲熱度會點燃一種稱為 TATP（過氧化三環丙酮）的爆炸性化合物，這種化合物被塞進一根紙板做的管子裡。

引爆器的任務是引爆由胡椒粉與過氧化氫組成的主要爆炸物。只不過這並非你在藥局能買到的濃度百分之九過氧化物，或者在理髮沙龍裡能找到的百分之十八過氧化物。這些裝置裡的過氧化氫跟任何市售產品都不同，甚至連工業用等級的都比不上。警方認為它的濃度將近百分之七十，換句話說，是百分之三十的水加上百分之七十的純過氧化氫。如果這種濃度的過氧化氫跟胡椒粉之類的碳水化合燃料混合在一起，裝置引爆時，就會跟引爆器裡的 TATP 或者 HMTD（六亞甲基三過氧化二胺）之類的爆裂物一起爆炸。

直到我們透過情報來源，追蹤到他們位於里茲市伯利區（Burley）一棟小公寓樓房的炸藥工廠時，才釐清製造者如何產出如此致命的過氧化氫。要是有人曾多加留心，就會發現亞歷山大街（Alexandra Grove）十八號顯然正在醞釀什麼壞事：在花園裡，所有植物要不是枯死就是垂死。在屋裡，暖氣裝置上的油漆都剝落了。

這些現象是煙霧導致的，多數煙霧是從一座爐子裡散發出來的；濃度百分之九的過氧化氫在各式鍋具中持續熬煮，藉由蒸發水分來增強濃度。所有你在炸彈製造實驗室裡預期會看到的用品，這裡都看得到，只不過沒有任何安全措施。舉例來說，我們在現場發現很多菸屁股。煉製具爆炸性的過氧化氫時，沒什麼比來根菸更快活！布莉姬特用來連結炸彈客與實驗室的「快速勝利」證物，包括那些抽過的香菸、食物還有飲料容器，以及被用來製造爆炸裝置的用具：胡椒包、裝過氧化物的碗、遮蔽膠帶跟長柄鍋。

總結來說，從這個公寓裡沒收的證物將近一千三百五十件。光是把炸彈客跟這處地產連結起來，不足以讓警方滿意。他們希望DNA跟指紋能揭露炸彈客的同夥們，那些人還活著，可以問出更多案情。

顯然這四名炸彈客並非靠一己之力完成這一切。他們的電話顯示他們跟巴基斯坦有聯繫，不過他們在英國必定也有財務與後勤支援，才能完成這種規模的行動。這些人還活著，而且極有可能也同樣偏激，有能力做出一樣的事情。

然後一切再度改變了。

七月二十一日，七七爆炸案後兩週

又一次，我碰巧又出現在肯特郡的達特佛德警局。我甚至打趣說：「上次我在這裡的時候就天下大亂。」

這就叫挑釁命運……。

中午十二點二十六分，我正坐在一間會議室裡，消息傳來，說在西倫敦漢默史密斯及城市線的牧者叢站（Shepherds Bush station）附近，有地鐵列車發生爆炸。四分鐘後，南倫敦的橢圓站（Oval station）又有另一輛列車爆炸。這次我不等訊息通知就直接趕回蘭貝斯的實驗室。在車上，我得知倫敦西區的華倫街站（Warren

Street station）發生第三起爆炸。然後又有消息傳來，東倫敦的貝斯納爾綠地（Bethnal Green）有一輛雙層巴士的頂層發生爆炸。這幾起爆炸案與七七爆炸案的相似令人不寒而慄。我不介意承認，這個消息令我作嘔，內心恐慌逐漸升高。

我一回到蘭貝斯的實驗室，就發現這四宗案件裡都只有引爆器炸掉，這簡直是奇蹟。不知怎麼的，這些引爆器沒能觸發大量的炸藥。四名嫌犯全都徒步逃離現場。這是個好壞參半的轉折：現在我們有四個失敗的炸彈客在倫敦流竄。

儘管我們在過去兩週密切共事，我覺得SO13跟FMT還是與我們保持距離。他們親切有禮，但感覺比較像是客戶而不是同事。那天早上我接到FMT某位高層的電話，因為安全理由，我不能指出他的名字。他有個簡單的要求，問我們是否可以讓布莉姬特·馬奇跟七七爆炸案團隊的其他人繼續參與，不過把任務改為聚焦於這個緊急的「活」案件，也就是所謂的七二一爆炸案。

我說我會去問問，同時努力抑制那股鬆一口氣的感覺。我們——或者該說是布莉姬特——跟反恐組已經打破僵局了！儘管已不眠不休地撐了兩週，布莉姬特立刻同意這個新計畫。就像我們多數人一樣，她覺得這起最新攻擊肯定跟七七爆炸案有關，工作至今，她已經把七七爆炸案看成**她的**案子了。我知道如果布莉姬特願意參與調查七二一爆炸案，團隊其他成員也會追隨她。

辨識出這些炸彈客的身分再度成為優先要務。到了七月二十二日，也就是調查第二天，警方把四名嫌犯的影像釋出給媒體。因為這些人全都在倫敦居住多年，指認這些男人的電話大量湧入。

與此同時，鑑識人員在四個現場發現一模一樣的爆炸裝置，而且都還在冒泡。每位嫌犯都把炸彈放在五公升的桶子裡，然後裝在背包內。這次的燃料不是黑胡椒，而是某種白色粉末。然而在引爆之後，這種白色粉末跟裝置裡的過氧化氫起了反應，形成一種嘶嘶作響但卻幾乎完全消失的化學混合物。想搞清楚這種粉末到底是什麼，只能晚點再說；我們現在有四個自殺未遂炸彈客要抓。

就像七七爆炸案一樣，嫌犯在現場留下了身分線索。在牧者叢站，鑑識人員發現一個屬於二十七歲男子海珊．歐斯曼（Hussein Osman）的健身用品袋，還有一張健身房會員卡，上面的照片符合閉路監視器拍到的嫌犯。那張卡片也透露他的住址位於南倫敦斯托克韋爾一棟公寓大樓裡。警方確認了歐斯曼跟他的妻兒住在那裡，立刻開始監視那棟公寓。

第二天早上，七月二十二日不到早上十點，警方看到歐斯曼揹著一個背包離開建築物，搭上一班公車。警方尾隨他下車進入斯托克韋爾地鐵站。

要記住，當時警方唯恐發生另一次恐怖攻擊，派出了數千名警力巡邏地鐵站跟街道。這些警察多數配有武裝，整個交通系統也都處於高度警戒狀態。就在那天早上，倫敦警察廳廳長伊安・布雷爾爵士（Sir Ian Blair）表示，「這些在逃者再度出擊」，或者另一個恐怖組織小隊發動攻擊的機率很高。講到七二一爆炸案的時候，他提出警告：「這些人不是候補二軍，也不是業餘人士。他們只犯了一個錯〔沒能引爆炸彈〕，我們非常、非常幸運。」

就在這種氣氛之下，武裝警力尾隨海珊・歐斯曼走下斯托克韋爾地鐵站，搭上一班列車。幾秒鐘以後，槍手對著他的頭部開了七槍。但他們殺死的男人不是歐斯曼，而是無辜的巴西電工瓊・查爾斯・德梅內塞斯（Jean Charles de Menezes），他也是二十七歲。

這個致命的錯誤令警方壓力倍增，他們不只要追蹤那些激進炸彈客，還要確保沒有傷及無辜。全世界的眼睛都盯著倫敦警察廳。我們需要交出成果，然而我們還是沒有抓到任何嫌犯。

釋出四名嫌犯的閉路監視器影像之後，還是因此取得一項早期突破。穆克塔・薩伊德・伊卜拉欣（Muktar Said Ibrahim）的父母，發現那個公車炸彈客嫌犯就是他們的兒子。這位二十七歲的英國籍厄利垂亞人，跟涉嫌在華倫街意圖在地鐵車廂內引爆炸彈的二十二歲索馬利亞裔英國公民，亞辛・哈山・歐瑪（Yassin Hassan Omar），兩人同住在北倫敦新南門（New Southgate）的一處公寓裡。

沒有人知道這兩位嫌犯的行蹤。但閉路監視器揭露，一八八公分高的亞辛・歐瑪穿著一身及地的黑色連身裙，外覆一件波卡罩袍，提著一個白色手提包，搭乘國家快運公司（National Express）的巴士逃離倫敦。他們追蹤他到伯明罕的一棟房屋。武警攻進這棟房子，但令他們驚恐的是，嫌犯揹著一個巨大背包跟他們對峙。

警方擔心他揹著炸彈，試圖把背包從他背上扯下來。隨後的搏鬥中，其中一名警察設法用電擊槍擊倒了歐瑪。在他像棵大橡樹那樣往後倒在地板上的時候，屋裡每個人的臉想必都皺成一團……。

沒有任何東西爆炸。

歐瑪被逮捕了，他的背包被搜查過，裡面只有一個空的灰色桶子。嫌犯拒絕對警方鬆口，更別說透露其他嫌犯的行蹤了。

我們在實驗室裡埋頭苦幹時，反恐警察與FMT的聯合匯報以及不斷更新的新聞，讓我們隨時跟上此案的發展。在失敗的七二一爆炸案過後兩天，警方發現這個恐怖組織小隊，本來預謀要進行比七七爆炸案規模更大的攻擊。在西倫敦的小溫伍德灌木林（Little Wormwood Scrubs）北側的盡頭，有人發現了被棄置的第五個裝置。就像其他案件一樣，閉路監視器捕捉到帶著裝置的嫌犯身影。不過這位三十二歲嫌犯曼佛・阿西度（Manfo Asiedu）並沒有等著警察上門。他主動走進警局，堅稱他不知道那個裝置是炸彈，他從沒見過穆克塔・薩伊德・伊卜拉欣或者亞辛・歐瑪，也從未經手過氧化氫。

抓到兩個，還剩三個。

七月二十九日星期五，也就是失敗爆炸案後第八天，警方接獲關於另一個通緝犯的線報。來電者說，他在北肯辛頓（North Kensington）達爾加諾花園（Dalgarno Gardens）的皮巴蒂住宅區（Peabody Estate），K區公寓四樓裡，見過穆克塔・薩伊德・伊卜拉欣。

在經歷跟警方的緊張對峙，且過程全被一位鄰居拍下影片，傳遍全球之後，下午一點三十三分，兩名只著內褲的男子緩緩從公寓裡現身，雙眼因為催淚彈而淚汪汪的。其中一人是穆克塔．薩伊德．伊卜拉欣，另一個人則是嵐西．穆罕默德（Ramzi Mohammed），閉路監視器曾拍到他在背包炸彈顯然未能成功爆炸以後，從橢圓地鐵站逃逸。他們兩人本來都期待能為七二一爆炸案壯烈犧牲，但現在反而在全球觀眾面前恥辱地站著。他們被剝除的不只是衣物，還有那些令人不寒而慄的監視器影像賦予他們的某種邪惡魅力。此刻他們看來平凡無奇，就生活在你我之間，在一個尋常的地點被人拍下。

然而警方在這間公寓裡發現的物品，赤裸裸地證實了他們的行凶意圖。裡頭有一張撕毀的自殺遺書，是由穆罕默德寫下的。他告訴家人別為他哭泣，他所做的一切都是為了真主。他們也發現有支手機泡在一壺水中，推斷是企圖要摧毀它。屋裡還有兩支簡易長矛。

那個星期五下午最後的高潮，發生在數千公里外的羅馬。失敗的牧者叢站炸彈客海珊．歐斯曼，一直在使用一支登記在他兄弟名下的手機，他兄弟在義大利首都火車站附近經營網咖。調查人員與義大利電信公司合作，花了一點時間終於得以監聽海珊跟他兄弟之間的對話，並持續追蹤這支手機的電子訊號，發現他從倫敦來到布萊頓，並在當地躲了三天。接著電子足跡顯示他回到倫敦滑鐵盧車站，然後搭乘歐洲之星到達巴黎，接著來到米蘭，最終停留在羅馬。

在羅馬南部的托爾皮尼雅塔拉區（Tor Pignattara），四十名義大利警察衝進一間雙臥房公寓時，海珊正拿著那支被竊聽的電話。他罩著黑色頭套被帶離公寓。這間公寓還有他哥哥在特米尼車站（Termini station）附近經營的網咖，裡頭的電腦跟軟體都被警方沒收。

這五名行凶未遂的炸彈客都已被捕。到目前為止，此行動已經花掉超過四百五十萬英鎊。警方追蹤了社會大眾提供的五千條線報，記錄了一千八百份證人陳述，還檢視了一萬五千支閉路監視器影帶。在英格蘭南部與中部地區，至少逮捕了二十九人。然而調查離終點還很遠。

現在要靠我們FSS跟鑑識爆裂物實驗室，利用鑑識科學來證明這幫人策畫了一場針對倫敦的恐怖攻擊——事實證明，這件事的棘手程度遠超過我們任何人的想像。

第十三章／活潑行動

總部的科學家們再度竭盡全力，試圖證明嫌犯與恐怖攻擊之間的關聯——這一次，我們面對的是無人傷亡的七二一自殺炸彈任務，其中五個引爆裝置都沒有完全生效。

我們從海珊·歐斯曼開始。除了他的健身房會員卡，他還在牧者叢站現場留下一頂銳跑棒球帽，我們從上面取得了他的DNA。他的健身用品袋裡有一把梳子，我們從上面取得更多DNA，還在一張家庭照背後找到他的指紋。

在貝斯納爾綠地的公車上，我們從失效引爆裝置的電池接點上找到穆克塔·薩伊德·伊卜拉欣的DNA。

遺落在華倫街車站的背包，前方的夾扣則提供了符合亞辛·歐瑪的DNA。我們也在背包內的一瓶鬍後水上找到他的指紋。五名嫌犯全都帶著美容用品，好讓他們到天堂會見傳說中等待他們的貞潔處女時，外表跟氣味都是最佳狀態。就像我親愛的亡父當時說的俏皮話：「那些貞潔處女……到現在可能所剩無幾了！」

關於橢圓車站那場失敗攻擊，我看過那段令人不寒而慄的監視器影片。影片拍到地鐵車廂裡的嵐西．穆罕默德，穿著一件樣式獨特的馬球衫，衣服上面印著「紐約」字樣，據推斷是某種對九一一事件的病態指涉。他漠然靠在一根水平扶手上。隨著地鐵逼近引爆點橢圓車站，他轉過身，好讓他裝著炸彈的背包正對一位年輕媽媽跟她九個月大的寶寶。他引爆了裝置，但它只是嘶嘶作響且冒著煙。恐慌爆發。車廂瞬間淨空，只剩下一個英勇的年輕人，要求知道背包裡裝了什麼。

「沒什麼，就只是麵包。」穆罕默德這麼說，然後逃離地鐵。

群眾裡有人追著他跑上電扶梯。接下來從監視器畫面上可以看到他跑出橢圓站，朝著布里克斯頓前進，有個勇敢的賣花小販在後面緊追不放。

有個眼睛很利的當地人，瞥見穆罕默德往左轉進了莫斯丁路（Mostyn Road），走進迷宮般的布里克斯頓住宅區。後來鑑識人員發現他那件「紐約」上衣、電線、電池，分別被拋棄在住宅區裡不同地點，並且從中採集到穆罕默德的DNA。我們也在他搭乘的地鐵車廂水平扶手上找到他的指紋。

最後，雖然監視器拍到曼佛．阿西度帶著後來拋棄在小溫伍德灌木林的引爆裝置，我們在背包或者內容物上卻找不到他的任何一點痕跡。我們需要更多證據來證明他積極參與這場陰謀，同時希望能從這幫人的炸彈工廠——亞辛．歐瑪在北倫敦新南門科提斯屋（Curtis House）五十八號九樓的公寓中找到證據。

多虧伊卜拉欣的父母所提供的資訊，警方在調查第二天就找到炸藥工廠了。如果這是由愛爾蘭共和軍策畫的行動，嫌犯肯定會把公寓裡所有蹤跡清得乾乾淨淨。這就是為什麼要定罪愛爾蘭共和軍炸彈客的時候，纖維會變得如此重要——那通常是他們無意間留在現場的唯一鑑識跡證。然而這些嫌犯顯然預期自己會死，所以根本沒費力掩飾他們的炸彈製造活動。

FMT負責處理現場，不過證物會直接送到蘭貝斯的FSS總部以及霍爾斯德堡的FEL（鑑識爆裂物實驗室）。FEL從廚房裡的一把長柄鍋找到殘留的爆裂物質，然後又在另一把長柄鍋裡找到高濃度過氧化物。此外，FEL在三副橡膠手套上檢測出微量TATP。在烤箱前方跟微波爐上方，發現了過氧化物煙霧造成的腐蝕痕跡。調查人員在垃圾桶發現一張被撕碎的紙條，紙上記載著輪班表，詳細說明為期超過兩週的濃縮過氧化氫過程；另一張紙則記錄了爆裂物質濃度的追蹤數據。

客廳裡的碗櫃內部有爆裂混合物的殘留物。FMT也同步在現場找到了極端主義影片、電池、電線、多瓶過氧化氫與去光水；去光水裡含有丙酮，可用來製造TATP。

他們在垃圾桶裡找到了大量空的過氧化氫容器，一共有一百四十個一公升空瓶、五十二個四公升空瓶。我們從這些瓶身上找到全體五名嫌犯的指紋，阿西度也包括在內。他自稱不認識其他嫌犯、從未經手過氧化氫，這說法根本不可信。

警方也找到當地幾間五金行跟一家理髮沙龍開出的收據，上頭的日期顯示早在七七爆炸案前，他們已於四月底五月初購入這些過氧化氫。一間五金行的閉路監視器顯示阿西度買了好幾罐過氧化氫；他告訴工作人員是要用於油漆跟裝潢生意。

我們把現場發現的筆記本跟紙張帶回鑑識科學服務中心的檔案部門進行檢驗。他們使用了一種稱為ESDA的靜電偵測設備，可讀取紙張上的書寫壓痕，至多可還原上層六張紙之前的書寫內容。ESDA在英國多起司法案件扮演了扭轉判決的關鍵角色，它能顯示出警方的書面報告是否被竄改，或者簽署順序跟主要紀錄不符。

它的運作方式就像這樣：先在文件上覆蓋一張醋酸鹽薄片，接著在上面灑上鐵粉並施以靜電荷，鐵粉會陷入薄片上的凹痕裡。接著將醋酸鹽薄片傾斜立起，抖落鬆散的鐵粉，從而揭露紙張上的印記。這種老派科學的妙處在於它完全不會損傷文件，文件可以被完整保存作為證據，或者接受進一步的鑑識檢測。在炸彈工廠裡找到的一本筆記本上，運用ESDA技術發現上頭多次提到「百分之七十」這個數據，而這正是製作爆炸裝置時過氧化氫所需的濃度百分比。

總而言之，我們利用鑑識學成功把五位嫌犯連結到炸藥工廠，也把其中四位各自連結到引爆失敗的案發現場。監視器也拍到四位嫌犯逃離現場，以及阿西度把一個裝置帶到小溫伍德灌木林，跟該裝置後來被棄置的地點很接近。手機紀錄顯示五名嫌犯在七月二十一日早上彼此聯絡過。

這五人全都被控犯下預謀殺人罪。我很希望能告訴你，我們這些為此案鞠躬盡瘁的人全都聚在一起乾杯，享受勝利的喜悅；但實際上精疲力竭的我們，唯一共同的感受就是如釋重負與終於得到認可。

我們自認已提供涵蓋了各種角度的證據，他們肯定會被定罪。我完全沒預料到接下來的轉折，竟成為我專家顧問生涯中最讓人望而生畏的挑戰。

二〇〇五年十二月十五日，新蘇格蘭場總部，中倫敦

我跟許多參與七七爆炸案與七二一爆炸案調查的重要人士共同受邀，到新蘇格蘭場參加一場我以為是聖誕酒會的活動。我預期那會是個充滿熱紅酒加上互相拍肩讚賞的夜晚，所以搭火車進城。新蘇格蘭場門口有個會自動旋轉的蘇格蘭場標誌，已成為著名地標，當我漫步經過它時，想著過去艱辛漫長的五個月裡我們所成就的一切，忍不住覺得有些開心。今晚能得到些許肯定，感覺上是我們應得的。

然而我不是走進一場晚會，而是大步走進一間會議室。幸好我的袋子裡有我的案件筆記。

桌子周圍坐著七二一爆炸案的高階調查警官，偵緝警司道格・麥肯納（Doug McKenna）跟他的團隊；SO13跟FMT的高層們與其團隊；鑑識爆裂物實驗室的首席科學家，克里佛德・托德（Clifford Todd）以及他的團隊；本案檢察官，資深大律師奈傑爾・史溫尼（Nigel Sweeney）及其團隊。

此外還有敵人在下我。

我當下沒有任何一絲惶恐。人人都同意，FSS成功面對了七七爆炸案與七二一爆炸案的嚴峻挑戰。

然而資深大律師奈傑爾・史溫尼對FEL提出了一個簡單的問題。我實在找不到更好的說法——他引爆了埋在整個調查底下的未爆彈。

「這些爆炸裝置的實際成分是什麼？」

FEL已經確認了七二一爆炸案的裝置中包含過氧化氫、爆炸性的TATP，還有作為燃料的一種多醣或澱粉食品，他們描述這是某種麵粉。這些炸彈混合物被存放在五公斤容量的塑膠桶裡，FEL取得的時候裡面只剩下幾公克的爆炸物原料了。當時他們的爆裂物處理員完全不知道這些物質是什麼。因為擔心存有某種核能或生物污染風險，他們選擇安全至上，摧毀了大部分的剩餘原料，只保留樣本。因此，根據FEL做過的有限分析，我們不知道這些裝置裡的確切成分或比例。FEL也完全不知道該如何辨識出裝置內容物的化學成分與個別成分的濃度。這是他們第一次碰到像這樣的爆炸機制，而當時尚未發展出分析它們的方法。

「嗯，這表示我們麻煩大了。」史溫尼厲聲說道。

一頭霧水的我們面面相覷。我們針對這五名嫌犯所收集到的證據幾乎可說是鐵證如山。我們成功把他們連結到炸藥工廠、炸藥、還有炸藥沒能引爆的那些地點。為何還需要搞清楚這些裝置的確切內容？

「海珊・歐斯曼正在抗拒從義大利被引渡回國。」史溫尼嘆了口氣說道，「他的抗辯說詞透露了他們全體會採用的辯護策略。你們仔細想想就會知道，這是他們唯一能採用的辯護方式。」

我努力不要讓自己看來一臉茫然。

「歐斯曼聲稱這些裝置本來就沒打算要爆炸。整個行動就是精心策畫的惡作劇，用來抗議入侵伊拉克。根據歐斯曼的說法，那些地鐵還有公車乘客應該只會弄得滿身麵粉，哈哈大笑地回家去。」

在那當下，我好像脫口而出了一句「屁啦」。

史溫尼繼續說道：「歐斯曼跟其他被告會聲稱這些裝置本來就不會爆炸。如果我們不知道這些裝置裡的成分與分量，我們就無法證明它們會爆炸。就像我剛剛說的，我們麻煩大了。」

來自FEL的代表解釋，他們以前從沒見過這樣的裝置；他們無法檢驗某樣已經不存在的東西！因為它太有違傳統了，他們甚至不知道該從何著手。

每個人都轉向我。我吞了口口水。

「鑑識科學服務中心不處理爆裂物。」我啞著嗓子說道。

我帶著下面這份手寫筆記離開了現場：

任務（二〇〇五年十二月十五日）：

辨識每種混合物的確切組成成分／構成（包括每個成分的濃度）

比較每個裝置——它們是出自共同來源嗎？

有任何過氧化氫蒸發的證據嗎？

全部都是在科提斯屋製造的嗎（或者是在不同地址個別製造的）？

任何其他有用的科學證據。

史溫尼離開時跟我說了這句話：「找些真正內行的專家來吧。」

我望著FEL的成員，皺起了眉頭。為什麼不是他們的聖誕假期被取消？

✦✦✦

我需要喝一杯。我也需要想一想。自己一個人。

這表示我不能冒險到任何蘇格蘭場附近的酒吧，那樣肯定會撞見認識的人。既然這場會議感覺像是一齣最黑暗的超現實喜劇，所以我決定前往位於史卓頓街市（Strutton Ground）的葛拉夫頓紋章酒吧（Grafton Arms），因為經典喜劇廣播《呆子秀》（The Goon Show）的編劇們就是在這裡寫劇本，讓此地聲名大噪。

酒吧裡頭是深色木質內裝，昏暗得恰如其分，我在後方找了個位子，端著一大杯啤酒，心裡琢磨著一個難題：「我要從何開始？」

我讓自己鎮定下來，心想：「我必須把這個任務當成一份學術練習。我得把它分解成好幾個應付得來的問題，然後設法逐一解決。」

我旁邊一群人正在辦聖誕節辦公室派對，他們歡聲喧鬧的同時，我開始思考過氧化氫的事。沒辦法，總得有人負責啊。

我知道它會分解成氧氣跟水，但這沒什麼幫助；氧氣會散失，我們也無法分辨水分是否來自過氧化物。

所以我們要如何才能搞清楚這些裝置裡有多少過氧化氫，還有它的濃度為何？我把腦筋動到液體中的雜質，我想起過氧化氫是侵略性極高的化學物質，製造商會在裡面添加穩定劑。其中一種是錫酸鈉，它是一種錫基鹽類；另一種則是水楊酸鈉，基本上就是阿斯匹靈。我開始思考，我們可以分析現場殘留物裡的雜質作為替代方案嗎？我們可以檢驗殘留物裡的鈉、錫，必要的話也可以驗水楊酸鹽。從這些成分的量，我們可以推斷出使用的過氧化氫量及其純度。嗯，感覺上這至少是個起點，而且是一個我能夠有理有據地向外部學者提出的想法。

此外，我們還可以好好分析裝置裡的多醣，然後追蹤它的起源。我提醒自己，身為專家顧問，我過去也曾經向外界尋求支援，而且在像亞當這樣的案子裡，這替我們帶來了重大突破。我可以再成功一次。我只需要找出最適合的人選。

裝置裡的白色粉末顯然是以植物成分為基底，而談到所有跟植物有關的科學研究，只有一個地方可去：邱園。而且與邱園合作有個額外好處是，賈德卓爾實驗室（Jodrell lab）外面有個小門可直接通往壯麗的花園，因此我總是帶著潔姬一起，在我汲取科學家們的專業見解時，她便能享受邱園之美。

關於這個任務，我心中還有另一位專家人選。在亞當案調查中，我聽聞史都華．布萊克（Stuart Black）博士在針對考古挖掘物進行同位素分析。我發現他除了身為雷丁大學（University of Reading）環境放射線學資深講師以外，還曾經為反恐部門成功辨識來自巴基斯坦的可疑粉末——我現在知道這任務難度有多高。

我曾透過電話數度尋求他的建議，喜歡他輕鬆、平易近人的態度。以一位天才來說，他完全不會讓人望而生畏。在和他交談的過程中我了解到，他有權限使用各種複雜的分析儀器，也認識許多擅長操作這些儀器的專家。說實話，在量化與鑑定化學化合物這個領域，和他的所屬的部門相比，FSS看起來簡直像是業餘組織！

在過去，我必須打電話給好幾個學術圈人士，才能找到一位既有意願又有空幫忙的人。要反覆重述一個案子的來龍去脈實在有點煩人，所以當我致電史都華的時候，我選擇單刀直入。

「你知道七二一事件沒爆炸的那些裝置嗎？嗯，那些嫌犯聲稱那些裝置本來就不會爆炸。我被要求想辦法證明這些裝置其實是會爆炸的，為了做到這一點，我必須辨識出它們裡面有什麼。你能幫忙嗎？」

他安靜了一陣子。

「在倫敦今年經歷過這一切以後，」他終於開口，「我想這是我起碼能做的。」

我安排了十二月二十七日在邱園召開緊急會議，參與者有邱園工作團隊、史都華・布萊克、SO13的偵緝警員史蒂夫・巴涅特（Steve Barnett）與我本人。一個清新晴朗的早上，大步經過充滿節日氣氛、愉快嬉戲的家庭，然後窩在一間實驗室裡等著做簡報大談恐怖分子的炸彈，這感覺實在太古怪了。此時正值假期，史都華・布萊克不像平日那樣需要去雷丁大學授課，不過他還是遲到了。我後來很快就發現，這是我必須習慣的事情！

這場會議的目的是為了評估雙方分別可以提供什麼，並且就研究方向達成共識。我也想要了解一下史都華的人格特質。我們即將要執行的科學工作，將來會在法庭上被頂尖的資深大律師嚴格盤問，因此擔起這個責任的人得具備某種特定性格，必須要格外講究細節。他們必須立即理解這整個計畫必須面面俱到，盡力確保研究的準確性和可靠性，才能讓檢驗結果禁得起千錘百鍊。只要留下單單一個空隙，律師團就會喜孜孜地拉著馬車乘隙而入。

有些過度狂熱的專家學者會嘴裡嚷嚷著「一切交給我吧」，同時要求我們把所有證物立刻送到他們手邊。我現在會對這種人心懷戒備，因為過程中每個階段都應該要事先規畫討論過才對。我在此愉快地向大家報告，史都華立刻就「懂了」。幾週之內我們就對計畫取得共識，並且會有邱園的專家們支援。

現在，話題回到科學……為了辨識出那種澱粉，我們把它送去進行X光繞射分析，這項技術會把受試物的晶體結構影像轉移到感光底片上，可藉此分辨不同的豆類跟穀物，像是鷹嘴豆、扁豆跟車前子。我們發現在爆炸裝置以及科提斯屋五十八號爆炸工廠裡的澱粉，看起來是以小麥為主要成分的麵粉。

X光繞射也揭露了華倫街爆炸裝置殘留物中有錫酸鈉、水楊酸鈉兩種穩定劑，這跟從科提斯屋垃圾桶裡找到的兩個品牌的液態過氧化氫成分相符，這兩個牌子分別叫做「技術基本」（Technique Basics）與「專業氧化物」（Pro-oxide）。

接下來，我們進入史都華的專業領域——同位素。每個元素都有已知的同位素形式，就像是異卵雙胞胎。以碳同位素為例，它的原子核與碳元素同樣都有六個質子，中子數量卻不同。幾乎一樣，但又不盡然相同……。

碳有三個同位素——碳十二、碳十三跟碳十四。碳同位素分析，會對照著一個已知標準來測量碳十三跟碳十二之間的比率。光合作用是植物將大氣中的二氧化碳轉換為碳水化合物。它透過三種主要途徑（C3、C4、CAM）進行。使用C3途徑的植物（如小麥、黑麥、稻、棉）生長於溫帶氣候，碳同位素比率約為負千分之二十五。C4植物（如甘蔗、玉米）則是在較熱帶的氣候下生長，碳同位素比率約為負千分之十。史都華的部門有一張圖表，列出了世界各地主要作物的碳同位素比率，從稻米到甘蔗都包括在內。

我們的樣本與小麥相當吻合。裡面沒有碳酸氫鈉，意味著這不是已混合發粉的自發麵粉。所以這是哪種麵粉？我們派SO13出門血拼！他們的任務就是在M25環狀高速公路的幅員範圍內，買下他們能找到的每一種麵粉。

接著我們進展到另一種不同的同位素——鉛。我們檢驗每一種麵粉樣本的鉛同位素特徵，希望有一種會符合失敗炸彈裡發現的麵粉。賓果！在案發現場與科提斯屋發現的麵粉，相當符合一種非常特別的進口品牌——福德科牌印度全麥麵粉（Fudco chapatti flour）。我們現在可以檢驗這種麵粉，找出它的精確組成，這可以幫助我們弄清楚裝置中與之混合的過氧化氫濃度與分量。

而這一切全都源於那個十二月夜晚，我在葛拉夫頓紋章酒吧的最初想法——測量雜質。

印度全麥麵粉中包含高濃度的鈣。過氧化氫裡沒有鈣。透過測量炸彈殘留物裡的鈣濃度，我們就能弄清楚麵粉被稀釋了多少。檢驗結果顯示殘留物的鈣濃度只有原本的百分之二十。換句話說，這些麵粉被稀釋了五分之四。請記得，每個裝置都放在五公斤的桶子裡，這表示桶子裡大約裝有一公斤的印度全麥麵粉。

同樣地，在現場的過氧化氫殘留物裡，我們可以藉由檢驗錫（來自穩定劑錫酸鈉）以及鈉（來自穩定劑水楊酸鈉跟錫酸鈉）的濃度，釐清裝置中使用的過氧化氫濃度。

我們透過多次實驗，在一段時間內慢慢蒸發濃度百分之十八的過氧化氫，測量最後產生的溶液濃度，得到以下結論：嫌犯把商業用的百分之十八過氧化氫，強化到濃度介於百分之五十八到七十二之間；他們把二十一到二十二公升這種濃縮的過氧化氫（從三百七十八到四百零五公升的濃度百分之十八過氧化氫裡提煉而出），混合到福德科牌印度全麥麵粉中，比例大約是七十比三十。

就這樣，從僅僅幾公克的殘餘物裡，我們設法計算出以倫敦為目標的七二一爆炸案的爆裂物成分組成。

我們下一個挑戰是要確認所有裝置是否都是在科提斯屋混合製造。我們成功透過科學把科提斯屋用來熬煮過氧化氫的長柄鍋連結到每個案發現場。這些裝置用的是同一種桶子、膠帶還有彈片（例如螺絲、螺帽跟墊圈，加入爆炸原料中可提高殺傷力），這顯示這些裝置是同時製作的。從裝置中取回的遮蔽膠帶、紅色電線跟電池接頭，跟科提斯屋找到的產品品牌完全符合。

簡而言之，多虧有史都華，我們已經弄清楚每個裝置的組成成分、比例與強度，並且證明了它們全都是在科提斯屋製造的。我把這些結果回報給調查小隊，等著一句道謝。但結果我反而收到邀請，要我去一趟到威爾特郡（Wiltshire）鄉間，前往英國最機密又最具爭議性的軍事研究機構。

✦✦✦

英國國防科技實驗室（Defence Science and Technology Laboratory）位於威爾特郡索爾茲伯里市（Salisbury）附近鄉間，一個名為波頓唐（Porton Down）的園區，占地約二十八點三平方公里。這裡實際上就跟耳聞中一樣令人卻步震懾，謝天謝地，有SO13高層陪同我通過嚴密安檢。

當史都華跟我把檢測結果遞送給調查團隊之後，他們當下就決定只有一條路可以走：委託FEL按照我們回報的確切規格來建立一個爆炸裝置。

接下來幾週裡，一群工程師與科學家努力打造這個裝置，不斷修正微調。經過一段磨人的等待之後，一切終於準備就緒。這個詭異得令人印象深刻的裝置，此刻被放置在一處地堡內，我們透過一道縫隙目瞪口呆地注視著它。我迅速環顧四周，不由自主縮了一下身子。檢方與辯方律師們都在場，還有國防部、FEL、FMT跟SO13等各相關單位都來了。壓力大了——這個裝置必須完全按照我們所說的方式運作，否則一切都將前功盡棄，我們又要回到原點，重新設法證明炸彈客的罪行。

當我站在那個漆黑房間裡，等待最後一分鐘的檢查時，我沉浸在自己的思緒中。我常在納悶，七二一炸彈客在他們的裝置嘶嘶作響接著熄火以後，他們是什麼感覺？當然了，他們內心深處應該不可能感到失望吧？還是說他們如此確信天堂在等著他們，以至於他們是真心想死？此刻，在種種事件造成的超現實扭曲狀態下，我滿心期待這個裝置會爆炸。如果它失敗了，等著我的不是天堂，而是充滿羞辱與慚愧的地獄。在那個十二月的晚上，資深大律師奈傑爾・史溫尼在新蘇格蘭場講得非常清楚，整個起訴仰仗的就是這玩意能順利引爆。

啟動裝置的信號發出後，整個房間陷入一片寂靜。我們全體都屏住呼吸等待著。

就為了摧毀我最後一絲鎮定，爆破小組堅持來個好萊塢電影風格的倒數計時。

五、四、三、二、一……。

「他媽的真是夠了。」我低聲咒罵著。

在這漆黑簡陋的洞穴裡，強力爆炸頓時看來有種令人屏息的美；炸彈碎片跟內容物，在這個閉密空間裡呈弧形飛散開來。不過幾乎在同個瞬間，我立刻想起地鐵車廂，這讓我反胃到極點。我想起橢圓車站地鐵車廂裡那位年輕媽媽跟她九個月大的寶寶。謝天謝地，那孩子會平安長大，不會知道她們曾經有多接近毀滅。

吐了幾口大氣之後，我逃到外面呼吸新鮮空氣，接著打電話給史都華。就像我一樣，他也深深地感到如釋重負。

這些裝置並不是道具或玩具，它們是炸彈。它們沒爆炸的唯一理由，是因為這些裝置組裝好了以後——可能是七月二十一日當天或者前一晚，過氧化氫跟麵粉混合了。經過了一整晚，再加上把它們運送到目的地所需的六小時，過氧化氫的濃度下滑到低於爆炸所需的程度。

現在我們只需要說服陪審團。

二〇〇七年一月，伍利奇刑事法院，東倫敦

我以專家顧問身分受邀出席旁聽七二一爆炸案的審判，並且針對鑑識證據相關議題提供協助。我來到位於東南倫敦的伍利奇刑事法院，映入眼簾的是一棟嶄新、現代、造型簡約的建築物，有著最嚴密先進的安檢措施。伍利奇法院大樓是專門建造來審判關押在隔壁貝爾馬什監獄（Belmarsh Prison）的恐怖活動嫌犯；貝爾馬什監獄內有四十八間高度戒備的單人牢房，被公認為英國戒備最森嚴的地方。事實上，這座監獄有隧道可直接通往法院，免除了運囚車的安全風險。

二〇〇七年一月十五日，在伍利奇刑事法院，穆克塔·薩伊德·伊卜拉欣、曼佛·阿西度、海珊·歐斯曼、亞辛·歐瑪、嵐西·穆罕默德，還有一位叫做阿德爾·雅哈亞（Adel Yahya）的同謀，他們的審判開始了。雖然雅哈亞並未參與攻擊，但證據指出他曾幫忙採買過氧化氫，而且對於陰謀完全知情。這六人全都否認預謀殺人與試圖引爆炸彈。

辯方傳喚倫敦帝國學院（Imperial College London）的漢斯·米歇爾（Hans Michels）擔任專家證人。他是化學工程專家，被徵召來檢視這些裝置爆炸的機

率。在證人席上，米歇爾教授拿出一系列的機率圖表，協助陪審團理解他的論點。但從陪審團臉上的表情看來，他們並不理解。

其實我也不能理解。

如果你想要做個有效的專家證人，必須遵守一條黃金準則——要確保陪審團成員了解你所說的話。有個經典例子：有一位鑑識科學家站在證人席的時候，他被問到一個非常直接了當的問題：「什麼是DNA？」

很常見的狀況是，專家證人會開始這樣回答：「DNA是一種複雜的分子……。」

我曾見過陪審團成員在「複雜的分子」這句話出現以後，就明顯地大腦關機了。如果是我，我會這樣向陪審團解釋DNA的定義：「DNA是一種物質，經過解碼以後，可以看到每個人身上的DNA都不同。你的DNA跟我的不一樣，因此它可以用來區別身分。」

關於DNA，他們只需要知道這麼多。專家證人的角色是解釋科學，好讓街頭的普通男女都能理解。不過某些科學家要不是辦不到這一點，就是希望自己看起來真的很聰明，所以拒絕這麼做。就像米歇爾教授一樣。

他論證說因為這四個裝置都沒能爆炸，所以若以零到一的量表來計算，這些裝置爆炸的機率低於〇點五。簡單來說，他用這些裝置沒有爆炸的事實，來推論它們本來就不會爆炸！

他的下一個發現是，當過氧化氫在裝置中與麵粉混合時，由於水分蒸發，會讓過氧化氫的濃度或強度**增加**。但出於某種理由，他的實驗裡沒有真的包含麵粉，就當時的狀況來說，這似乎是個很明顯的疏漏。

這位教授拿出一張圖表，展示水中的過氧化氫來闡明他的論點。資深大律師奈傑爾．史溫尼質疑他的時候，米歇爾教授打開包包拿出其他實驗的結果。這位著名的大律師驚恐又難以置信地環顧四周，法庭裡也傳來此起彼落的急促低語。根據法律，像這樣的證據必須在開庭前就揭露。此刻我們就快被複雜的化學黑洞給吞沒，這會讓本來就已經被科學搞得頭暈腦脹的陪審團更加困惑

四月十二日星期四，審理本案的富爾福德法官（Justice Fulford）宣布：「我們不能這樣繼續下去了。」他暫停這場審判，指示我跟偵緝警員史蒂夫．巴涅特當晚就跑一趟米歇爾教授的實驗室，仔細詢問他的實驗器具與檢驗結果，然後第二天回報法庭。

巴涅特當晚忍受著倫敦尖峰時刻的交通折磨，把我跟教授送到他在帝國學院的實驗室。當我們終於走進他的實驗室時，我說：「好，你的儀器在哪？」

「那裡。」他說。

「太好了，你可以打開資料系統嗎？」

「我不知道怎麼用那臺機器，我得找個技術人員過來。」

我打電話給潔姬。這肯定會拖到很晚。

等到我們回到伍利奇刑事法院去開我的車時，那地方已經關門了，我的車被鎖在裡面。巴涅特好心把我送到我父母家，他們就住在附近的貝維迪爾。我借了我爸的車開回肯特郡，第二天早上把車開回去，再由我爸把我載回法庭。

我們第二天在法官辦公室裡分析教授的實驗結果。到了下週一，資深大律師奈傑爾．史溫尼毫不留情地攻擊教授與他的研究。史都華．布萊克跟我在開庭前見了米歇爾教授，設法警告他可能會發生的狀況，但他聽不進去。多年經驗讓我學會一件事——如果有退休教授參與法庭程序，就得提高警覺。因為他們整個職業生涯中，學生們都會洗耳恭聽他們的每句話。在法庭裡就不是如此了。你做出的每句證言，都會被仔細檢視與挑戰。你得有能耐用非常清楚的方式為你的陳述背書，並且讓普通人組成的陪審團能夠理解。

米歇爾教授這一連串事件落幕後，七二一爆炸案的嫌疑主謀，穆克塔・薩伊德・伊卜拉欣站上證人席。反恐部門提出相關證據，揭露伊卜拉欣在九個月前，也就是二〇〇四年十一月，曾經跟另外兩位已故的七月七日炸彈客同時待在巴基斯坦。伊卜拉欣否認見過七七爆炸案的炸彈客們，也否認參加過巴基斯坦的聖戰營學習製造過氧化氫炸彈。他堅持他是從網路上自學的。不過這個證據向陪審團傳達了明確的訊息——畢竟沒有人會大老遠跑去巴基斯坦學習做一顆假炸彈。

伊卜拉欣承認製造了七二一爆炸案的裝置，但聲稱當過氧化氫濃度達到百分之七十之際，他就加了等量的水，把濃度稀釋到只有百分之三十五。畢竟他不想傷害任何人。

值得慶幸的是，我們找出了這些裝置的精確成分，並且在波頓唐園區成功引爆這些混合物，效果驚人。這些研究成果讓他的這些聲明成了笑話。

二〇〇七年七月九日，在歷經長達五個月半的審判之後，陪審團判定穆克塔・薩伊德・伊卜拉欣、亞辛・歐瑪、海珊・歐斯曼與嵐西・穆罕默德「預謀殺人」與「製造爆炸」兩項罪名成立。法官判處他們每人四十年徒刑。

後來，曼佛．阿西度認了較輕的「意圖製造爆炸」罪名，被判處三十三年徒刑。來自托登罕（Tottenham）的阿德爾．雅哈亞也認了較輕的罪名，以「為進行或準備進行恐怖行動的他人收集有用資訊」的罪名，被判處六年九個月徒刑。

✦✦✦

史都華．布萊克跟我都因為七二一爆炸案而得到表揚，我還因為七七爆炸案得到另一個表揚。我代表我的FSS團隊接受兩項榮譽。我的團隊才是真正的幕後英雄，因為他們在難以想像的嚴苛壓力下採取行動，交出成果。

回顧二〇〇五年，我認為這是FSS成長並且達到專業水準的一年。我們向SO13、FMT還有我們自己機構內的懷疑者證明，我們有能力應對像七七爆炸案這類全國性緊急事件，而且在僅僅十四天後，就效命於全國史上最大的追捕行動。重大犯罪處理組的運作模式成形了，我們證明自己能接受任何挑戰。以一群公務員來說，表現還不賴嘛！

反恐警察與FMT並不是會寫感謝卡給你的那種類型。不過幾年之後，布莉姬特・馬奇、科學家凱倫・泰勒（Karen Taylor）及羅伯・巴倫斯（Rob Ballance）再加上我本人，從他們那裡收到比感謝卡好得多的禮物——我們受邀到德比郡（Derbyshire）巴克斯頓（Buxton）的一個爆裂物測試場，參與一場地鐵列車爆炸預演。FMT終於接納我們，把我們視為能並肩打擊恐怖分子的好夥伴。

第十四章

主教座堂一號行動

二〇〇四年十一月至二〇〇六年二月

早晨尖峰時間，我沿著A27公路一路往西疾駛朝著布萊頓前進，一個指向海斯廷斯的路標，讓往事突然在腦海閃現。我第一次以專家顧問身分參與「進行中的」謀殺調查，距今真的已經過了七年半嗎？感覺上好像要久得多，幾乎像是上輩子的事了。好多事情都改變了。

如今出現在謀殺現場或者專案室的時候，我不再覺得自己像個冒牌貨。多虧了我在莎拉．佩恩案、亞當案及M25強暴案中扮演的角色，我也不再被當成冒牌貨對待。我的信心增強了，專家顧問的職責也隨之擴增了。我感覺自己讓鑑識學逐漸成為驅動調查的力量，也讓鑑識科學服務中心能永遠處於主動。

然而我身為專家顧問的成就，是否即將因為我參與的第一宗謀殺案調查而蒙上陰影？

我從沒有一秒鐘想過碧莉喬・詹金斯謀殺案還會再重啟調查。然而就在幾個月前，二〇〇四年七月，上訴法院（Appeal Court）撤銷了她養父尚恩・詹金斯的謀殺罪名，下令重審。

而這一切全起因於我們的鑑識工作。

生物學家艾德里安・魏恩在尚恩・詹金斯的褲子、外套跟鞋子上發現了一百五十八處來自碧莉喬的微小血點。根據艾德里安倍受尊重的專業看法，若沾滿血液的潮濕表面遭到撞擊，他判斷就會出現這種宛如噴霧般的細微血液噴濺。艾德里安根據這些肉眼看不到的細微血點，研判衝擊力道「相當大」，任何穿著這些衣服的人在攻擊當下肯定離碧莉喬很近。

「我預期碧莉喬的攻擊者身上會出現的血液噴濺痕跡，跟這些噴濺血點的整體分布狀況一致。」他曾經如此回報。

艾德里安觀察到碧莉喬的緊身褲上也有同樣的血液濺痕，他說這也是來自這項惡毒攻擊所產生的「細緻衝擊噴霧」。另一位聲譽卓著的獨立生物學家，羅素・史塔克岱爾也證實了這個推論。所有人都同意，用來毆打碧莉喬至死的武器，是在現場發現的一根沉甸甸的四十六公分長金屬帳篷釘。檢方的論點是尚恩．詹金斯在一整天持續的挫折刺激下，在一陣盲目的怒火中拿起帳篷釘痛擊碧莉喬的頭骨。根據他分居的妻子路易絲表示，尚恩有嚴重的憤怒管控問題，有時會突然爆怒，但隨後卻看似完全不記得。一九九八年七月二日，尚恩．詹金斯被控謀殺碧莉喬的罪名成立。

尚恩的辯護團隊請出倫敦帝國學院的呼吸生理學專家，退休教授大衛．丹尼森（David Denison），他針對深海潛水以及所謂的潛水夫病曾做過很多研究。團隊還請來生物工程專家羅伯特．施羅特（Robert Schroter）教授協助。

一九九九年末，尚恩．詹金斯首次提出上訴，丹尼森教授首先採取的行動之一，就是批評生物學家艾德里安．魏恩跟羅素．史托克岱爾以豬頭跟帳篷釘來模擬血液噴濺的實驗。為了反駁他們的論點，丹尼森教授用了一顆足球、一塊海綿跟一頂假髮來當成碧莉喬頭骨的替代品。

按照丹尼森教授的觀點，尚恩照顧遇襲後的碧莉喬時，她有可能在他的衣服上呼出細小血點。他的論證是，她上呼吸道的某處堵塞——例如她口腔或鼻腔裡的血，讓她已過度膨脹的肺部壓力升高。尚恩描述當碧莉喬躺在露臺時，他曾拉過她的肩膀。根據丹尼森的說法，這樣的動作會暫時緩解堵塞，導致帶血的空氣透過碧莉喬的一邊鼻孔呼出，落在尚恩的衣服上。

他用一根管子還有三公升的注射器來模擬碧莉喬的上呼吸道，以噴嘴權充她的鼻子，藉此示範如何靠相對較低的壓力把三滴血噴到整整一公尺外。如果噴嘴朝一面白幕往上傾斜三十度角，血滴會在半米距離外達到離地八十五公分的高度。丹尼森的結論是，尚恩衣服上發現的血液噴濺，起因可能是尚恩彎腰蹲在她仰躺的身體上方時，「來自碧莉喬短暫被動、或暫時主動的吐氣」。

然而上訴聽證會中，為碧莉喬驗屍的病理學家伊安·希爾醫師說，他沒發現任何上呼吸道堵塞的證據，也沒有跡象顯示有堵塞物曾被突然移除，以至產生短暫吐氣。

我們的生物學家艾德里安·魏恩也評估了丹尼森的假說。他指出，碧莉喬被人發現時是呈現左臉貼地的俯臥姿，他請一位女性志願者模擬此姿勢，然後發現無論是拉或推她的肩膀，都無法讓她的頭部大幅抬離地面。根據他的測試，他發現志願者的鼻子離地面不會超過十公分，只有丹尼森的實驗裡模擬高度的三分之一。

尚恩・詹金斯的上訴基於下列立場被駁回了：她的屍體被發現之後，包括她的妹妹們、鄰居丹尼絲・蘭卡斯特或者急救人員在內的所有人，都無人聲稱曾看到碧莉喬呼吸的任何跡象。而且其他曾在現場照顧碧莉喬的人，像是丹尼絲・蘭卡斯特還有急救人員，他們衣服上都沒有類似的噴濺痕跡。法庭進一步發現碧莉喬的鼻孔需要離地二十公分，角度介於三十度到四十五度之間，才能噴出在尚恩・詹金斯那件刷毛夾克上的血液噴濺痕跡。他們判定實際上這不大可能。

我以為事情就這樣結束了。

但丹尼森教授跟尚恩・詹金斯仍然不屈不撓。尚恩父親的一位朋友，科威克汽車維修公司（Kwik Fit）的前任執行長提供了財力支援，他們把這份論述提交給刑事案件複查委員會（Criminal Cases Review Commission），然後在二〇〇四年六月獲得第二次上訴機會。我得知這個消息以後，我必須承認我以為尚恩跟他的團隊只是虛張聲勢，只打算就法律細則提出爭論。

我錯了。

他們繼續質疑碧莉喬的血是如何「細緻噴灑」在尚恩衣物上。丹尼森教授在第二次上訴中表示，針對碧莉喬的肺部組織所做的組織學檢驗——組織學是針對組織顯微結構所做的研究——揭露她的肺部出現間質性肺氣腫（Pulmonary Interstitial Emphysema，簡稱PIE），這表示肺部內的極端壓力導致組織被撕裂或分裂。丹尼森教授論證說，產生這種高強度壓力的唯一可能，就是她上呼吸道發生堵塞，並且質疑為何病理學家伊安．希爾醫師在驗屍過程中，沒有針對她的肺部進行組織學檢驗或者顯微鏡檢查。

希爾醫師解釋道，他保留了左右肺的樣本，並製成了幾片玻片標本。他不認為有必要對肺部樣本進行組織學檢驗，而當時代表尚恩．詹金斯的病理學家，理查．謝波德（Richard Shepherd）醫師也持相同意見。

丹尼森在那些肺部玻片標本上有了新發現，足以支持他們的說法。他聲稱碧莉喬有肺不張（atelectasis）的現象，這表示其呼吸道跟肺泡塌陷或無法適當擴張。他論證說，這種局部肺塌陷大多起因於上呼吸道堵塞，這表示碧莉喬在堵塞發生後幾分鐘之內還活著，才可能發生這種現象。丹尼森在法庭中表示，這種堵塞最有可能的成因，是她吞嚥血液觸發了喉頭痙攣。也可能是吞下血塊，或者碧莉喬因為肌肉無力或痙攣導致舌頭後壓，進而阻塞上呼吸道。無論阻塞成因為何，他辯稱尚恩拉起碧莉喬的肩膀時，碧莉喬的身體動作可能暫時鬆動了堵塞，導致累積的空氣突然間透過她的鼻孔釋出，把那些小血滴噴到尚恩・詹金斯的衣服上。

伊安・希爾醫師同意碧莉喬肺部的確有間質性肺氣腫。他也承認碧莉喬在被攻擊的某個階段，上呼吸道必定發生過某種實質上的堵塞。他同意丹尼森的看法，這種堵塞最有可能的起因是喉頭痙攣。對上訴法庭來說，這些訊息已構成「合理懷疑」，因此判定新的陪審團必須清楚了解上述種種可能。他們訂下日期，將於在二〇〇五年重審。尚恩・詹金斯獲得保釋出獄，他的謀殺定罪被撤銷了。

我們真的搞錯了嗎？

如果碧莉喬的呼氣力道足以把血噴到尚恩・詹金斯身上，他會注意到的。畢竟在此事據稱發生的前幾分鐘，他告訴緊急電話接線生說她沒有意識了。他從沒對任何人提起有聽見突如其來的喘氣聲或呼吸聲，連對在場的急救人員都沒說。

毫無疑問，生物學家艾德里安・魏恩的工作成果，是讓詹金斯被定罪的關鍵。那就是為何他的辯護團隊如此堅決想從中找出漏洞。另一方面，我們只是科學家，一心想找出那天下午詹金斯家後花園的事發真相。

我們必須找到更強的證據，對新陪審團證明我們的假說。這是一項艱鉅的任務，因為所有陪審團成員都會從媒體報導上得知尚恩．詹金斯一案發回重審。我覺得我們必須全力支持科學家，相信科學的價值，並且盡全力迎戰。畢竟此案可能會賠上鑑識科學服務中心的名聲。

所以當索塞克斯警方的偵緝總督察史蒂夫．丹尼斯（Steve Dennis）邀請我在重審中協助檢方時，我立刻欣然接受。我已經跟史蒂夫合作過幾起在布萊頓發生的重大案件，我欣賞他無論是工作中或私底下都富有文化素養。演員約翰．蕭（John Thaw）在電視影集裡把陰鬱的摩爾斯探長（Inspector Morse）演得活靈活現，但早在這個角色出現前，史蒂夫就是這樣的形象了。他開著一輛紅色的捷豹MK 3車款，懂得享受生活中的精緻事物，像是古典音樂、時尚衣著、高爾夫與高級料理。事實上，史蒂夫在追隨父親的腳步成為警察以前，曾在歐洲參加藍帶廚師培訓，這個特質也顯現在他身上。他心胸開放，願意嘗試新作法；他喜歡稍稍打破常規。

史蒂夫告訴我，伊安．希爾醫師要退休了，問我能否推薦一位有肺臟專業的病理學家。我剛好知道適合的人選。納特．凱瑞（Nat Cary）醫師從一九九二年起就擔任內政部鑑識病理學家，而且已經在像是索罕謀殺案（Soham murders）、維多莉亞．克林比耶等外界高度關注的案件中建立起名聲。他總是看起來一絲不苟、毫無畏懼，而且相當聰明。此外，他從一九八九年到一九九八年之間，曾在劍橋郡（Cambridgeshire）的巴普沃斯醫院（Papworth Hospital）擔任顧問病理學家，多年經歷讓他成為一位肺部病理學專家，而肺部病理學現在看似已成為本案關鍵。

納特同意跑一趟布萊頓跟史蒂夫與我會面。要是他期待此行能順道參訪這座城市最具代表性的海灘、碼頭與皇家行宮，肯定會大失所望。重大犯罪小組的基地位在霍陵貝里工業區（Hollingbury Industrial Estate）的索塞克斯屋（Sussex House），就在A27公路旁，對面是一間阿斯達（Asda）連鎖超市。

一頭卷髮、嘴上蓄著八字鬍又戴眼鏡的納特，看起來完全就像個典型教授，這讓我瞬間感到放心。他渾身散發自信，而且立刻切入正題。他首先談及辯方的主張：碧莉喬有間質性肺氣腫，她的肺部因為空氣壓力而破裂，這通常是上呼吸道堵塞而導致的。

「肺部的確在某些地方破裂了，」他勉強同意這一點，「所以他們才會有此推論。但他們顯然不知道的是，在準備進行肺部組織學檢驗時，常會出現人為現象（artefact），而肺部破裂就是其中一種。這狀況屢見不鮮。」

人為現象指的是在準備樣本或實驗過程所造成的人為產物，並非自然產生。準備分析用的肺部組織時，肺會被凍結然後切成薄片，這會導致它冒泡。所以按照納特的觀點，辯方把這種泡泡錯誤詮釋為碧莉喬有間質性肺氣腫的證據。除此之外，納特認為如果碧莉喬生前就發生肺部破裂，血液應該會流入破裂的空隙，然而他並未找到任何血液流過的證據。他說，這表示肺部組織是在她**死後**破裂的。

「問題在於，準備進行肺部組織學檢驗時，常在無意中造成人為產物，因此眾所周知它非常容易被誤判為間質性肺氣腫。驗屍時進行這類檢驗，經常會碰上肺部組織狀態不大理想的狀況。組織破裂是很稀鬆平常的。一般而言，沒有人會優先把肺部組織學檢驗當成第一證據。不過丹尼森教授並非專精於此，所以不一定會注意到這一點。」

史蒂夫跟我感覺到他要公布結論了，我們本能地把身體往前傾。

「所以……？」我大膽問道。

「我不是說碧莉喬完全不可能呼氣時噴血到尚恩・詹金斯的衣服上，」他說，「不過我確實認為機率非常低。」

這就是我們想聽到的。納特如此篤定地說出這個結論，讓我們所有鬱悶似乎一掃而空。現在我們有一位內政部病理學家，宣告辯方的理論「機率非常低」。怎麼可能還會有任何陪審員接受丹尼森的假說？

當然，過程中我也同步讓艾德里安・魏恩知道所有進展。當他得知納特・凱瑞做出「機率非常低」的結論，可以駁回辯方對於這些血點的詮釋之後，我感覺到他鬆了口氣。不過他自己也有個新發現，比我帶去的消息還更引人好奇

向來盡責的艾德里安，為了重審而要求再次檢驗尚恩・詹金斯與碧莉喬的衣物。那天早上證物抵達後，當他重新檢視這些衣物時，瞥見乾涸的細微血斑中有某種東西。

「雷，那裡面有些白色物質。我完全不知道它們是什麼。」

「嗯，那我們試著找出來吧。」我說。

多數顯微鏡會把物體放大到原本尺寸的四十倍到八十倍。這些噴濺血跡本身已經細微到需要顯微鏡才能檢視，艾德里安想要從中進一步觀察的白色物質，會需要更強力的儀器。我知道合適的裝備！我在史都華・布萊克博士位於雷丁大學的實驗室裡看過這種儀器運作。那是一臺掃描電子顯微鏡，正如其名，這臺儀器

用的不是光而是電子，能夠把物體放大到令人難以置信的一萬倍。

我們FSS的倫敦實驗室有幾臺這樣的儀器，不過它們目前被用於鑑定槍擊殘留物。我需要找個有管道能立即使用掃描電子顯微鏡，又剛好專精於血液噴濺研究的人來救火。我打電話給納特．凱瑞，他推薦傑若米．史凱波（Jeremy Skepper）博士，他是劍橋大學的生理學家兼顯微鏡學專家。

與此同時，我們把碧莉喬的四片肺部組織交給另一位病理學家，尋求至關重要的「第二意見」。艾莉森．克魯羅（Alison Cluroe）博士發表過組織學論文，被認為是英國在此領域中的卓越專家之一。

「無法確切斷定這就是間質性肺氣腫。」她在報告裡寫道，「樣本中看到的組織變化，以人為現象來解釋也完全說得通。」

二〇〇五年二月，也就是重審預計開始的兩個月前，史凱波博士向我們回報，針對尚恩與碧莉喬．詹金斯衣物上血液噴濺中夾帶的白色顆粒，他所做的分析已有結果。史凱波的報告表示，就他看來，這些白色內含物「是由皮膚表層細胞、角質化的上皮、真皮較底層的纖維彈性層或更深層的結締組織混合而成。」

我打電話給史凱波。我需要白話文版本。

「從尚恩的褲子跟夾克以及碧莉喬緊身褲上取得的這些樣本，我認為是混在血液裡的皮膚。」他這麼解釋。

凱瑞博士接著說明：「這些粒子是隨著血液一起噴濺而出然後沉積下來，我們相信這些噴濺出自對碧莉喬頭皮的重擊；換句話說，這些樣本是受到強力衝擊的頭皮組織。

「所以說，除非尚恩就是攻擊者，否則很難解釋碧莉喬的頭皮組織怎麼會跑到尚恩身上。不過我強烈認為，從碧莉喬緊身褲正面發現的皮膚組織也同等重要。」

「怎麼說？」我問道。

「尚恩．詹金斯說他發現碧莉喬趴在地上。然而她必須臉部朝上，也就是呈現相反的仰臥姿勢，血液跟皮膚的沉積顆粒才會出現在她緊身褲正面。

「重點是，雷，她緊身褲上的噴濺痕跡，跟他衣服上的噴濺痕跡類似——同樣的血液粒子、同樣的組織碎片。我會主張它們必定是來自同一個行動，就是從殺死她的重擊中產生的。」

史凱波的結果來得正及時，趕上我們跟檢察官，資深大律師尼可拉斯．希利雅德（Nicholas Hilliard）的第一次案件會議。我出席那場會議時覺得很有信心。辯方主張碧莉喬肺部破裂是因為她上呼吸道堵塞，進而導致間質性肺氣腫，我們可以提出反駁。我們能揭露碧莉喬的皮膚組織出現在尚恩．詹金斯衣物上的血液噴濺痕跡裡。我們可以揭露尚恩跟碧莉喬兩人衣服上都有相同的血液與皮膚噴濺痕跡，指出在她被攻擊時兩人都在場。

然而檢察官認為他不需要仰賴我們的鑑識工作。尼可拉斯．希利雅德在案件會議中表示，他已決定在科學上採取「平手策略」，因為他覺得他有足夠的其他證據可以打動陪審團。他的祕密武器？就是尚恩已離異的妻子，路易絲．詹金斯，她在當初的謀殺審判中並未出庭作證。如今已在澳洲塔斯馬尼亞（Tasmania）展開新人生的她，特地飛回英國要揭露尚恩會突然暴力相向的真相，向陪審團述說他多次毆打她跟孩子們的經過。我必須承認，感覺上這是極具殺傷力的證詞。

二〇〇五年四月重審開始，希利雅德說對了一件事：訴諸科學無效。科學反而讓審判陷入了反駁論證與種種複雜細節的泥沼，這似乎正好順了辯方的意。尚恩．詹金斯的團隊反駁我們對於血液噴濺中皮膚組織的發現，堅稱此物質一定是來自碧莉喬受損的鼻腔內部。

病理學家伊安・希爾醫師告訴法庭，碧莉喬的鼻子沒有內傷。辯方要求看他在驗屍期間關於這項觀察的筆記。希爾則表示他沒有針對這點做筆記，因為沒什麼好報告。辯方堅持，沒有當時同步寫下的筆記為他背書，他的證詞就是無效的。上述攻防基本上總結了檢方與辯方之間無窮盡的科學大亂鬥，到頭來促使審判長安妮・拉佛提（Anne Rafferty）法官說出這番話：「我對於陪審團如何理解這一切感到很不安。」她說，「我們可能是在要求陪審團成為非常高層級的鑑定專家。」

這不是我們唯一的挫折。路易絲・詹金斯針對尚恩突然暴怒所做的證詞被判定為不可採信。陪審團只看到尚恩・詹金斯出庭作證時的「另一面」，他看似一個溫順、輕聲細語的失落靈魂。檢方團隊有人注意到，當他描述在這場「磨難」中跟兩個摯愛的親生女兒失聯的痛楚時，有兩位女性陪審員輕輕擦拭眼角的淚水。

七月八日星期五，在經過五天的商議之後，陪審團對尚恩是否有罪依然沒能達成共識。拉佛提法官告訴他們，她願意接受十比二的多數決。直到星期一，這是最後一天了，陪審團意見仍然嚴重分歧。拉佛提法官說她別無選擇，只能解散陪審團，下令重審。在經過當年首次謀殺審判、兩次上訴與又一次審判之後，法庭宣布尚恩．詹金斯的第三次審判定於二〇〇五年十月三十一日舉行，這一天剛好是萬聖夜，很適合這場持續上演的恐怖秀。

儘管尼可拉斯．希利雅德一直對尚恩．詹金斯一案很有信心，我們始終覺得唯一能確保說服陪審團他有罪的辦法，就在於鑑識科學。然而無論我們探索了什麼新途徑，最後總會回來檢視那些唯一足以指證尚恩．詹金斯且又無法反駁的證據——他衣服上那一百五十八個來自碧莉喬的微小血滴，還有碧莉喬緊身褲上相吻合的噴濺痕跡。多謝史凱波的掃描電子顯微鏡，我們在這些血點裡辨識出碧莉喬極微小的皮膚碎片。雖然這還不足以說服陪審團，但足以說服我們再嘗試一次。

我要求史凱波博士進一步察看血液噴濺痕跡中其他內含物，確認是否還能從中擷取任何額外資訊。對史凱波博士來說，這意謂著他得回頭檢視這一百五十八個血點中的一部分，然後進行複雜繁重的檢驗。請記得，他的全職工作是講師，而且距離下次審判只剩下幾個月，我們知道我們把他逼到極限了。但如果我們想得知那個花園裡的事發真相，這似乎是唯一的辦法了。

本案還有個討人厭的轉折，那次沒達成結論的重審結束時，七七爆炸案也才剛發生沒幾天。該案與七二一爆炸案帶來了前所未有的工作量，讓我們幾乎無法運作，我們直到九月才又為了尚恩．詹金斯的第三次謀殺審判重新集合。史凱波博士回報，他在檢視過的九個血點中發現了新的外來物體，不過還在努力設法辨識。前兩次審判曾因類似的截止日期壓力而延後數週。我覺得，倘若我們真的即將找到有決定性的重大發現，那麼在這場曠日廢時的法庭攻防戰中，對真相的追求肯定會凌駕於法庭日程的安排之上。

✦✦✦

距離第三次謀殺審判開庭的日期，從幾週變成只剩下幾天，史凱波博士不斷承諾會給我他的完整報告，但這份報告卻一直沒有出爐。我知道他已經全力以赴，而且即將做出戲劇性的突破。我無法要求他再加把勁。假如他的發現真如他所暗示的那般重大，我深信這一切焦慮以及令人緊張的溝通往返都是值得的

史凱波博士的報告終於在第三次審判當天早上送達了。至少對我來說，報告內容令人震驚。

報告聚焦在尚恩．詹金斯衣物上發現的九個碧莉喬的血點。在詹金斯的褲子

上，某個單一血液噴濺樣本中，史凱波發現了一小滴含鈦的白色油漆，鈦是來自金紅石的元素，是白色油漆的成分之一。碧莉喬當時在用白色油漆替落地窗上漆。她頭髮裡有乾涸的白漆。在尚恩長褲上這個血點裡發現的白漆，蘊含了她頭髮裡的白漆微粒，隨著攻擊她頭骨而噴出的血液，一起轉移到他的長褲上。

尚恩長褲上的另一個血點，則被發現含有鈣、氧與磷等元素，這些元素構成了磷酸鈣，而這正是骨頭的主要成分。

史凱波在這九個關鍵血滴裡辨識出其他特殊的內含物，至少在我看來，更能證明尚恩．詹金斯有罪。

在另一個乾掉的血點內，他發現一個成分含有鐵與鉻的金屬小碎片。金屬帳篷釘是以鐵製成，漆上了可能含鉻的綠色油漆。氧化鉻是用於油漆的綠色顏料。同一個乾血點中還包含了另一個白色油漆碎屑。

他還在尚恩褲子上的另一個血點中，發現有一大塊碎片含有大量鐵跟鉻。我們把帳篷釘送去給FSS的羅賓．基利（Robin Keeley）博士化驗，以確認上面的綠色油漆是否含有氧化鉻。

簡而言之，微小的血滴透過某種方式，從碧莉喬．詹金斯身上——極有可能是從她的頭骨——轉移到尚恩・詹金斯的衣物上。這些血滴之前被發現含有碧莉喬的皮膚，然而上一次重審中，尚恩的辯護律師堅持皮膚組織是來自她受傷的鼻腔內側，是尚恩照料她時，她往尚恩身上呼氣造成的。但如今我們在血滴中發現微量的骨頭與白漆，這肯定不是來自她的鼻腔，而是來自她的頭髮，此外鉻與鐵則很可能來自凶器。

依我之見，這看來是很有力又關鍵的新證據。

在尚恩・詹金斯第三次謀殺審判的頭一天早上，我們對審判長大衛・克拉克（David Clarke）法官說明了這份報告——然後就天下大亂了。

為尚恩・詹金斯辯護的資深大律師克里斯多佛・薩倫（Christopher Sallon）表示這些證據太晚提交，要求裁定這些證據為不可採納。

薩倫在陪審團不在場時提出陳述，他主張：「檢方要求再次進行一連串檢驗，但檢驗性質不不明、負責檢驗的專家不明、檢驗程序不明，就連結果都不知何時能出爐。」

他還補充：「對辯方來說這後果非常現實。我們要如何交叉質詢史凱波博士？如果沒有請不同專家深入研究這個議題，我們該如何恰當陳述案情？」

儘管這些最新發現看似意義重大，克拉克法官沒有心情重新檢視他忙碌的行程表。

「這一切都太晚提出了。」他說，「這些報告不只是非常、非常晚才送來，而且事前完全沒有預告。」

對於是否採納史凱波的報告，他最後判定：「我非常清楚在這個特殊案件裡，進一步的重大延遲會有什麼影響。鑑於這些要求來得極遲，我決定駁回。」

就在這一刻，我內心深處知道尚恩．詹金斯會脫身。他的人格如何被詆毀不重要，他在碧莉喬遇害前後的行徑多可疑也不重要，只有一件事情能讓他身陷囹圄——無可反駁的鑑識證據。

豈有此理的是（至少對我來說）這第三次審判拖拖拉拉了三個月，老掉牙的論點跟辯詞在新陪審團面前又照搬一次。在我心中，真正對案情至關重要的就是那些新的鑑識證據，可惜陪審團只會在審判結束後才會得知相關內容。還有一個小問題，關於尚恩．詹金斯對妻兒家暴的相關證詞，再度被克拉克法官判定為不可採納。二〇〇三年通過的刑事審判法明確指出審判中可以採納「品格不良」的相關證據，我不理解兩次重審的法官為何都被允許排除此證據。這個問題只能交由律師來解答了。

歷經漫長的三十九小時又十分鐘的討論後，陪審團告訴法官，他們對於判決無法達成共識。之後不久，皇家檢察署宣布尚恩．詹金斯不會再面對另一次審判。

二〇〇六年二月九日，尚恩．詹金斯以自由之身，與他在二〇〇五年二月祕密成婚的新妻子，百萬富翁克莉絲汀娜．費內豪（Christina Ferneyhough）手牽手走出老貝利法庭。我不敢想像路易絲．詹金斯與碧莉喬的親屬是什麼感受。

在預先準備好的聲明中，他忍不住嘲諷警方：「謀害碧莉喬的真凶逍遙法外，這全是因為警方在調查中犯下可怕錯誤，狗急跳牆的他們不計代價決心要定我的罪。

「負責調查的警方既無能又選擇性辦案。這項謀殺調查必須立刻交由願全心投入緝凶的新團隊重啟。感謝大家。」

我再一次用這些問題折磨自己：我們做得夠多嗎？我做得夠多嗎？還能夠或是還應該怎麼做，才能證明這個案子成立？

偵辦達米洛拉．泰勒案時，實驗室曾漏了某件衣物上的一個關鍵證據；從那個案子之後，我從沒感覺這麼低落過。

我向自己保證，在此案我們沒有遺漏任何鑑識證據，並不是鑑識人員辜負了碧莉喬。我們已經竭盡所能了。

第十五章 溫布瑞爾行動

二〇〇六年十一月十八日，星期六

身為鑑識科學服務中心的專家顧問，有些人的電話號碼只要一出現在呼叫器上，無論如何我都會立刻回電。其中一人正是反恐司令部（SO15）的偵組警司麥克・喬利（Mike Jolly）。

「雷，你對鉈中毒知道多少？」

「你可以考考我！」我回答。

「我們有個俄羅斯投誠者，在武裝警衛保護下住在倫敦大學學院醫院（University College Hospital），狀況危急。」他說道，「他們相當確定他中毒了。他是前KGB情報員，而且曾經公開批評普丁。他已經病了大概兩週。一開始是嘔吐跟腹瀉，幾天後他的頭髮開始一撮又一撮地掉……。」

「那聽起來像鉈中毒。」我說道。

「不過現在有個問題，雷，他們上週開始治療他的鉈中毒。他精神好轉了幾天，結果又迅速惡化。他的骨髓開始衰竭，器官逐漸停擺。」

「我從沒聽說過鉈中毒會這樣。」我說，「他尿液中的鉈濃度如何？」

麥克知道我會窮追不捨，他也立刻告訴我答案。

「這濃度其實不算真的中毒。」我說，「海鮮吃多了，體內鉈濃度可能差不多就會這樣。他有周邊神經病變嗎？」

「啊？」

「他的手指或腳趾末端有任何麻木或刺痛感嗎？」

他迅速翻了一遍手邊的文件。

「裡頭沒提到這些。」

「聽著，我不想妄下結論，不過在我聽來這真的不像鉈中毒。」

「現在我們想法一致了。我們真的得深入探究這件事。星期一早上我安排了一場實驗室會議，會有我們兩人以及我們的鑑識管理組，還有幾位我們聘用的毒物專家。」

「受害者有意識能講話嗎？」我問道。

「可以，偵緝督察布蘭特・海雅特（Brent Hyatt）今天會去找他問話，希望在他有力氣講話的時候多少弄到些資訊。他病得很重。」

事實上，布蘭特後來對我說，那是他有史以來第一次對謀殺受害者問話。

✦ ✦ ✦

回首七〇年代早期，鉈可說是改變了我的人生。當我親眼目睹實驗室如何以開創性的手法進行關鍵作業，進而成功揭開連續毒殺犯葛雷恩・楊的真面目時，我知道這就是我的志業。

後來我加入毒理學部門，師從幾位優異的導師，其中最主要的一位是部門主管約翰・傑克森（John Jackson）。儘管沒有正式的科學學位，傑克森還是成為此領域的全球巨擘，並且在一九六三年成為鑑識毒理學家國際協會（The International Association of Forensic Toxicologists，簡稱 TIAFT）的創始成員。同樣對我影響深遠的還有約翰・泰勒（John Taylor），他從第一天起就特別照顧我，讓我參與他所有的工作。

一九七九年我取得化學學位，並且被調升為專案主管，這表示我要替進入司法程序的案子做準備，並且在需要時提供證據。差不多就在這時期，我們意識到內部對於如何檢驗毒藥並沒有明確的指南。於是約翰・泰勒跟我花了十八個月整理，在內部出版了《毒物篩檢》（*The Poison Screen*）這本小手冊，仔細說明如何盡可能驗出最多種毒藥。一九八三年我在西班牙的塞維亞（Seville）的毒理學家國際協會年會上報告了這項工作。超過四分之一世紀後，有私人鑑識公司的毒理學家們要求我讓他們影印這本小冊子，我覺得受寵若驚！

《毒物篩檢》當中有提及鉈的檢驗，鉈是一種嚐起來跟聞起來都沒有味道、也沒有顏色的金屬，是在一八六一年由威廉・克魯克斯爵士（Sir William Crookes）從一個硫酸工廠的燃燒灰塵中發現。鉈被用來當成滅鼠藥，用在人類身上會導致腸胃道不適，伴隨噁心、嘔吐與劇烈疼痛。更嚴重的案例裡，鉈會攻擊神經系統，導致周邊神經病變（身體末梢的刺痛感），並且觸發抽搐與昏迷，接著是致命的呼吸衰竭或心跳停止。不難理解為何醫療人員起初懷疑這名男性是鉈中毒。

鉈也會造成落髮——CIA在某個荒謬的陰謀計畫中曾打算利用這一點。一九九〇年代公開的機密文件揭露，他們曾計畫把鉈鹽放在古巴領袖斐代爾・卡斯楚（Fidel Castro）的鞋子裡，好讓他的鬍鬚脫落，希望藉此能損害他在人民心中神格化的地位。

我自己在一九九〇年代跟這玩意打過交道。特殊事務處（Special Branch）帶來一個神祕的白色粉末樣本，要求我辨識它。我頓時想起我職業生涯早期，約翰・傑克森曾問我：「當你拿到一個要檢驗的證物時，第一個步驟是什麼？」我講出一大堆繁複又神奇的測試，想讓自己看起來很聰明。傑克森卻搖搖頭。

「錯了，雷，你要做的第一件事是拿起電話跟調查警官講話，盡你所能找出關於這個案子的一切。整個案子的脈絡才是重點。」

對於這個神祕白色粉末，這些特殊事務組的警官拒絕回答任何問題，而且毫不讓步。測試證實那是致命的乙酸亞鉈。我後來得知，那是薩達姆・海珊（Saddam Hussein）的個人收藏，放在他位於伊拉克的諸多行宮之一。

另一個我在職涯初期學到的毒理學知識是，當談到中毒，唯一的一致性便是症狀。每種毒藥都會觸發一組特定反應，視用量而定。這就是為什麼偵緝警司麥克・喬利來電時說那名男子是鉈中毒，我卻起了疑心，因為他只符合部分鉈中毒症狀。除此之外，他還有其他症狀顯然跟鉈中毒無關。我很肯定他是中了另一種毒。但到底是哪種毒藥、如何下藥、被誰下藥，我們還得搞清楚。

✦ ✦ ✦

第二天早上的週日報紙至少解答了一個問題：為何這個男人被當成目標？

四十三歲的亞歷山大・利特維年科（Alexander Litvinenko），一九八八年從軍校被招募加入KGB，而共產主義倒臺後，KGB變成了聯邦安全局（Federal Security Service，簡稱FSB），當時該組織的領導者正是我們熟知的那位弗拉迪米爾・普丁（Vladimir Putin）。一九九八年，利特維年科開始當起吹哨人，揭發FSB與組織犯罪之間的勾結。他因莫須有的罪名被捕，二〇〇〇年他從俄羅斯逃亡到英國，他繼續指控普丁，並提供情報給MI6。當局顯然相當看重他提供的情報，因為數週後他就得到英國公民身分。他跟他的伴侶瑪琳娜同住在北倫敦馬斯韋爾山（Muswell Hill）的一棟房子裡，屋主是另一位俄羅斯投誠者與普丁的敵人，商業寡頭鮑里斯・別列佐夫斯基（Boris Berezovsky）

他在二〇〇六年十一月一日星期三那天中毒，當天下午三點鐘左右，他在倫敦市中心皮卡迪里街（Piccadilly）的一間「何時」（Itsu）連鎖日式餐廳跟一位新聞界聯絡人見面，接著去格羅夫納廣場（Grosvenor Square）的千禧旅館（Millennium Hotel）參加一場商務會議。

新聞媒體不知道的是，利特維年科此刻正忙著在醫院病榻上試圖破案。他已經對偵緝督察布蘭特·海雅特指出殺手們的身分，正是他在千禧旅館的松木酒吧（Pine Bar）會面的兩名男子——安德烈·盧戈沃伊（Andrei Lugovoi）以及狄米特里·考夫頓（Dmitry Kovtun）。利特維年科第一次見到盧戈沃伊是在一九九〇年代的俄羅斯，當時他們都是鮑里斯·別列佐夫斯基的隨行人員之一。二〇〇五年，盧戈沃伊再度聯絡上人在英國的利特維年科，提議一起合作，對想投資俄羅斯的西方世界公司提供建議。他在十月三十一日跟家人們一起抵達倫敦，表面上是為了隔天晚上去酋長球場（Emirates Stadium），觀看由俄羅斯莫斯科中央陸軍足球俱樂部對上英國兵工廠足球俱樂部的歐洲冠軍足球聯賽。

下毒事件當天早上十一點四十一分，盧戈沃伊打了利特維年科的手機，邀約見面。他問利特維年科是否願意當天稍晚到千禧旅館與他會合？利特維年科答應了；陰謀開始了。

利特維年科告訴偵緝督察海雅特，他從馬斯韋爾山搭了公車，然後轉地鐵到牛津圓環站（Oxford Circus），在何時餐廳見了一位工作夥伴，義大利律師馬力歐．史卡拉梅拉（Mario Scaramella）。這段時間裡，他接了好幾通盧戈沃伊打來的電話，對方愈來愈不耐煩。盧戈沃伊在下午三點四十分再度來電，對利特維年科說，如果想在他去看足球賽以前碰面，就得「快一點」。

剛過四點的時候，利特維年科抵達千禧旅館，在接待櫃檯打電話給盧戈沃伊。盧戈沃伊到門廳跟他會合，帶著他進入松木酒吧，坐在遠處角落的一張桌子旁。如同警方很快就發現松木酒吧沒有閉路監視器，像是盧戈沃伊這樣的監視專家，肯定也注意到了這一點。這兩人坐下來聊天的時候，狄米特里．考夫頓加入了他們，利特維年科只見過他幾次，並不信任他。

在臨終病榻上，利特維年科說：「當時桌上有幾個馬克杯，還有個茶壺。有個侍者直接走來我們這。我無法看到他，因為他是從我們身後來的。他問：『您要點些什麼嗎？』我想安德烈〔盧戈沃伊〕那時也問我：『你要來點什麼嗎？』我說：『我什麼都不要。』然後他說：『好吧，反正我們就要離開了，這裡還有一些茶。你想要的話可以喝一點。』然後侍者就離開了，也可能是安德烈跟他要了一個乾淨的杯子，然後侍者把它拿了過來。他離開了，然後那裡有個杯子，我從茶壺裡倒了點茶出來，雖然只剩下一點點了，剛好夠裝半杯。大概有五十克吧。我喝了好幾口，但那是沒加糖的綠茶，而且已經冷掉了。也許，我總共喝了三或四口，我甚至沒喝完那半杯。」

當天晚上正是他抵達英國六週年，利特維年科的妻子瑪琳娜在北倫敦家中為他做了一頓飯，他胃口大開飽餐一頓，但其實此刻他已時日無多。

千禧松木酒吧的那只茶壺裡不管裝了什麼，都極為可能是殺死利特維年科的元凶。現在我們必須搞清楚裡面到底裝了什麼。

✦✦✦

十一月二十日星期一早上，偵緝警司麥克．喬利約好的客人們全都聚集在一個我非常熟悉又方便的地點——世界上最普通的會議室，就在南倫敦蘭貝斯的FSS總部裡。一開場，麥克先向與會眾人說明自從十一月一日傍晚那場倒霉的下午茶以後，利特維年科的種種健康狀況。

他從當晚開始不停嘔吐。第二天，瑪琳娜打電話給一位醫師，對方建議他服用鹽與礦物質溶液，然而利特維年科一喝就吐。十一月三日，瑪琳娜叫了救護車。急救人員檢查了他，說他可能罹患流感或者被蟲咬，建議他留在家裡。當天稍晚，利特維年科抱怨腹部劇痛，還排出血液。一位醫師再度表示，他一定是食物中毒或者感染了，但這次把他送到了巴奈特綜合醫院（Barnet General Hospital）。

在我從事毒理學的這些年裡，我發現醫師們就是無法診斷出中毒。因為中毒症狀跟常見疾病症狀相當類似，且幾乎毫無例外。醫療人員所受的訓練是診斷疾病，而非偵測出惡意行為。因此，中毒事件就這麼被漏掉了，甚至在有人死亡的時候亦然。一旦一起死亡事件被判定為「不可疑」，後續就不會進行驗屍或相關調查。它就這麼被一筆勾消。天知道歷年來有多少毒殺案就這麼被遺漏了。

十一月四日，利特維年科中毒後第三天，醫療人員讓他服用了一個療程的賽普沙辛（ciprofloxacin），這是相對較為強烈的廣效性抗生素。醫療人員也替他進行血液檢查，接下來幾天，醫師們觀察到他血液裡的紅血球與白血球數量都低於正常值，控制凝血的血小板數量亦然。大約在十一月九日前後，瑪琳娜·利特維年科詢問醫療人員，她丈夫的感染是否有可能是被下毒。

血液病學家安德烈·維爾奇斯（Andres Virchis）醫師聯絡了蓋伊醫院（Guy's Hospital）的毒物部門。他們回覆了診斷結果：利特維年科的病情應該被視為「疑似鉈中毒」，並以普魯士藍（Prussian blue）來治療。這種以藥丸形式服用的藥物，會跟腸道裡的鉈結合，然後透過糞便排出體外，從而避免讓鉈被吸收到整體循環中。

十一月十七日，利特維年科被轉送到倫敦大學學院醫院，據報在這裡他的病情有了進展。第二天，利特維年科家人雇用的國際知名毒物學家約翰·亨利（John Henry）教授檢查了病人，然後公開表示他支持這個診斷與治療方式。

然而，到了十一月二十日星期一早上，也就是我們會議當日，利特維年科的病情再度惡化：他開始吐血，而醫療人員在考慮為他逐漸失去功能的骨髓進行移植。就在當天早上，有人拍下了加護病房裡的他。在這張後來廣為流傳的照片裡，他沒有頭髮、消瘦憔悴又蒼白，這些照片透過媒體釋出，令全世界都驚恐不已。畢竟照片中的人剛成為英國公民，就在他的第二故鄉慘遭毒害。反恐司令部現在正式接管這個案子。

我們在會議中討論他的症狀時，我重申我的信念：鉈中毒並不符合他的症狀。此刻有位我從未見過的男士，英國公共衛生部（Public Health England）的尼克．詹特（Nick Gent）醫師提出一個敏銳的觀察。詹特對於中毒及其診斷與治療有豐富經驗，其中包括敘利亞神經毒氣攻擊的相關工作。他指出利特維年科的症狀，看起來與接受放射治療的病人看來異常相似，而放射治療使用的是游離性輻射同位素。會議室陷入沉默，我們正在消化這個想法。要是俄羅斯人真的用某種辦法把輻射釋放到利特維年科體內呢？我的腦子一片混亂。

某個讀過臨床紀錄的人指出，六天前維爾奇斯醫師已經觀察到利特維年科看起來像是經歷了化療。維爾奇斯建議放射部門檢查利特維年科，查看有無任何放射性毒物來源。隔天他們用蓋格計數器檢測他的身體，但沒有任何反應，於是宣告輻射並非他的病因。

我在會議中指出為什麼這個檢測結果可能有誤：蓋格計數器無法偵測到所有形式的輻射。舉例來說，它就偵測不到 α 射線。由於 α 射線本質上是氦原子核，相對體積較大，因此它們僅能行進極短距離，甚至無法穿透一張紙。它們的能量不足以被蓋格計數器偵測到。

然而要是人類吸收了α射線，它們會大肆破壞，摧毀DNA、讓體內器官離子化，導致器官功能衰竭，最終不可避免地造成死亡。

然而如同我向這群人解釋的，唯一偵測到α射線輻射的辦法，就是透過血液與尿液。所以我們安排把利特維年科的樣本，立刻送往位於奧德馬斯頓（Aldermaston）的核武器研究所（Atomic Weapons Establishment，簡稱AWE），這是全英國唯一能處理這種潛在致命物質的機構。AWE的科學家們優先處理這些樣本，承諾在十一月二十二日星期三早上，提出血液與尿液檢查結果。不過有一個人等不了那麼久，就是要對媒體大放厥詞。

檢驗結果出爐的前一天晚上，約翰·亨利教授告訴記者，他仍堅持自己的鉈中毒理論，他認為元凶可能是某種放射性形態的鉈。

「放射性鉈為此案增添了一個新面向。」他如此宣稱，「這意味著他的骨髓岌岌可危，我們必須看看他的細胞恢復狀況如何。」

這不是第一次有學界人士的自負與虛榮讓我大為震驚。約翰·亨利博士顯然相信，眼前更重要的任務是讓他的原始診斷看起來正確無誤，而不是承認我們正在重新評估他那位付費客戶生病的根本原因。

星期三早上同一群人再次召開會議，不過這次多了一位來自核武器研究所的客人。每個人都急於徹底查明到底是什麼正在逐漸奪走利特維年科的生命。

來自AWE的人宣布，亞歷山大・利特維年科是被放射性元素釙二一〇（polonium-210）所毒害。如此不可思議的事竟然成真——俄羅斯人在英國首都放出了致命的放射性毒素。

瑪麗・居禮（Marie Curie）在一八九八年發現釙二一〇，它是釙的二十五種放射性同位素之一，是鈾礦裡的一種銀色金屬。一微克的釙二一〇，其體積約莫如同一顆塵埃，一旦被吞入體內，會散發出致命劑量的輻射。只要進入體內它就會迅速擴散，在行經路徑留下活性自由基，並且帶走分子中的電子。放射線也能夠損害受害者的DNA，影響細胞複製。更嚴重的中毒可以導致細胞死亡，此過程稱為細胞凋亡（apoptosis）。

從他啜飲那杯茶的那一刻起，任何人都救不了亞歷山大・利特維年科了。

AWE的人繼續解釋，釙二一〇是一種會散發α輻射的放射性釙同位素，必須要被攝取或吸入體內才能造成傷害，換句話說你必須從鼻腔吸入、放進嘴裡、或者放到一個傷口裡。而因為這種輻射涵蓋範圍極短，它只會傷害到附近的組織。

它無法透過皮膚、紙張或布料傳遞。如果利特維年科確實攝取了某種會散發 α 粒子的物質，就能解釋他的症狀，也能解釋為何無法從他的身體上偵測到輻射。釙二一〇的自然產量極為稀少，有可能是在利特維年科死前不久，用核子反應爐人工製造出來的。

這個推論正中要害。這種致命物質是來自俄羅斯核子反應爐，而這些反應爐全都是由國家控制，這只表示一件事——這是場由國家資助的暗殺行動。不過在當下，這並非最讓我們驚慌的事，更迫切的是，整個倫敦有可能面臨致命的 α 輻射爆發。

這個致命毒素是在一個酒吧裡施放的，最有可能放在後來已被清洗、重複使用的茶壺跟茶杯裡。天知道還有多少人曾經坐在那個角落的桌子旁。一個物體就算只是被釙二一〇二次污染，但若有人碰過它以後舔了自己的手指，就要面對漫長痛苦的死亡。此外還有利特維年科跟毒殺他的人後來去過的所有地方，致命的釙二一〇痕跡都會如影隨形——儘管在利特維年科的例子裡，他是無心之過。

✦✦✦

這些調查人員面臨的任務肯定是倫敦警察廳歷史上是前所未見的。他們現在必須追蹤盧戈沃伊還有考夫頓從飛抵英國到離開為止去過的每個地方，檢驗他們可能接觸過的每個地方與每個人是否帶有輻射。這意謂著要讓飛機停飛、關閉旅館，甚至可能得關閉兵工廠足球俱樂部的酋長球場。

但至少如今在他中毒三週過後，我們能夠告訴利特維年科他的死因將會是什麼。也許他就是為了這個答案硬撐到那一刻，因為當天晚上他心臟病發，必須進行人工昏迷治療，然而他再也沒醒過來。

隔天十一月二十三日，他去世了。

他的朋友亞歷克斯・高法伯（Alex Goldfarb）宣讀了一份利特維年科事先準備的聲明，指控俄國總統弗拉迪米爾・普丁要直接為他的死亡負責。這份聲明的結尾如下：「你可以成功讓一個人噤聲，但是普丁先生，在你有生之年，耳中會不斷迴盪著來自世界各地的抗議呼聲。」

與此同時，在千禧旅館的松木酒吧，利特維年科用過的白瓷茶壺並不難找，因為它的放射性活度讀數高達每平方公分十萬貝克，讀數最高的部位是壺嘴。有了這個證據，再加上從利特維年科喉嚨後方與喉頭發現的損傷，很明顯是他喝的茶裡加了釙二一〇。

不出所料，這只茶壺後來被放入洗碗機裡，在不之情的狀況下提供後續客人重複使用，幸好並未接獲有人因此病倒的報告。而那三個男人使用過的桌子，讀數則達到兩萬貝克，只要攝入半數就足以殺死一個人了。

松木酒吧旁的男廁裡，專家在一個廁所隔間裡發現讀數「高到破表」的污染。旅館門廳的閉路監視器顯示，盧戈沃伊跟考夫頓在利特維年科抵達之前都去過廁所，而他們的下手目標則完全沒進去過。難道是刺客們在裡面準備要放進茶壺裡的釙二一〇嗎？

另一個「高到破表」的讀數，出現在三八二號房的浴室水槽排水口，那是考夫頓的房間。請記得，他是後來才加入利特維年科與盧戈沃伊之間的會議。他是在他們把釙二一〇放進茶壺以後，在樓上丟掉剩下的釙二一〇嗎？

科學家也發現嫌犯在飛機上還有酋長球場坐過的地方也受到污染。此外，包括瑪琳娜．利特維年科跟松木酒吧的工作人員在內的好幾個人也受到污染；值得慶幸的是，沒有在任何人受到長期影響。

不用說也知道，關於檢測釙的路徑並確保其所經範圍安全無虞，鑑識科學服務中心著力甚少。不過我們在本案中所扮演的角色，還是被證明極其重要。

利特維年科死後，調查團隊找上我，想知道FSS是否能夠確認釙二一〇進入他身體系統的精確時間。此時，俄國當局正在裝模作樣地約談盧戈沃伊與考夫頓。這些頭號嫌犯堅持是利特維年科設法要毒殺他們，卻弄巧成拙。這番辯詞縱然看似荒謬，但還是需要加以推翻。

我們知道若要偵測利特維年科在何時攝取釙二一〇，最好的辦法是透過他的頭髮。頭髮每個月增長一點五公分，幾乎可以被視為一種日曆，用來偵測身體何時攝取了外來元素。不過利特維年科死時一根頭髮都沒有了。我們做了點調查，發現在利特維年科在十一月三日被送進巴奈特綜合醫院後幾天，他的頭髮開始一撮撮掉落。他向瑪琳娜抱怨，落髮的感覺讓他很不舒服，所以她安排了一位理髮師友人來剪掉剩下的頭髮，並且把頭部其餘部位刮乾淨。某位巴奈特綜合醫院的員工很有先見之明，給了瑪琳娜一個塑膠袋來存放他的頭髮，以備將來會有某人想分析這些頭髮。

那個某人正是雷丁大學的史都華・布萊克博士。

不過史都華立刻發現一個問題。釙二一〇的半衰期是一百三十八天。所謂半衰期，是指放射性物質衰變到原來數量一半所需要的時間。因為用來毒殺利特維年科的劑量實在很低，如今剩餘的量幾乎已消失殆盡。然而他指出，每種放射性同位素都有一個子同位素。子同位素是放射性同位素衰變後的產物；釙二一〇的子同位素就是鉛二〇六，這是一種穩定的同位素，不會再進一步衰變。

當史都華檢測利特維年科頭髮裡的鉛二〇六時，明確發現他在十一月一日，也就是跟盧戈沃伊還有考夫頓在千禧旅館會面那天，突然攝入了致命劑量的釙二一〇。除此之外，他還在利特維年科的頭髮裡有了意外的發現，讓俄國人說利特維年科自己才是下毒者的說法不攻自破。

利特維年科的頭髮揭露了他在十月十四日到十八日之間的某一天，也就是他服下致命劑量大約前兩週，也曾攝取劑量小得多的釙二一〇。難得之前曾發生過我們不知道的暗殺未遂嗎？

警方檢視了利特維年科及他的毒殺者之前的行蹤，然後發現就在那場致命的千禧旅館松木酒吧會議的前兩週，這三人曾在倫敦碰面。

十月十六日，利特維年科、盧戈沃伊與考夫頓出現在一家私人保全公司，厄里尼斯國際（Erinys International）的會議室裡，跟一位名叫提姆・雷利（Tim

Reilly）的高階主管開會。這些俄國人希望嫻熟俄羅斯產業生態的雷利，能幫助他們仲介一筆價值高達數百萬英鎊的交易，對象是一間以聖彼得堡（Saint Petersburg）為基地的能源公司，俄羅斯天然氣工業股份公司（Gazprom）。

在俄羅斯人的要求下，雷利泡了茶。盧戈沃伊跟考夫頓一直鼓勵他跟利特維年科把茶喝光。雷利謝絕了，因為當天悶熱得很，他已經從飲水機裡倒了很多水來喝了。利特維年科也沒碰他的茶。

雷利告訴警方：「他們一直跟我說：『嗯，你不想喝茶嗎？』你知道，他們開玩笑說英國人總是在喝茶。」

會議結束時，利特維年科帶著他的兩位俄羅斯客人去了他最喜歡的餐廳——位於皮卡迪里街的何時餐廳。

科學家們在厄里尼斯公司的會議室裡發現高濃度的釙二一〇，特別是在利特維年科在桌邊坐過的位置，這顯示在會議中，致命劑量已經用某種方式滲進他的茶杯裡了。雷利體內還有他的車上也發現了微量釙二一〇。三人組在厄里尼斯會議後於何時餐廳坐過的桌子，也發現了二次污染。

雷利也透露了十月十六日稍晚，他身體嚴重不適，他不但腹瀉，而且還有

「可怕的、類似偏頭痛的症狀……我就是覺得糟透了。我以前從沒得過這樣的病，後來也沒再發生過。」同樣地，利特維年科當晚嘔吐了。然而兩人都不知道彼此有相仿的症狀，兩個人都把他們突然生病歸咎於某種失控的病菌。要是他們曾跟對方說起，或甚至是在電子郵件裡提到，或許就有機會拯救利特維年科的性命。畢竟有過一次被下藥的經驗，十一月一日在松木酒吧，他肯定就不會自己喝下那杯綠茶吧？

從利特維年科剪下的頭髮中得到的證據，證實了盧戈沃伊跟考夫頓就是凶手。但儘管有壓倒性的證據，俄羅斯當局拒絕引渡任何一位嫌犯到英國。利特維年科唯一能得到的正義，就是針對他的死亡所做的公開調查，判定弗拉迪米爾・普丁「可能批准了」他的謀殺。

有可信的報告指稱英國曾發生過十四件與普丁及俄羅斯情報員有關的可疑死亡案，利特維年科案只是其一。我當時並不知道，到頭來我會在另一宗類似案件裡扮演關鍵性的角色。

第十六章／達芙妮行動

二〇一二年十一月十日

天色幾近全黑之際，一名叫做尼爾．聖克雷—福特（Neil St Clair-Ford）的警衛，開車途經薩里郡威布里奇（Weybridge）一處門禁森嚴的社區——聖喬治丘（St George's Hill）。他瞥見路邊有個奇怪的東西，於是停車查看，結果發現一名穿著慢跑裝的中年男子呈胎兒姿勢躺在那裡，蒼白又冰冷，生命跡象「非常微弱」。聖克雷—福特的手機沒有訊號，所以他敲了附近一棟房子的前門。後來紀錄顯示屋主是在下午四點四十五分打電話叫了救護車。聖克雷—福特接下來衝到附近一位同事連．華許（Liam Walsh）的工作地點，華許曾是皇家海軍，接受過CPR訓練。華許後來告訴警方，在施行口對口人工呼吸的時候，仰躺在地的男子嘔出了「黃綠色」膽汁，味道奇怪，感覺像是「舔了一顆電池」。

下午四點五十三分，一輛救護車抵達現場。急救人員嘗試救回這個男人卻沒成功。他在下午五點三十九分被宣告死亡。

警方後來確認這名死亡男子，是住在這個門禁社區裡的諸多俄國流亡者之一；這個社區歷年來引以為傲的居民包括凱特・溫絲蕾（Kate Winslet）、林哥・史達（Ringo Starr）跟艾爾頓・強（Elton John）。四十四歲的亞歷山大・佩芮普利西尼（Alexander Perepilichnyy）死在距離他家一百公尺遠的地方，他跟妻子及兩名幼兒同住，月租是驚人的一萬五千英鎊。

佩芮普利西尼在二〇〇九年搬到英國之前，是莫斯科的外匯交易商。警方在他的筆記型電腦上發現總價高達五億美元的交易。他們也追蹤到他正在詢價，打算購買買聖喬治丘社區一間五百萬英鎊的住宅，還有佛羅里達州邁阿密的另一棟住宅。

據了解，這名死者有好幾份人壽險保單，總額將近八百萬英鎊。為了順利投保，他曾經做過嚴密的健康檢查，而他的家人也確認他過去或現在都沒有重大健康問題。他十三年前就戒菸，鮮少喝酒，而且最近為了健康一口氣減掉了十九公斤。

他的太太塔提雅娜揭露，他死亡當天早上，才剛從為期三日的巴黎商務之旅回來，覺得有點「身體不舒服」。她替他做了酸模湯（sorrel soup），顯然有其效果，因為幾小時之後他就出門沿著社區繞圈進行傍晚慢跑。

然而警方詳細調查他的巴黎之旅以後，發現其中商務成分偏少，娛樂成分居多。他大半時間都跟他二十八歲的烏克蘭情婦艾爾米拉・梅丁斯卡（Elmira Medynska）在一起，他是五月在一個約會網站上認識她。她揭露在他死前一晚，他們去了一家高級日式餐廳，他在那裡點了炸蝦天婦羅。他把食物退了回去，抱怨它「聞起來有臭味」，改吃了壽司。

當天深夜，他在旅館浴室裡吐了三次。她說他走出來的時候「滿臉脹紅」，但堅稱自己好多了。警官們詢問了好幾位專家，他們說佩芮普利西尼的症狀是典型的組織胺中毒，是由冷藏不當的魚類身上的細菌所造成，幾小時內就會恢復健康。

警方告訴媒體，因為死亡原因不明，所以會自動展開驗屍程序。不過就他們看來，這位體型中等、健康程度高於平均值的四十四歲男子，只是單純在他最近稱為家的這個綠意郊區裡倒下身亡。所有人都預期一旦病理學家解剖屍身後，定會發現心臟病或類似疾病的證據。

結果沒有。

諾曼．拉特克里夫（Norman Ratcliffe）醫師沒發現器官衰竭或外力介入的跡象，而且無法判定死因。這種狀況並不如多數人想像中少見，一旦碰上此狀況，驗屍官[10]就必須進行死因審理。沒有人能預見，這場審訊竟然得先歷經為期六年的調查、檢測和法律攻防才得以順利開庭。

而我就被捲進這場風暴的中心。

十一月底，我接到索塞克斯警方首席犯罪現場調查員尼克．克萊格斯的電話時，我甚至根本沒聽說過這個案子。那通電話的主旨如下：又一位富有的俄國人神祕死亡，我能否替高階警探以及科學家們組織一場案件會議，以便調查受害者是否遭人毒殺？我把這場會議安排在雷丁大學進行，當時我在那裡工作。與會名單包括史都華．布萊克博士還有尼克．布蘭奇博士，後者現在也是該大學的資深講師了。兩位科學家在七二一倫敦爆炸未遂案以及亞當案裡各自扮演了關鍵性角色。我也建議他們邀請公共衛生部的尼克．詹特，當初是他呼籲為利特維年科做放射線檢查，最終才能順利破解謎團。

我把這場會議安排在雷丁大學的魏哲大樓（Wager Building），史都華・布萊克博士的辦公室就在這裡，而且很點題的是，這棟大樓的風格確實帶點蘇聯時期的俄羅斯色彩。一個大到有回音的房間裡，滿滿一整面牆的書櫃放了數千本博士論文，而我們坐在一張寬大而陳舊的棕色桌子旁，這桌子大到可以坐得下二十個人。

我們很快就發現警方已感受到壓力。警方直到佩芮普利西尼死去數週後的此刻，才意識到此人與這件謀殺案的全球重要性。目前警方已發現佩芮普利西尼在俄羅斯捲入了各種不正當的交易，而且還跟一些俄國權貴鬧翻了。

警方多數資訊是來自一個名為比爾・布勞德（Bill Browder）的美國人，他堅持佩芮普利西尼是被謀殺的。所以為什麼一個美國人會讓自己捲進一起俄國人謀殺案呢？

回溯到一九九六年，當時布勞德看出俄羅斯有淘金潛力。四年後，他的隱士居資本管理公司（Hermitage Capital）成為全球績效表現最好的新興市場基金。

10 每個地區的驗屍官性質差異很大，在英國，驗屍官負責調查死因，必須有法律專業。

然後他在二〇〇五年左右跟弗拉迪米爾・普丁失和，立刻被踢出俄羅斯。

根據布勞德的說法，在俄國待了幾年，他發現包括法官、高階警官、政客在內的俄羅斯高層官員，都跟組織犯罪分子勾結，共偷走了隱士居資本管理公司付出的一億五千萬英鎊稅金，他們把這筆錢五鬼搬運到全球各地的帳戶去。一名俄國律師謝爾蓋・馬格尼茨基（Sergei Magnitsky）揭發了這場騙局，然後立刻被當局逮捕入獄。被關了十一個月以後，馬格尼茨基神祕死亡。佩芮普利西尼曾經參與這個洗錢計畫，不過在二〇〇九年逃離俄羅斯以後就決定換邊站，幫助布勞德揭發這件醜聞。

兩年後的二〇一一年一月，隱士居資本管理公司以佩芮普利西尼提供的證據為基礎，向瑞士當局提出申請，瑞士當局因此把據說參與這場騙局的俄國人帳戶全數凍結，這些人現在被稱為克留耶夫幫（Klyuev gang）。不過他們可能不是唯一想置佩芮普利西尼於死地的人。

✦✦✦

布勞德揭露佩芮普利西尼離開俄羅斯的時候，欠了狄米特里．考夫頓（利特維年科毒殺案的嫌犯之一）創立的一間公司數百萬。根據布勞德的說法，佩芮普利西尼最近接到幾次死亡威脅，然而死者的妻子塔提雅娜卻反駁這個說法。

的確，塔提雅娜從第一天起就堅持丈夫從未受到威脅。六年來，為了確認他的死因以及她是否有資格獲得巨額保險理賠而展開的多次法律攻防戰中，她的立場從未動搖。

然而布勞德聲稱佩芮普利西尼在巴黎的行為，正是一個憂心性命安危的男人會有的表現。舉例來說，他在同一個晚上，在巴黎不同區域的兩間飯店分別預訂了房間。根據布勞德的說法，佩芮普利西尼在旅途中遇到一個男人，對方據稱來自俄羅斯政府，但實際上是屬於某犯罪聯盟的附屬組織。

布勞德跟幾家人壽保險公司都想弄清楚一件事：佩芮普利西尼是被毒殺的嗎？前者希望這樣會給英國與美國壓力，幫助他把錢從那些狡詐的俄國人手上拿回來；後者則是不想付出八百萬英鎊的保險理賠金。

正常來說，像這種既得利益者出於可疑財務動機提出的指控，警方毫不關心。但布勞德很懂得如何挑起媒體對於佩芮普利西尼離奇死亡的興趣，他向記者介紹這名死去男子的黑暗祕密，並且提醒他們俄羅斯人下毒的才能。

照布勞德的說法，俄國當局「不喜歡以容易辨識的方式殺人」，他補充道，「毒藥是他們的慣用手法之一，因為他們可以理直氣壯地矢口否認。」

布勞德的指控並未到此為止。他暗示警方沒能徹查佩芮普利西尼之死，一部分是因為他們無能，另一部分是因為俄國富豪們對英國政商界施壓。他向國會某個委員會指控，佩芮普利西尼協助揭發的贓款曾在十二間英國銀行流動，其中有好幾百萬是用來「在英國購買奢侈品與服務的揮霍狂歡」。

因為這樣駭人聽聞的指控滿天飛，再加上相關部門於此案曝光初期的怠惰，警方別無選擇只能正式展開謀殺調查。他們的第一步是下令進行第二次驗屍，並交由一位內政部的鑑識病理學家來進行。此時距佩芮普利西尼死亡已經十八天。

就像首次驗屍時一樣，艾許利・費根－厄爾（Ashley Fegan-Earl）醫師查無明確死因。他指出，要是先把毒殺排除在外，佩芮普利西尼應該是死於心律失常性猝死症候群（sudden arrhythmic death syndrome，簡稱 SADS）。這是一種因心臟驟停而導致的猝死，且無法找到心臟驟停的原因。SADS 並不像一般人想像的那般少見，在英國每年有八百到一千五百人因此喪命。

然而費根—厄爾醫師的報告顯示，死者胃部大半內容物在第一次驗屍後就被處理掉了。雖然在醫院驗屍後這樣處理並不算少見，但為此報告還是只能給出這樣的結論：「唯一能提出的適當結論，就是死因不確定。」

第二次驗屍結果出爐後幾天，警方想知道一件事：他們如何能夠徹底證明亞歷山大・佩芮普利西尼不是被毒殺的？

這麼多年來，我的任務都是尋找不當行為的證據，現在反過來要尋找相反的證據，以證明否定的結果，這感覺有幾分超現實。

我告訴與會者，查明此事的唯一辦法就是透過徹底的排除法。不過有個好消息，由於他死時不尋常的狀況，加上沒有任何謀殺的跡象，遺體也無內傷，我們可以立刻排除絕大多數的毒藥。

以常識判斷，任何需要注射的毒藥都可以排除了。畢竟兩次驗屍都沒找到任何暴力或打鬥跡象，也沒有任何針孔。同樣地，死者必然已經警覺到自己可能會被毒害，所以不會攝入任何聞起來、嚐起來或看起來可疑的東西。

某些需要大劑量或者重複施用才會致命的藥物也可以消去。任何有強烈臭味或有腐蝕性的東西，在驗屍時都會被發現，它們會造成胃壁內側受損，要不就是切開受害者時會有臭味逸出。所以這些藥物也可以全部從清單上刪去。

許多毒藥從攝入到死亡之間都會拖上一段時間，不過只有在阿嘉莎・克莉絲蒂（Agatha Christie）的小說跟戲劇裡，才會出現中毒者可以安然無恙到處晃個幾小時，才突然間腿軟倒地身亡的劇情。真實生活裡，受害者會像利特維年科一樣先痛苦好一陣子。我們這位男士沒有這樣的症狀，兩次驗屍中也都沒找出任何毒藥的典型副作用。

當然，我們討論過他是否可能在巴黎就已經中毒了。然而在飯店浴室裡嘔吐過後，他看似沒事了。等到他回家之後，他體力恢復到足以去慢跑了。他要是在巴黎被某種作用緩慢的毒素所毒害，在十一月十日他身亡前後理應會出現某些症狀。

我們也能排除藥效迅速的毒藥，因為受害者在倒地前跑了好一段時間。我很難相信像佩芮普利西尼這樣樹敵頗多的男子，會在跑步途中接受並攝取任何東西。當然，我們也考慮過他可能根本沒有選擇的餘地。俄國人的下毒手法日新月異，根據情資顯示，俄國情報單位已研發出能夠以噴霧型式釋放的氰化物。幾年前一位KGB投誠者承認殺害了一位著名作家，就是用藏在報紙裡的一個罐子，在某處樓梯間裡噴向他。然而話又說回來，死者臉部周圍為何沒有皮膚被灼傷的痕跡？也沒有抽搐、口吐白沫等氰化物中毒的典型跡象呢？佩芮普利西尼死後的血液樣本已做過氰化物檢驗，結果為陰性。此外，俄國人真的會派人闖進一個門禁森嚴的社區，拿著一個裝有某種神祕致命噴霧的罐子，半路攔截臨時起意慢跑的佩芮普利西尼嗎？那時正值十一月，只要一陣清風吹來，雙方都會全身顫抖，在那條私人道路上幾近昏迷。這實在說不通。

就我看來，沒有任何已知毒藥符合眼下情況。但我告訴與會者，我會準備一份詳盡報告，並且把所有無法以常識排除的藥物拿去進行獨立科學測試。也許外頭真有某種毒藥或毒素，可以完美符合佩芮普利西尼的死亡過程；如果有，我會是第一個發現的人。

幾個月後，尼克．詹特、尼克．克萊格斯跟我交出一份鉅細靡遺的報告，分析每種已知類型的毒藥，還有為什麼不可能是它們的理由；從酸性物質、毒性陰離子與毒氣，到毒液、戰劑及蓖麻毒素都列進去了。這些項目被排除，主要是因為它們符合以下一個或多個原因：佩芮普利西尼無論生前或死後都沒有產生跟這些毒素相關的症狀，兩次驗屍都沒有發現這些毒素的殘留物或副作用，除非強行施打，否則完全不可能使用這些物質（請記得，受害者屍體上沒有任何暴力掙扎跡象）。

就拿經典毒藥砷來說吧。如果他攝取了砷，驗屍時就會出現兩個明顯跡象。首先，他的尿液中應該要驗出砷，但佩芮普利西尼尿液中的砷濃度為每公升約十四微克，以一個身體健康的人來說，這落在正常範圍內。第二，他的粘膜應該會因為嚴重出血而呈現磚紅色。

然而為了確定，我們確實取得他的血液、尿液與胃部內容，獨立檢測是否有毒品、酒精或者任何其他可能的藥物。唯一在他體內發現的藥物是威而鋼。

我們也決定拿他體內的植物性物質進行檢驗。如同我們在亞當案調查期間所發現的，自然界可以提供某些最致命又最難以捉摸的毒素。為了檢驗佩芮普利西尼體內的植物，我再度找上我可靠的老戰友——邱園，他們總是能幫我找出是哪種植物在作怪。我當時完全沒想到，他們的檢驗報告會成為轟動全球的頭條新聞。

✦
✦
✦

這場混亂起於二〇一五年五月——佩芮普利西尼英年早逝的兩年半以後，有個搞不清楚狀況的記者交了好運。

這名記者出現在老貝利，想要旁聽佩芮普利西尼神祕死亡事件的死因審理，但沒人告訴他，當天召開的是預審聽證會，會中討論的是類似審理日期，還有律師及證人何時能夠出席之類的後勤問題。然而這位記者決定無論如何還是進去旁聽。

在討論後勤流程的某一刻，一位代表某家壽險公司出席的資深大律師，包伯·莫森·布朗（Bob Moxon Browne）說了某些話，讓這位記者坐直身體，開始奮筆疾書。莫森·布朗表示，邱園有位教授在死者胃部發現一種化學物質，跟一種生長於中國的有毒植物鉤吻有關。「這種植物只在中國生長，而且又是中國與俄國的職業殺手會使用的暗殺武器之一，為什麼會出現在他胃裡？」莫森·布朗問道。

警方要求所有來自佩芮普利西尼屍體的樣本都寄給邱園的莫妮克·西蒙德斯（Monique Simmonds）教授，好讓她進行更多測試。驗屍官同意了，決定讓死因審理延後四個月。

聽證會一結束，這位記者就衝到外頭發布他的報導：「暴斃於薩里郡家門外的俄國百萬富商，疑似慘遭毒殺。」

報導第一段這麼寫道：「一位俄羅斯吹哨者在收到克里姆林宮發出的死亡威脅之後，在位於薩里郡的家門外倒地身亡。在其死因審理的預審聽證會中揭露，他胃部有罕見植物毒素遺留的痕跡。」

到了當天晚上，關於異國花朵毒害了一位俄國吹哨者的報導，已經登上全球媒體。

我在毒理學部門工作的日子裡，曾經接觸過鉤吻屬植物。鉤吻屬有三種會開花的物種，其中兩種是北美原生種，另一種是中國原生種。三種都可能致命。不過最毒的一種是鉤吻（*Gelsemium elegans*），只在亞洲生長，在當地被稱為「斷腸草」，因為若把葉子吞下去會導致心跳停止。

第一個針對這種毒藥的科學觀察，不是來自別人，正是來自亞瑟·柯南·道爾爵士（Sir Arthur Conan Doyle），他拿自己當白老鼠！在一八七九年《英國醫學期刊》（*British Medical Journal*）上刊登的一篇論文裡，這位作家兼醫師描述他以鉤吻酊劑進行自我實驗，以測試它作為毒藥的特性。自從他使用這種酊劑治療神經痛以後，他便開始感到好奇。他發現就算攝入超過建議用量也似乎沒有不良影響，於是決定每天酌量提高劑量。

在服用九毫升之後，柯南．道爾「苦於嚴重前額頭痛、腹瀉與全身倦怠」。服用十二毫升後——這是他服下的最高劑量——他則如此描述：「腹瀉持續不斷，令人束手無策，以至於我必須停在兩百量滴（十二毫升）。我感到極為沮喪，還有嚴重的前額頭痛。心跳正常，但很微弱。」

過量服用的初期症狀，一般來說會包括頭暈、噁心、視線模糊與抽搐。服用大劑量則會導致脊髓癱瘓，使人幾乎完全喪失肌力，最後造成窒息。

但過去斷腸草中毒的案例顯示，受害者的血液與尿液都會驗出鉤吻鹼（gelsemium alkaloids）。我們在佩芮普利西尼體內沒發現這種跡象。所以，到底怎麼回事？為什麼在聽證會裡，這個說法會被當成事實？

✦✦✦

針對佩芮普利西尼體內植物成分的第一批測試，是由亞當案中協助過我的花粉專家尼克・布蘭奇博士，以及邱園的莫妮克・西蒙德斯教授一起進行。

檢測顯示亞歷山大・佩芮普利西尼最近攝取過酸模跟葛縷子，這兩種成分都出現在他自巴黎返家後喝過的湯裡。他們的聯合報告裡也指出，在俗稱邱園的英國皇家植物園裡，共收藏了一百二十二種植物毒素，在他體內偵測不到其中任何一種。

我把這份報告向調查團隊呈報，排除了植物毒素的可能性。就我們看來，異國植物並未殺死佩芮普利西尼。以我之見，他體內植物成分的分析應該就到此為止了。

結果並沒有。

二〇一五年死因審理前的預審聽證會中，出庭律師們引述了西蒙德斯教授後來的檢驗結果。我必須加以查明，若此事為真，那麼微量的鉤吻是出現在佩芮普利西尼的尿液還是血液裡？

我做的第一件事是重新檢視西蒙德斯教授的檢驗。為了辨識出死者胃部內容物中剩餘的植物化合物，西蒙德斯教授採用了兩種技術。第一種：高效液相層析法，用以分離胃部內容物的個別化合物。第二種：質譜法，可以揭露胃部內容物的化學結構、分子量及化學式，它就像指紋一樣可供辨識。

回報檢測結果時，西蒙德斯教授說：「我們確實在胃部內容物中檢測到某種微量化合物的信號，這個信號可能跟鉤吻屬植物中的毒性生物鹼有關。這一屬植物中的毒性生物鹼，例如胡曼素（gelsemicine），是已知藥效迅速的毒素。」

西蒙德斯教授做出上述結論的理由，是基於色譜圖上有個小尖峰，其峰值跟胡曼素有相同的分子量以及分子式（328 $C_{20}H_{26}N_2O_4$）。

根據我的經驗，這不必然表示致命的胡曼素殘留物出現在佩芮普利西尼的內臟裡。一九七〇年代時，我曾經花了兩年時間接受質譜法訓練，學到它的種種古怪之處。就像我向調查團隊指出的，在質譜法系統下，硝基二甲苯（nitro dimethyl benzene）跟乙醯氨酚（paracetamo）會有一樣的分子量；然而前者一旦被吸入、攝取或吸收，就會對人體造成傷害，但後者卻是常用的治療藥物。簡而言之，西蒙德斯教授在檢測中的發現，並不能表示佩芮普利西尼胃裡必定有胡曼素的痕跡。

邱園的研究人員也清楚這一點，他們也曾在他胃部內容物中搜尋過此種毒性植物的痕跡，但他們的檢測報告裡顯示，查無胡曼素的跡象。

然而這番澄清沒能阻止那些設法證明佩芮普利西尼是遭到謀殺的律師們，他們依然在公開法庭裡主張死者是被毒殺的。毫無疑問，他們在賭一把，認為這些主張會成為聳動的全球新聞頭條。畢竟，一個幽靈刺客用某種奇特卻無法追蹤的中國致命植物，「襲擊」一名俄羅斯吹哨者，會比他單純倒地猝死更吸引人。科學家們在這名男子的胃部內容物中查無鉤吻並不重要。一旦這些頭條新聞被刊登播送，就再也無法收回了。

當死因審理終於在二〇一八年開庭時，這種宛如勒卡雷間諜小說的氣氛又進一步被煽動，因為當時的內政部長薩吉德・賈韋德（Sajid Javid）被揭露也涉及此案。賈韋德引用一條國家祕密法，阻止英國兩個情報機構向死因審理法庭分享關於佩芮普利西尼的證據。這讓所有人都幾乎肯定，那位俄羅斯流亡者與英國情報單位有某種合作。

隨著死因審理持續緩慢進行，我知道我們必須徹底斬斷佩芮普利西尼是遭人毒殺的這個想法。代表警方的法律團隊召來另一位邱園植物學家，喬夫・凱特（Geoff Kite），他是並用高效液相層析法與質譜法的專家。他證實他的團隊在佩芮普利西尼體內辨識出一種「不明化合物」跟鉤吻有相同的分子量。然而他告訴死因審理法庭，進一步的檢驗已經「排除合理懷疑」，證明佩芮普利西尼死時胃裡沒有植物毒素。

沒錯，他消化系統裡確實存有未知化合物，但如同凱特指出的，這並不少見。事實上，導致這場騷動的化合物，不過是佩芮普利西尼先生體內發現的超過三百種不明化合物之一。

然而想要從驗屍官那裡取得死因不詳裁決的各方勢力，仍舊拒絕放棄。隱士居資本管理公司委任的顧問醫師兼臨床藥理學家，羅賓·費納（Robin Ferner）教授，列舉了大量他認為無法排除的藥物或毒物。

他引用的例子有乙醯氨酚、跟某些食物（例如藍紋起司）混合服用可能會致命的抗憂鬱劑、搖頭丸、癌症藥物跟作用迅速的毒藥。

接著他還提出在東京地下鐵造成致命傷亡的沙林毒氣，以及在吉隆坡機場殺死金正男的VX神經毒劑，甚至提到了在敘利亞使用的戰劑。

我只能假定他沒讀過我的報告，因為我已經調查過也排除了上述每一種毒物。基於各種充分的科學理由，這些毒物沒有一項符合。

儘管如此，我還是相信驗屍官——資深大律師尼可拉斯·希利雅德最終會裁定死因不詳。畢竟我們無法證明佩芮普利西尼是自然死亡或是SADS。

警方知道死因不詳裁決會引發各界強力反彈。審理期間，偵緝總督察伊安・波拉德（Ian Pollard）跟他的團隊已承受了強烈抨擊。主張佩芮普利西尼被謀殺的律師們，極力強調警方的每個過失。警方疏漏確實不少，例如：初期就認定死因無可疑之處、沒有搜查他死亡現場的周遭區域、沒有拍攝現場照片或收集當地的閉路監視器影像，在最初幾週，他們也沒發現佩芮普利西尼曾在涉及俄國權貴的案子裡擔任吹哨者。

不過針對警方最大的批評是警方直到他死後十八天才進行鑑識驗屍，那時候他胃裡大部分內容物都已經毀了。

無怪乎波拉德偵緝總督察跟他的團隊似乎很緊繃。不過他們並不孤獨。對我來說，裁定死因不詳，意謂著俄國殺手們持有某種我們無法辨識，卻藥效驚人的神祕毒藥。簡而言之，我們未能善盡職責。

等待裁決之際，有個罕見的輕鬆時刻鼓舞了我。某位索塞克斯警隊成員告訴我，在法院裡，某位對警方懷有敵意的出庭律師說道：「這個該死的雷・費許到底是誰啊？」

這起案子的驗屍官希利雅德，我們曾在尚恩・詹金斯的兩次重審中共事過。他當下轉向這個男人說道：「如果你沒聽過雷・費許，那你顯然沒什麼鑑識相關工作經驗！」

終於，在二〇一八年十二月十九日，希利雅德做出裁決。

他說有可能有種「新穎未知的物質」被用來謀殺這位俄羅斯流亡者。然而他闡明：「倘若他是因此遇害，驗屍時未能找到這種物質留下的任何痕跡。」希利雅德補充道，關於佩芮普利西尼是否遭人謀害，他無法「完全排除各種可能性」。不過他說：「沒有直接證據或任何具說服力的間接證據能證明此案為他殺」。

他的最終裁決是，亞歷山大・佩芮普利西尼是自然死亡，最有可能的死因是出外慢跑時死於心律失常性猝死症候群。

毫無疑問，弗拉迪米爾・普丁親自下令謀殺許多英國境內人士。然而，除非俄國人已經發展出無色、無臭、無味、無症狀、無法追蹤又即時發作的毒藥，否則亞歷山大・佩芮普利西尼並非受害者之一。

第十七章 敏斯泰德行動

一九九九年至二〇〇九年

二〇〇〇年代末期有幾件倍受矚目的案件，象徵著鑑識科學服務中心的進步——至少對我來說是如此。在我擔任專家顧問十多年之後，我們不再只是負責檢驗證物跟樣本，然後送回結果。我們協助警方想辦法辨識並追蹤罪犯。我們領先全球，率先將其他學科的科學方法應用於現場犯罪調查，如今世界各地的警方都在尋求我們的專業協助。

有個案子特別能代表這種演變。這個案子持續多年，跨越了兩個時期。此案仍然是倫敦警察廳史上規模最大、最複雜的強暴案調查，共延續了十七年，耗費超過一千萬英鎊。

不過對於警方來說，最難堪的或許不是偵辦此案耗費的時間與金錢，而是在於：要不是因為一個文書錯誤，這案子本來可以整整提前十年偵破。我們耗費這麼多時間追逐一個影子。然而，純粹從鑑識學的角度而言，這個案子逼迫我們把DNA科學推進到一個至今仍在持續探索的大膽新領域裡。

一九九九年，我首次接觸敏斯泰德行動的周邊工作。前一年，在薩里郡沃林漢（Warlingham）發生一宗入室行竊、猥褻與強暴一名八十一歲女性未遂的案件，現場發現的精液，被證實跟大約六年前發生在靠近克洛敦謝利區（Shirley）的八十四歲婦女強暴案中採得的DNA相符。

對兩個毫無抵抗能力的老婦人犯下這種暴力性侵，著實令人不安。兩名受害者都獨居。嫌犯先是很有技巧地卸除一塊窗玻璃或牆板，在清晨進入她們屋裡。他切斷電力，斷開家用電話線，並且摘下燈泡，然後才潛入熟睡受害者的臥室裡。兩名女性醒來時都發現有個強力手電筒照著她們的臉，還有一隻手摀住她們的嘴。那個男人全身黑衣，戴著只露出眼睛的巴拉克拉瓦頭套，起初先是輕聲細語地要錢，接著就發動漫長而粗暴的性侵。在第一起入室行竊案中，他偷走了兩百七十五英鎊的現金跟一只獵殼懷錶。第二起案件裡他則無視於現金與珠寶，反而花了兩小時跟那位嚇壞了的婦人待在一起。兩名受害者都無法提供太多線索，只說他貌似膚色較淺的黑人男性，講話帶有當地腔調。我們手邊只有他的DNA樣本，然而國家資料庫裡查無他的DNA圖譜。

這兩起相關案件留下許多謎團。為什麼一名嫌犯會冒險在犯罪現場待上好幾小時？案件之間為什麼會相隔六年？

一九九九年，他變得更為忙碌。一樣的犯罪手法，一樣的受害者類型——都是獨居在南倫敦克洛敦、布羅姆利（Bromley）與奧爾平頓（Orpington）區的長者。不過這波大量攻擊中卻多了一個讓人不寒而慄的轉折——他性侵的長者不分男女。

夏季兩個月的時間裡，他至少進行了五次攻擊，而且看似變得更驕傲自滿。他在一處民宅留下一條頭巾，上面有他的微量唾液。他在另一個現場替自己拿了飲料，然後又把啤酒帶到另一位受害者家中，留下半空的罐子。然而，在他對一個老婦人秀出他的陰莖時，對方很快就打擊了他日益膨脹的自信。

「如果你母親看到你現在這樣子，會怎麼說呢？」她厲聲責問。

警方深信，這位膽量十足的退休老婦人正是因為怒斥了這名嫌犯，才拯救了自己免於性侵。然而隔天晚上嫌犯又闖進另一棟房子，凶殘地強暴一位八十八歲老婦人。這場攻擊導致受害者腸道穿孔，在長達六小時的手術中差點撐不過去，術後餘生都活在痛苦之中。

這個調查行動初期，正值我擔任專家顧問的頭幾年，當時實驗室的我們恪遵職守，表現優異地核實各種證據。舉例來說，位於克洛敦的艾迪斯康區（Addiscombe）發生一起強暴案，嫌犯拿了一碗水來清洗受害者的睡衣，我們設法從水中遺留的精液成功取得DNA圖譜。

我們的工具痕跡專家也著手分析各民宅被侵入的痕跡。他們透過顯微鏡觀察，發現有六處房屋的窗戶壓條上的工具痕跡完全相符。如果警方捕獲嫌犯，他手上又還持有這項工具，就能毫無疑問證明他就是那名入侵者。不過問題就在這裡：我們得仰賴警方先抓到人，我們的鑑識成果才能派上用場。我希望我們能做得更多，但我必須等待時機。

就當時的狀況，警方除了嫌犯的DNA以外，沒多少線索可以繼續追查。受害人的描述很模糊，只知道嫌犯是黑人男性、膚色看似較淺、疑似混血、年約三十到四十歲之間、講話輕聲細語、有運動員體格；警方還在一處案發現場發現一枚十號的耐吉運動鞋印。除此之外，其他關於嫌犯的一切都是間接推測。他似乎頗為熟悉獨居老人。從他偷走的那點微不足道的小錢，暗示他不需要靠這些竊案戰利品謀生，所以他一定另有正職。受害者們另一個驚人的觀察是，他對付他們的手法十分有技巧。他會抬起受害者的手肘，然後從他們的下背部撐住他們；某個案例中他甚至非常專業地卸掉一位婦人的假牙。他是在養老院或者當地醫院工作嗎？他是看護嗎？除非他的DNA圖譜突然因為另一項犯罪出現在國家資料庫裡，否則警方完全不知道該從何開始。

本案受害者們的無助感，對我來說感受格外強烈。我年邁的父母住在東南倫敦，這正是嫌犯下手的目標區域，而且他們那個世代的人總是過於信任他人，因此鮮少鎖門。我每回探視他們的時候，我會走到屋側穿過地下室，然後往上走到一樓，看見我媽在廚房裡。一路暢行無阻，沒有任何一道上鎖的門可以擋住我。

「媽，妳老毛病又犯了。」我會抗議，「妳得鎖門窗啊。」

我跟她提過那個被媒體稱為「夜行者（Night Stalker）」的男人，我鉅細靡遺地跟她說了那些血腥犯案細節，她嚇壞了。我甚至聽到她對朋友們說：「發生在那些老人身上的事情很可怕，對吧？」

然而當我不斷拿安全問題煩她的時候，她只會搖搖頭說：「唉呦，那種事不會發生在我們身上啦，雷。」

為了確保他們的安全，我只能比平常更頻繁地打電話問安。

✦✦✦

不知為何，在一九九九年八月那位八十八歲婦人的凶殘強暴案之後，犯人又停手了，這次停了超過兩年。

二〇〇二年攻擊再度開始，偵緝警司賽門．摩根（Simon Morgan）被指派負責偵辦此案。他的副手是威爾．歐雷利，我當時在進行中的亞當案裡跟他密切合作。此時距離我上次為敏斯泰德行動工作幾乎已相隔三年，我對於專家顧問一職的角色有了新的觀點。自從在莎拉．佩恩案與亞當案中協助推動鑑識工作之後，我覺得自己茅塞頓開，對於如何幫助高階警官們與長期未破的棘手案件搏鬥，有了新想法。於是我聯絡了偵緝警司摩根，要求進行一場會議，我知道威爾．歐雷利會替我擔保，支持我的要求。

賽門在路易斯罕的專案室會見我。他看似大學生的青春外貌立刻讓我吃了一驚，這與他永遠憂心忡忡的表情似乎不大相襯。我已學會如何迅速解讀高階警官，我看得出賽門是個老練而傳統的警探。他禮數周到又令人愉快，但當我告訴他關於亞當案的種種，以及我們能如何把相同策略應用在敏斯泰德行動上的時候，我感覺到一股缺乏信任與信念的氣氛。

對一位每天都在第一線緝捕強暴犯的警探而言，我那些使用鑑識學來帶領調查的初步構想，聽來有點像是在畫大餅。當時許多高階警官都認為科學家就應該待在實驗室裡，他們就是看不出一個科研人員能為專案室的日常混戰帶來什麼貢獻，畢竟光要面對這麼多身經百戰的警探就已經夠他們忙了。我完全理解，我的提議是種新作法，而對賽門這樣的人來說，新作法也代表未經測試。

賽門的辦公室就位在燈火通明的專案室旁，當我坐在他辦公室書桌前時，我決定打開天窗說亮話：他才是老大，我全權由他支配。我會提出建議，不過要不要採用全由他決定。如果他不照做，我完全不會覺得被冒犯。然後我提出了就連最硬派的警察都肯定會為之動搖的承諾——我能確保所有的證物跟樣本，都能在FSS實驗室以最速件處理。

賽門往椅背一靠，同時打量著我。「那麼好吧，雷。我們試個幾週，看看進展如何。」

就這樣，我必須證明我的價值，並且想辦法再度贏得一位高階警官的信任——這一切全是我工作的一部分！為賽門說句公道話，他讓我參與每條線索的討論，而且看來是真心對各種主意敞開心扉，只要它們是好主意就行。

為了辨識出這名嫌犯的身分，警方已經窮盡所有標準調查程序，包括檢視不在國家DNA資料庫裡的性犯罪者，還有所有曾因竊盜、非法入侵或偷窺而被捕的人。警方也根據情報進行篩選盤查，但因為鎖定的目標族群並不信任警方，導致過程相當遲緩。

關於本案，內部最主要的爭論之一在於，一九九二年到一九九八年，還有一九九九年到二〇〇二年，這兩段漫長的犯案間隔，嫌犯上哪去了？九二到九八年之間他有可能在監獄服刑；畢竟，如同我們在追捕M25強暴犯期間發現的，一九九九年以前出獄的人，不會被強制取樣納入國家DNA資料庫裡。然而這也意味著他在一九九九年到二〇〇二年間不可能在監獄裡，否則他就會出現在資料庫裡了。也許他搬到國外去了？所以我們在能找到的每一個國際資料庫交叉比對他的DNA。我們也考慮過服兵役以及住進精神衛生機構的可能性，但都徒勞無功。我們掙扎著想尋求突破；我們必須設法透過任何手段，進一步描繪出這個男人的各種樣貌。

因為無法找出這名男子的身分，我們再度把注意力轉向犯罪現場，希望能從中找出某個重大線索，幫助我們指認出犯罪者。很明顯的是，嫌犯偏愛座落於安靜城郊街道上的獨棟或半獨立式的房屋或平房，且附有通往後花園的側通道。據推測，他會藏匿在花園裡的灌木叢或矮牆後面，透過窗戶監視目標，直到屋內熄燈。不過，嫌犯為何能對南倫敦郊區瞭若指掌？他又如何知道這些脆弱的老人是獨居？

警方根據這些特徵，詳盡勾勒出各種可能的嫌犯輪廓。我們尋找的男人是戀老癖，認為老人特別有性吸引力。他知道這些受害者住在哪裡，表示他可能是某種會到府服務的專業人士，例如：貨運司機、計程車司機、推銷員、雜工；他還有機會跟老年人定期互動，所以醫生、急救人員、護理師或養老院員工也被添加到清單上。根據情報進行DNA篩查時，從事這類工作的男性會被列為優先檢查對象。

我們也根據受害者經歷這場劫難時所察覺到的零星線索採取行動。某個案發現場，嫌犯脫口說出他母親死於二〇〇〇年，所以警方爬梳年齡相符的南倫敦女性死亡紀錄。某幾次犯行中，他提到自己需要錢「回布萊頓」，所以我們在南部海岸區做了詳盡的調查。另一名受害者說嫌犯戴了摩托車手套，於是警方仔細調閱交通監視器畫面，並且仔細審查南倫敦與布萊頓超過一萬五千名有摩托車駕照的男性。另一次犯行中，他從一個碗裡拿走現金，這時女性受害者說：「請不要拿那個，那是教堂的錢。」令人驚訝的是，他放回去了。嫌犯曾經是某個教會或宗教團體的成員，但現在淡出了嗎？他過去是否曾代表某個宗教組織挨家挨戶拜訪，讓他可以名正言順地清查獨居老人？這又是一個可以追查的線索……。

沒有任何細節是過於渺小或不重要的。

許多受害者描述嫌犯有一種「甜甜的」氣味。這會是某種髮品的氣味，或者有可能是大麻味嗎？有些糖尿病患者沒有足夠胰島素可以利用體內的葡萄糖，也會導致呼吸帶著甜味。

出了專案室之外，行為心理學家也在探究這個男人怪異的心態，他與受害者之間的關係幾乎像是患有思覺失調症。他會對受害者做出令人難以啟齒的暴力行為，但隨後又看似渴望跟他們建立關係，表面上看來溫柔又充滿良知。他性侵這些老人，然後在他們身邊待上最多四小時，然後才向他們致謝吻別。他可以輕鬆制服他的受害者們，然而每次只要有人挺身反抗，他就會逃之夭夭。他會從受害者家中偷走物品，然而多數是少量現金跟沒什麼價值的裝飾品之類的東西，換句話說，這些其實是他的戰利品。他偶爾會拿走受害者的錢包，從手法看來像是慣犯，而且有兩次他曾對受害者說：「真的很抱歉，我不會再這樣做了。」

話雖如此，他還是再犯了，而且是屢犯。二〇〇二與二〇〇三年這兩年間，他依然故我。某些較為殘暴的案例裡，他在現場留下DNA。而透過我們的工具與纖維專家，還有他獨特的犯案手法，我們成功將他連結到另外幾十起破門行竊跟性侵案。警方在每個犯罪熱點為老年人舉辦工作坊，教導獨居者如何保障安全。讓人心碎的是，許多出席者都表示他們改成在白天睡覺，夜間才能保持清醒並提高警戒。

此時，這個男人已經逍遙法外十年了，我們始終沒抓到這名嫌犯，倫敦警察廳高層愈來愈尷尬。社會大眾普遍的態度似乎是：「你們握有這些警力跟資源，卻連一個竊賊都抓不到！」因為對外界來說，這傢伙本質上就是竊賊，只不過逮到機會就會實現自己扭曲的性幻想罷了。

事實是，嫌犯數量多到要淹沒我們了。我們追蹤的線索愈多，就有愈多名字被添到清單上。當犯罪組終於列出他們的「案件關係人」清單時，上面有超過兩萬一千五百名男性。而隨著每一通民眾的熱心來電，清單又變得更長了一些。

約莫是二〇〇二年末某一刻，賽門打電話給我，問了個簡短卻重要的問題：我們如何能夠削減嫌犯數量？一路合作至今，我真心喜歡並尊敬賽門。儘管他總是看來憂心忡忡，但他令人敬佩地承受來自上級的壓力，好讓他的團隊可以保持專注與信心。

賽門跟我同意繼續篩檢南倫敦年紀在二十五到四十歲之間的混血男性。大約在同時，就在二〇〇二年到二〇〇三年之間，我們在亞當案有些突破，成功追蹤到男孩的祖先來自非洲大陸，並且把範圍限縮到相對來說很小的區域裡。我們可以如法炮製，把這項技術用於這名嫌犯嗎？當然，在亞當案裡我們有這個孩子的軀幹，提供骨骼讓我們進行檢驗。在本案裡我們就只有DNA圖譜，所以真正的問題是，我們還能從這名嫌犯的DNA圖譜再找到多少資訊？

我再度找上我的老友，基因學家安迪·厄爾卡特。

早在二〇〇一年的亞當案之前，安迪就已經著手研究DNA是否能夠揭露嫌犯的膚色等關鍵細節。安迪從世界各地取得已知種族群體的DNA圖譜，並據此建立資料庫。此資料庫能導出一些極具說服力的統計資料。舉例來說，他在「夜行者」的DNA圖譜裡發現某些數字序列，這些序列來自RC3（非裔加勒比人）的可能性，比起來自RC4（亞洲人）高一千倍，比來自RC1（白種人）高上兩千倍。

當然，這個結果並無法讓我們更具體得知他的血緣，但至少肯定了那些受害長者的說法——嫌犯是黑人。

在我們試圖從DNA找出更多訊息之際，我們發現一家位於美國佛羅里達州薩拉索塔（Sarasota）的高科技研究公司，他們聲稱提供「全球第一個娛樂性基因檢測服務」。只要付出約三百英鎊，這間名為「基因印記（DNAPrint Genomics Inc.）」的公司就會把一份記載著客戶祖先起源與種族構成的地圖，燒錄在光碟片中寄出。「揭開你的個人族譜奧祕！」該公司的宣傳素材如此寫著。令人鼓舞的是，某些美國執法單位也是他們的顧客之一。

賽門．摩根親自飛到佛羅里達看看這家公司。他發現那裡的科學家會測試多達一百七十七種DNA標記，相較之下，我們的DNA資料庫只測試十個標記。這些標記是單核苷酸多態性（single nucleotide polymorphisms，簡稱SNP），是從構成人類DNA的數百萬個標記中選出來的，因為它們最能顯示來自祖先的遺傳差異。根據賽門表示，這間公司的盲測結果令人印象深刻，足以替他們的主張背書。這對我們來說夠了：我們把樣本送去，期望他們能從中取得一些讓案情得以突破的成果。

幾週後，美國研究人員回報在強暴犯的樣本裡識別出三種不同的DNA序列。這些序列的混合比例中有百分之八十二是撒哈拉以南的非洲人，百分之十二是美國原住民，百分之六是歐洲人，沒有任何亞洲血統。基因印記公司表示，這種混合比例強烈顯示強暴犯的血統是加勒比人。由於歐洲殖民加上從非洲進口奴隸，導致這種特定的基因混合只會發生在該區域。

這份詳細的分析對我們接下來的行動相當關鍵。我們把報告拿去給世界公認最佳基因流行病學家，都柏林大學學院（University College Dublin）的保羅·麥基格（Paul McKeigue）教授看。他認同這份分析，並且補充了一些珍貴的削減人數小技巧：首先是這名嫌犯的祖先不可能完全來自非洲，再來他的父母或祖父母之一也不可能是歐洲人。這是個重大突破。我們現在可以排除倫敦所有源自非洲的黑人男性，完全聚焦於來自加勒比地區、沒有歐洲父母或祖父母的黑人男性。大筆一揮，我們的「案件關係人」清單上就砍掉了近五千人，這表示我們可以針對南倫敦區的嫌犯們進行更聚焦的DNA篩檢。

然而這是英國有史以來第一次進行這樣的測試，我們認為明智的作法就是先測試它的有效性。於是在二〇〇四年春天，我們想出這個主意：針對蘇格蘭場內部已知有加勒比血統的超過五十名工作人員，進行自願性測試。這麼做有幾個好處：一來是取得的樣本會相當可靠，因為在職中的倫敦警察廳工作人員沒有理由對來歷撒謊，再來是我們可以迅速進行。這個被稱為「夜行者」的嫌犯通常在夏季頻繁出沒，我們想在他下次大舉出擊前就抓住他。

不過出現了一個問題。根據報紙報導，蘇格蘭場的高層接到倫敦黑人警察協會（Metropolitan Black Police Association，簡稱MPBA）的抗議以後，放棄了這個主意。MPBA起先對於針對種族尋找嫌犯的種族歸納（racial profiling）辦案手法心懷疑慮，不過最終MPBA的態度軟化了。

於是警方把倫敦警察廳工作人員的樣本送到基因印記公司進行圖譜鑑定，然後把匿名鑑定結果交由麥基格教授分析。麥基格的分析結果，極度吻合志願受試者自認的祖先血緣，這證明了這個檢測系統有效。

有趣的是，麥基格教授還告訴我們，如果我們能夠從幾百名有加勒比血統的人身上取得DNA樣本，我們或許就能夠透過統計方法，把夜行者的血統範圍縮小到某座特定島嶼上。當然，這種研究絕對無法定任何人的罪，不過這看來是個重要的新知，是個有潛力令人大開眼界的領域。

與此同時，我們繼續進行更為聚焦的DNA篩檢。二〇〇四年春天，南倫敦符合嫌犯側寫特徵的數百位加勒比黑人男性，都收到敏斯泰德團隊親自遞送的信件。信上解釋了警方打算從大約一千位「符合嫌犯描述」的人身上採取樣本，與該名罪犯的樣本進行比對。信中強調這個做法是為了排除無辜者，並保證收信者的法律權利會得到妥善保障：倘若自願受試者的樣本比對結果不符合，就會被銷毀。

一共有一百二十五位男性拒絕參與這場集體篩檢，於是敏斯泰德團隊又發了一封信給這些人，敦促他們「應慎重考慮，只有嫌疑人才可能拒絕自願提供樣本」。這封信的結尾還告知拒絕受測者，表示警方會「審查您拒絕之情由」，這被某些人解讀為一種含蓄的威脅。

以英國黑人社群為讀者群的《聲音報》（*The Voice*），報導了一位三十九歲電工安迪．霍德（Andy Holder）的經驗，他指控當他拒絕提供樣本的時候，警方採用「恫嚇」的策略。《聲音報》以「拒絕同意」為頭條標題，引述霍德說他被威脅會收到法院命令。接著這個議題也被自由民主黨議員，琳恩．費德史東（Lynne Featherstone）提出。當社會發現有五位男性因為拒絕提供樣本而被捕時，民權團體「自由」（Liberty）也開始聲討此事。

二〇〇四年秋天，夜行者再度出擊。我們在現場發現更多他衣物上的纖維，還有一副手套被扔在附近的樹籬上，上面有他跟一位身分不明女性的DNA。他在二〇〇五年春天又發動了多次攻擊以後，再度銷聲匿跡。

二〇〇六年，夜行者首次攻擊後的十四年

到了二〇〇六年，就我們所知，夜行者已經攻擊了九十八位受害者，強暴了其中至少四人，還猥褻了另外好幾個人。最年輕的受害者是六十八歲；最年長的是九十三歲。雖然多數是受害者是女性，但他也攻擊過十名男性，性侵了當中至少一位。我們也開始發現許多受害者因為覺得太過尷尬，無法告訴警方他們是否

被強暴或有任何不當性接觸。在某些案例裡，我們直到他們死後才發現真相，他們只對朋友或親戚吐實，然後要對方發誓守密。

賽門．摩根特意親自會見所有受害者，後來還出席了許多人的葬禮。一位女士的臨終之言似乎讓他特別難以忘卻：「在我離開前我需要知道一件事，就是那到底是誰，他為什麼要對我做出這種事。」

然而到了二〇〇六年，調查陷入僵局。警方消去了兩萬一千五百名「案件關係人」中的一萬名。警方仍持續鎖定一些犯罪者，時常不分日夜打電話給我，希望能迅速取得DNA檢驗結果。沒有一個結果符合。賽門為了敏斯泰德行動，第三度登上《犯罪觀察》節目呼籲，結果收到了一百五十通電話，但當中沒有任何值得注意的新線索。我們徹底卡住了。

這名嫌犯在南倫敦肆無忌憚地橫行十四年了。根據過去偵辦懸案的經驗，賽門跟我都懷疑調查過程中必定犯了什麼錯。一旦我們逮到這名罪犯之後，才會發現我們到底漏了什麼。眼看著調查曠日廢時，我們的表現肯定會遭各界質疑。所以我不斷一而再，再而三檢查我們的工作。我花了數週、甚至數月的時間，重新一遍遍檢查所有測試及其結果。如果DNA樣本只差幾個數字，我們會把它放進系統裡重跑一遍，以防數字在謄寫時出錯。

我纏著我在學術界的人脈，想知道我們還能用嫌犯的DNA做些什麼，尤其是我們現在已經有了美國基因檢測公司所提供的詳細資料。我們可以用這筆資料來偵測先天健康問題或者心理異常嗎？可以透過嫌犯DNA揭露的臉部特徵，產生一幅嫌犯的合成影像嗎？可惜我的想法早了十五年，現在荷蘭科學家正在研究方法，試圖單靠DNA資料來建構電子化面部識別影像。

此路不通，我只好走老路，從傳統的鑑識工作尋求機會。我發現二〇〇二年之前的許多受害者寢具跟其他證物都還沒被檢驗過，因為當時主要目標是要取得嫌犯的DNA圖譜。於是我們回頭過濾一切，搜尋任何或許能派得上用場的證物，例如：毛髮、纖維、各種印記，但結果仍是一場徒勞。

如今到了二〇〇六年，他再度「人間蒸發」了大半年，而且持續消失中。我們開始懷疑他是否在倫敦大量犯案之間的空檔，搬回了加勒比地區。我們決定組成一支隊伍短暫造訪千里達（Trinidad）跟巴貝多（Barbados）。首先，我們可以透過媒體呼籲民眾提供線索；其次，我們可以與當地警方建立關係。或許他們的紀錄中有類似犯行，或者有罪犯符合類似的描述與犯罪手法。

賽門．摩根與幾位高階警探先行出發，於星期三晚上抵達千里達。蘇格蘭場公關辦公室的凱特．坎貝爾跟我則在星期四出發，因為種種延遲，直到星期五清晨五點才抵達旅館。睡了兩小時以後，我們跟其他人會合進行早餐簡報，然後接受一整天密集的媒體訪問。當天傍晚，我們在旅館酒吧喝了幾杯啤酒，一邊尷尬地看著電視新聞上的我們。其後眾人外出用餐，我則是直接上樓叫了客房服務，然後就寢。我在那個島嶼上看到的大概就只有這些。

到了星期天，一家英國報紙登出賽門團隊中某些人穿著四角泳褲在泳池邊放鬆、還有賽門跟我在酒吧喝啤酒的照片，上面的標題是「陽光小隊」，副標則寫著：「沐浴在千里達的陽光下……蘇格蘭場的菁英們就是如此追捕夜行者。」這篇文章暗示我們用納稅人的錢度假。這當然是胡說八道。我們的確在非值勤時間喝了幾杯啤酒，但那趟旅程中我們每個人都很辛苦，我們努力宣傳這個案子，並且跟當地警方建立關係。我尤其替賽門抱不平。他為此案貢獻了多年職涯，即使面對來自上級、同事、媒體跟大眾的嚴厲苛責，仍然拚盡全力。他一肩扛起這個案子，當底下警員灰心喪志之際，仍設法維持士氣。沒有人比他更認真努力，但這一回他卻得承受外界奚落。

隨著二〇〇六年步入尾聲，夜行者看似已經整整一年沒有出擊了。儘管我們可能永遠都不會知道真相，但我們全都無比希望他的恐怖統治已經徹底結束。

二〇〇九年，夜行者初次攻擊後十七年

到了二〇〇九年，夜行者回來了，而且還變本加厲，讓南倫敦的老年人聞之色變。我仍然定期接到賽門團隊的電話，說道：「我們這次抓到他了，雷，我們很確定。你可以讓 DNA 圖譜鑑定結果快點送回來嗎？」

我數不清有多少次，我必須打電話告訴他們壞消息。

不過這一回嫌犯的作案風格出現了關鍵轉折——他變得貪心了。他拿走受害人的金融卡，要求他們交出密碼。二〇〇九年，一個閉路監視器攝影機捕捉到嫌犯使用一位八十八歲波蘭男子的現金卡，他是在松頓希斯（Thornton Heath）闖進這名老人家中行竊。幾個月以後他又犯下一起入室竊盜案，接著再度出現在同一臺提款機前。他兩次都帶著面罩，影片並無證據效力。然而警方在回顧第二段監視器畫面時，一位眼尖的警察瞥見一家店鋪櫥窗裡有一輛公車的倒影。警方追蹤到這輛公車，同時也發現車上裝有攝影機。警方仔細過濾公車上的監視器影

像，結果發現就在犯人使用提款機的時間點，有輛暗色系的佛賀（Vauxhall）Zafira汽車出現在畫面中。他們離目標愈來愈近……。

二〇〇九年十一月十五日星期天晚上，一輛Zafira被人發現停在克洛敦的謝利區——十七年前夜行者就是在此處開始他的恐怖活動。不過這一回，由於近來又發生一起入室行竊案，該區有超過七十位臥底警員在好幾條街道上盯哨。在上級命令之下，警方按部就班攔下那輛車，逮捕了駕駛。

時間剛過凌晨一點，我在家中接到偵緝警司的電話。

「雷？我們抓到他了，我們肯定抓到他了。」

「是啦是啦，」我打了個哈欠，「你們當然抓到了。」

「不，肯定是他。」電話另一頭的聲音堅持。他簡短地告訴我逮捕的經過，這聽來確實很有希望。

我打了通電話給實驗室。我們可以在二十四小時內完成DNA圖譜鑑定，但我交代他們盡可能再快一些。我們從未如此迅速交出結果。大約早上七點三十分，當我坐在廚房桌子旁喝茶的時候，結果出爐了。

我立刻打電話給賽門。

「賽門，這次你們真的抓到他了。」我說。

我從沒有像這次這樣如此樂於分享好消息。賽門保持沉默。天知道他心裡有什麼千迴百轉，不過我可以想像他長年以來的焦慮正在逐漸瓦解。

五十二歲的德洛伊・葛蘭特（Delroy Grant），被捕時穿著兩件牛仔褲、三件T恤，還有一條長襪充當腰帶；他顯然盤算好了，在犯下他當晚計畫的恐怖暴行以後，就要立刻脫掉最外面那層衣物。

警方在他的車內找到夜行者的裝束：灰色巴拉克拉瓦頭套、乳膠手套、破壞剪、尖嘴鉗跟一頂黑色毛帽。後車廂裡還有鐵鎚、虎頭鉗、一條毛巾、一件藍色毛衣以及一把上面有他DNA的鐵橇，這把鐵撬完全吻合他留在最近一個竊盜現場的工具痕跡。

警方替他採集指紋的時候，葛蘭特對一位員警說：「我不知道你們為什麼要白費力氣，我永遠戴著手套。」先不論他到底有沒有戴手套，這句話如果不算「不打自招」，我真不知道什麼才算了。難以置信的是，在他把DNA拭子交給另一名員警時，他企圖把強暴罪名推到與他疏遠的兒子頭上，指出他們的DNA圖譜鑑定會很類似。

儘管如此，他的被捕還是讓親友震驚。他們認為他是個充滿愛心的居家男人，指出他曾經無私地放棄計程車司機的工作，只為了全職照顧他患有多發性硬化症的妻子。

他的其他私人細節，跟我們原始的嫌犯特徵清單有著不可思議的相符性；他不但是個看護兼計程車司機，也一度是活躍的耶和華見證人信徒。我們在基因上也說中了：葛蘭特原籍是牙買加的京斯敦。

在他的審判中，葛蘭特聲稱是被懷恨在心的前妻「誣陷」，是她保留了他的體液、精液與唾液，並付錢給竊賊，把這些東西放到夜行者的犯罪現場去。請記住這點：他們早在一九八〇年就分手了，這表示他的「前妻」在亞力克・傑佛瑞斯教授之前就發現了DNA圖譜鑑定！

這些辯護理由看來或許可笑，卻足以動搖兩位陪審團成員。一直到彼得・路克（Peter Rook）法官同意接受十比二的多數判定之後，德洛伊・葛蘭特才被判有罪。葛蘭特被判犯下三項強姦罪、一項強姦未遂和七項猥褻罪，共被判處四個無期徒刑，至少要服刑二十七年。

審判結束後，我們才發現為何從一九九九年起，敏斯泰德行動始終難以追查到德洛伊・葛蘭特。那年曾有一位民眾舉報，有輛車停在靠近肯特郡布羅姆利的一個盜竊現場，那輛車登記在葛蘭特名下。然而因為一個行政錯誤，住在東倫敦哈克尼（Hackney）的另一位德洛伊・葛蘭特的DNA樣本，被當成住在布洛克利馬廄街（Brockley Mews）的德洛伊・葛蘭特，而他就這樣從調查中被刪去了。這個錯誤讓葛蘭特逍遙法外，讓他針對獨居老人的病態活動又持續了十年。我們從來沒機會找出「夜行者」德洛伊・葛蘭特，因為在調查初始他就被誤刪了。他埋藏在另外四萬名嫌犯之中，一直到他被捕之前，調查團隊都未曾留意過他。

第十八章 霍爾布魯克行動、塔布羅行動、粉彩行動

霍爾布魯克行動，二〇〇八年十月

俗話說，需要為發明之母。面對像是敏斯泰德案、亞當案、二〇〇五年倫敦恐攻案以及利特維年科毒殺案這樣極具挑戰性的調查，我們迫切想讓案情得到進展，就只能把自己還有鑑識科學推向極限。

這一切過程最令人欣慰之處在於，在二〇〇〇年代末期，我們得以運用過去累積的學問與知識，解決了三件互不相關又倍受矚目的年輕男女謀殺案。若沒有過去的累積，這幾起案件絕對無法偵破。

二〇〇八年十月，幾個孩童在東索塞克斯的海斯廷斯郊外林地裡玩耍，意外

發現一具看似少了下顎的人類頭骨。他們把此事告訴父母，父母們趕緊通報警方。犯罪現場調查員在那片區域進行了詳盡搜查，找到了受害者約百分之九十的骨架，包括腓骨、骨盆以及左股骨。索塞克斯警方的首席犯罪現場調查員尼克・克萊格斯，打電話告訴我關於屍體一事。我很高興他徵召了我們的老友露西・席本，這位鑑識考古學家在八年前扮演了極為關鍵的角色，妥善保存了莎拉・佩恩的淺墳。

露西推論，沒有人試圖埋葬屍體，屍身就這樣躺在露天空地上好幾個月，被動物弄得四散。在地毯式搜索中並沒有發現衣物或任何個人物品。

與此同時，鑑識病理學家發現受害者的左股骨中有塊金屬板，這顯示近年來這根骨頭曾經嚴重斷裂。將這塊板子卸下仔細檢視後，發現上頭有一組獨特序號；經查詢醫院記錄後，找出了死者身分。十九歲的維多麗雅・考奇曼（Victoria Couchman），三年前在一場交通意外中斷了腿，也失去了當年十七歲的哥哥迪恩。

維多麗雅有一個小孩，她跟她父親，四十七歲的東尼・考奇曼（Tony Couchman）同住在距離她骨骸被發現處不到兩公里的地方。不知為何，竟無人通報她失蹤。

鑑識病理學家肯尼斯・蕭洛克（Kenneth Shorrock）醫師試圖鑑定死因，不過他沒發現頭骨破碎或肋骨斷裂的證據，也沒發現被刺殺時會造成的骨頭損傷。

他的驗屍報告裡寫著：「維多麗雅是一名年輕女性，而謀殺年輕女性的常見方法是勒斃她們。在我看來，勒殺可能性甚高。」

鄰居們描述維多麗雅是個盡心盡力的媽媽，過去會花上好幾小時陪她的幼兒玩。然而他們也回報了她家庭生活中較為陰暗的一面。認識考奇曼家的人描述，東尼常把那場害死她哥哥迪恩的車禍怪罪於維多麗雅身上，儘管她不過是車裡的乘客。

某位鄰居最後一次在維多麗雅父親家外面看到她，是在「二〇〇八年五月的某個時候」，那時她抱怨父親「控制慾太強」。另一位鄰居後來造訪那棟房子時問起了維多麗雅。

「她出去了。」東尼粗魯地回應。

兩位鄰居後來都沒再看到她。維多麗雅手機上所有活動都停在二〇〇八年五月十六日。她最後的簡訊證實了她當時跟爸爸在一起。

警方把注意力轉向東尼・考奇曼，他過去曾有十一次前科，罪名從偷竊到持有槍械都有。當被問起為何沒通報女兒失蹤時，東尼說他怕社福單位會帶走維多麗雅的小孩，也就是他的外孫。他聲稱維多麗雅以前就消失過，而且因此收到了社福單位的「最後警告」，然而社福單位否認此事。

調查揭露，維多麗雅消失後的十二天後，東尼賣掉了他的車。他也聲稱維多麗雅失蹤時，他剛好弄丟了手機。警方幾乎確信兩件物品中都包含攸關維多麗雅命運的重要線索，因此他才會把它們處理掉。維多麗雅的屍體被發現後五天，警方逮捕她爸爸，並指控其涉嫌謀殺。

但現在有個問題。

二〇〇九年二月，也就是維多麗雅的骨骸被發現後四個月，我又出發往布萊頓去，要跟負責此案的偵緝總督察亞當・希伯特（Adam Hibbert），還有索塞克斯警方首席犯罪現場調查員尼克・克萊格斯開會。我很喜歡跟亞當共事，他是個盡責又聰明的警探，還有一股黑色的幽默感。

我一抵達，他就嚷嚷著：「雷，你是不是喝了一杯？」

「沒有，我沒喝酒啊。」我滿懷戒心地說著，想知道他為何會覺得我醉了。

「來人啊，給雷來一杯！」他對著整個辦公室裡喊道，但他意思其實是來杯茶或咖啡。

我們一坐下來，亞當就扔出一個出乎我意料的問題。

「我們能夠多精確地判定維多麗雅的死亡時間？」

當然，我們全都看過那些電視劇，那些病理學家帶著不合時宜的微笑，一邊剝去乳膠手套，一邊很有信心地宣告嫌疑人死於前天傍晚六點四十五分到八點之間。

現實可不是這麼回事……。

真相是，病理學家痛恨被問起死亡時間，因為他們知道按照傳統分析方法，要說得準確根本是天方夜譚。其中一種「方法」必須測量死者的直腸華氏溫度，然後以活人體溫華氏九十八點六度（攝氏三十七度）減去直腸溫度，然後再把數值除以二。這套系統並不如乍聽之下那麼隨機，它遵循的是官方的「標準冷卻曲線」公式，也就是屍體每小時會降溫華氏一點五度。不過此法確實未能考慮許多潛在影響因素：屍體是在室內或室外？空氣潮濕或乾燥？空氣跟地面的溫度？屍體的體重與衣著又是如何？

當然還有其他方法，例如檢驗屍僵的程度，但這也可能被許多現場變數影響。

況且上述這些方法全都無法應用在維多麗雅的骨骸上。

「你為何需要確定維多麗雅的死亡時間？」我問道。

「你也知道，雷，維多麗雅的手機最後一次被使用是在二〇〇八年五月十六日。」亞當解釋道，「然而我們現在收到警告，有證據顯示維多麗雅可能在三個月前的二〇〇八年八月還活著。」

「什麼證據？」

「那個八月，她在她的Bebo社群網站帳號上貼了幾則訊息。她母親費歐娜・馬斯特斯（Fiona Masters）已經跟她爸分居了，也說她在同一個月接到維多麗雅傳來幾則簡訊，說她已經離開海斯廷斯，跟新男友在英格蘭某處建立了家庭。維多麗雅還有些朋友聲稱八月時曾在海斯廷斯市中心看到她。當然，如此一來便會證明東尼無罪，不過順便一提，我們認為Bebo的貼文跟那些簡訊的幕後黑手都是他。不過我們無法證明。」

「可是證明維多麗雅在五月就已經死了，就能釐清這一切嗎？」

「當然可以，雷。不過這有可能嗎？」

我知道雷丁大學的史都華・布萊克博士跟鑑識病理學家班・史威夫特（Ben

Swift）醫師正在研究放射性同位素衰變，以此判定死後間隔時間或死亡時間。所以我決定打電話給他。

「想要釐清維多麗雅的死亡時間，」史都華告訴我，「鉛二一〇跟釙二一〇這兩個放射性同位素可以幫得上忙，這兩者都是我們會透過日常三餐攝取的。」

這讓我倒退三步。我對於放射性元素釙二一〇的唯一經驗，就是它殺了亞歷山大・利特維年科。「信不信由你，雷，」史都華說，「我們骨頭裡有微量的釙二一〇。它從我們大概二十週大開始，就達到一個穩定的低含量狀態，而且一直保持不變，到死為止。」

另一方面，他告訴我鉛二一〇同位素在我們體內則有非常不同的生命週期。

「我們每天都會攝取鉛二一〇進入體內。」他說，「事實上，我們在英國透過食物與空氣污染所攝取的鉛二一〇數量，都受到食物標準局的監控，他們每年都會出版他們的監測結果。

「我們骨頭裡鉛二一〇的濃度，從出生那刻起就持續上升，一直到我們大約四十歲為止，這時它會開始保持平穩，而這會反映在我們骨頭裡的鉛同位素上。正常成年人死亡時，鉛二一〇的濃度會比釙二一〇高得多。」

這一切並不難理解，但我搞不懂的是這兩件事有什麼關聯？又可以如何幫助我們揭露維多麗雅的死亡時間？

史都華解釋道：「在你死後，鉛二一〇濃度會下降，因為你不再攝入食物跟空氣，而且它會透過正常放射性衰變而減少。鉛二一〇的半衰期是二十二點三年。不過，雷，這裡有個重點：釙二一〇的半衰期是一百三十八天，它又是鉛二一〇的子同位素，所以人死後鉛二一〇在衰減的同時，釙二一〇的濃度反而會增加。」

過去身為毒物學家的經驗，讓我立刻茅塞頓開，忍不住打斷他：「這些變化在死後是穩定持續的，因為這些同位素的放射性半衰期，不會受溫度這樣的環境變化影響。所以透過測量一具屍體內的釙二一〇與鉛二一〇比例……」

我們異口同聲說出下一句話：「就可以算出這個人死掉多久了。」

為了完成檢驗，我把史都華所需的一切都送到了雷丁大學。二〇〇九年七月，我們分析了維多麗雅的骨頭，得到釙二一〇與鉛二一〇的比例，並且做了計算。根據分析當日，也就是二〇〇九年七月三日的計算，指出死後間隔時間是四百一十五天，誤差範圍為正負十一天。

維多麗雅・考奇曼最後一次被人目擊現身是在二〇〇八年五月十六日，距離分析當日相隔四百一十三天。我們的測試壓倒性地證明，她死於二〇〇八年五月，絕不可能在三個月後張貼那些訊息，或者在海斯廷斯被人目擊。我們靠著向學術界與同位素研究求援，再度協助破解了一宗案件。請記得，穩定同位素曾經幫助我們篩選出亞當是來自西非何處。如今，放射性同位素則幫助我們計算出受害者的死亡時間。

東尼・考奇曼被控謀殺與妨礙司法。不幸的是，二〇一〇年一月，就在他受審前兩天，他在被羈押的雷威斯監獄割腕自殺身亡。我們永遠無從得知，我們的同位素證據能否成功將他定罪。

不過類似的分析，將會為另一個哀慟欲絕的家庭討回正義。

塔布羅行動，二〇一〇年五月

二〇一〇年五月三日傍晚，二十一歲的納森・艾倫（Nathan Allen）在南倫敦新十字區（New Cross）的德斯蒙街（Desmond Street）跟朋友們閒晃，這時有三名男子騎著自行車進入他們的社區。其中一名男子拿槍指著他，納森跟同伴們往不同方向逃開。那幫人追著納森跑，在路德威克馬廄街（Ludwick Mews）把他逼進死角，然後開火。

七十二歲的艾妮德・史考特（Enid Scott）在她的一樓公寓裡看電視，她聽到後門傳來砰的一聲，還有人在求救。她太害怕了不敢應門，所以打電話報警。納森也設法打了緊急求助電話，喘著氣說道：「中彈了……打中肺部……我不能呼吸。快點……路德威克馬廄街……我在一個後花園裡。路德威克馬廄街，新十字區。」

這幾句話後來成為他的遺言。

大約晚上九點，他在艾妮德家的後花園被宣告死亡。現場取得四顆子彈：一顆在納森胸口，兩顆在他的衣服上，第四顆是從停在附近的一輛佛賀Astra款汽車的座椅頭靠處找到的。全都是點二二口徑的子彈。

就像幫派槍擊案中的標準狀況，這個案子沒有目擊證人，也沒找到凶器。然而警方得到情報，說槍擊案是當天傍晚稍早另一起事件所引發，當時有輛摩托車騎得「太靠近」一位當地婦人跟她的三歲女兒。憤恨不平的婦人打電話給地幫派分子柯提斯・奎西（Curtis Quashie），要求他「處理一下」，於是他跟兩個反陣雨幫（Anti-Shower Gang）成員就去尋找那位冒犯他人的摩托車騎士，他們相信此人正是敵對的陣雨幫（Shower Gang）成員納森・艾倫。

納森死後，警方搜查了二十二歲奎西的住家，在廚房裡找到三顆沒用過的點二二口徑子彈。因為沒有其他證據，警方問我是否有可能證明這三顆子彈與謀殺現場的四顆子彈有關？這感覺機會渺茫，因為屋裡這三顆子彈，以及四顆在犯罪現場發射的子彈，全都是非法取得，因此可能有各種不同來源。這些子彈可能來自世界各地的任何一角，然後才出現在新十字區。

法蘭柯・托美（Franco Tomei）是實驗室裡一位經驗豐富的槍械專家，他設法比較在奎西家發現的子彈，以及在謀殺現場發現的子彈，卻發現被射擊過的子彈因衝擊而受損變形。然而在我的鑑識計畫第一階段，法蘭柯還是幫了大忙，他取得各式點二二口徑的子彈讓我分析，整整一百九十二顆！

又一次仰賴同位素分析的我，發現在世界各地不同地區製造的子彈，有各自獨特的鉛比例或者其他特徵。簡而言之，根據子彈裡的鉛同位素比例，就能揭露它是在美國、亞洲、歐洲或是英國製造的。

鉛同位素比例分析，首先揭露了驗屍時從納森胸口取出的子彈，跟最後卡在佛賀汽車座椅頭靠處的子彈，有著相同的鉛同位素比例。但這毫無證據價值，畢竟兩顆子彈都是從謀殺現場的同一把槍裡擊發。然而這個結果驗證了這個概念可行。

我們接著收到好消息。從納森的灰色連帽衣上取回的子彈，其鉛同位素比例跟從奎西廚房裡取回的其中一顆子彈完全一樣。這是個很有希望的開始，不過要說服陪審團，我們還需要更強的連結。我們決定進一步推進科學極限。

我們的下一步是要從化學上比較法蘭柯提供的參考用子彈，還有在納森槍殺案現場與奎西家廚房的那些子彈。史都華．布萊克博士跟一位研究生花了好幾個月，小心翼翼地替每顆子彈鑽孔抽取內容物，然後想辦法測試它們的元素組成，最後一共量化了三十六種元素。

這項工作十分費力，但結果很驚人。他們發現來自奎西家廚房的子彈，在化學上跟現場擊發的子彈相同。根據我們比對一百九十二個樣本所做的分析，其他參考用子彈沒有一個具備近似的鉛同位素比例跟化學元素組成。

檢方已經有了強烈的間接證據，這對奎西及其兩名同夥不利。手機紀錄顯示三名嫌犯在謀殺案發生後打給彼此。閉路監視器畫面顯示這三人組前往現場。附近商店的一位證人遲了一步才出面通報，說在槍擊案前不久曾目擊嫌犯，其中一人還把槍塞在運動褲裡。

現在從鑑識學上來說，我們可以證明奎西廚房裡找到的子彈，其化學組成與鉛同位素比例都跟納森死亡現場擊發的子彈相同。事實證明這樣便足以說服陪審團。這三人組的謀殺罪名成立；奎西被判處二十四年刑期，他的同夥們各判十七年。在我擔任專家顧問期間，曾把鑑識科學服務中心的各種技術運用於許多案子之中，這一件還談不上最令人揪心的；若要說起最悲傷的案子，候選清單上只有那麼一件……。

粉彩行動，二〇一一年九月

二〇一三年初，南約克郡警方有位警官聯絡我，他們正苦於找不到有意願或者有能力幫忙的獨立鑑識實驗室。

「你們怎麼聽說我的？」我問道。

「口耳相傳。」他說道，「別人說你會接沒人想要的案子。」

我邀請他向我簡報他的「麻煩」。聽他說完原委，我已願意無償參與這個案子了。因為身處二十一世紀的英格蘭，實在難以想像這樣的事情竟會發生在四歲孩子漢薩．汗（Hamzah Khan）身上。

這起罪行之所以會曝光，多虧了這位年輕的社區服務警察（police community support officer），裘蒂．鄧斯摩（Jodie Dunsmore）。四十三歲單親媽媽阿曼達．赫頓（Amanda Hutton），還有她的八名子女同住在布拉福（Bradford）希頓區（Heaton），她屢次被鄰居投訴有反社會行為，但裘蒂幾次造訪都不得其門而入。然而在二〇一一年九月二十一日，裘蒂不想再吃閉門羹了。

起初，她注意到窗臺有死蒼蠅。她反覆敲著前門沒人回應，於是蹲下來動手撬開信箱，結果被一股惡臭襲來。這位社區警察此時對屋內住戶清楚表明，如果沒人來開門，她就要破門而入了。

門終於吱嘎作響地打開了。阿曼達．赫頓站在那裡，蒼蠅在她打結的頭髮旁嗡嗡飛著，她似乎對後方傳來的刺鼻惡臭毫無所覺。

那股不祥的氣味立刻拉高了裘蒂的疑心，她迅速召來支援。她想徹底搜查這棟房子，並且讓這裡稍稍恢復秩序。

當員警們艱辛地穿過樓下成堆的垃圾、食物殘渣跟糞便時，他們的同事，代理巡佐理查・德夫（Richard Dove）則進入阿曼達相對整齊的二樓臥室。他從一張攜帶式嬰兒床上頭挪走一堆寢具、鞋子跟衣物等雜物。就在這時，他發現一件恐怖的事。他的右手止不住地發抖，設法理解眼前的景象——那是一具幼童的乾屍，懷中還緊抱著一隻泰迪熊。

這孩子的骨頭從皮膚底下戳出來，羽絨被上頭滿是蛆、蟲蛹空殼與昆蟲。孩子的手跟頭上都有跳蚤蛋。

隨後當阿曼達被載送到警局的時候，一位員警對她說：「阿曼達，妳知道我們發現了什麼，對吧？」她回答：「他死在兩年前的十二月十五日。」

後來阿曼達・赫頓告訴警方，這個男孩是她生於二〇〇五年的么兒，漢薩・汗。她在數次家暴事件後逃離了孩子的父親，她在警方在場的狀況下，一併帶走了八個孩子。二〇〇九年十二月十四日，當時四歲的漢薩病倒了。隔天早上，她為這個生病的孩子去藥房拿藥，此時她年紀較長的孩子驚慌地打電話給她，叫她馬上回家。

為了此案來見我的那位警官繼續說道：「她解釋說，等她到家時，漢薩已經處於瀕死狀態。她試圖救活他，卻毫無效果。

「她說自己把漢薩放到他的床鋪上，以示她對遺體的尊重。但她沒打緊急求助電話或者通知任何醫師，她打電話叫了披薩。之後她繼續請領男孩的兒童津貼，一直到將近兩年後我們發現他為止。」

阿曼達告訴警方，是在漢薩死後她才開始酗酒，通常一天喝掉一瓶伏特加。然而，南約克郡一名員警指出：「他們發現四歲的漢薩，穿著一件給六到九個月大嬰兒穿的連身服，這跡象顯示她開始酗酒的時間比她說的要早得多。」

南約克郡警方控告阿曼達・赫頓犯下謀殺罪，警方表示漢薩是因為她疏於照顧而活活餓死。這男孩被發現的時候，體重不到兩公斤。

如同這位員警所說的：「阿曼達・赫頓沒能為她的孩子提供生存所需的營養，所以是她殺了他。」

然而，儘管各種跡象顯示阿曼達疏於照顧，且漢薩營養不良，檢警雙方仍要面對一個問題。針對漢薩骨頭的後續分析，顯示他患有骨質疏鬆症，這會讓他骨頭變得易碎，且容易彎折斷裂。阿曼達・赫頓聲稱，漢薩從十八個月大開始，就發展出「細瘦、外彎的腿」，而這正是骨質疏鬆的典型早期跡象。她的辯護律師打算主張，漢薩的營養不良可能是出於某種像骨質疏鬆症之類的「自然發生的疾病」，而非出於他母親的疏忽。

這位警官想要知道，我是否能夠證明漢薩・汗是死於營養不良。

我從我的學術界盟友史都華・布萊克博士那裡得知，考古學界會利用骨頭、牙齒與毛髮中的碳與氮同位素研究來推斷古代人類膳食。再說一次，這是因為「人如其食」，這些同位素數值能揭露一個人攝取了多少魚、肉、乳製品跟農作物，以及食用時間與食物來源。每種食物型態都在同位素裡留下了獨有標記，而史都華能夠指導我查看學術圖表解讀這些標記。

然而就我們所知，這門知識過去從未應用在犯罪鑑識調查裡。

二〇一三年十月，阿曼達・赫頓在布拉福刑事法院受審期間承認漢薩體重過輕，但堅稱這不需要過度擔心。她有兩個較年長的孩子，包括此時已經二十二歲的凱瑟在內，在他們小時候也都經歷過吃得少又瘦骨嶙峋的階段，但日後就「長回來了」。阿曼達竭力否認漢薩是餓死的，她堅稱自己克服了他「挑食」的問題，餵食他高熱量營養飲料而非固體食物，一直到他死去為止。

現在要由我來證明這並非事實。

我根據漢薩頭髮與骨骼裡的碳與氮同位素特徵建立了一張圖表，以顯示他生命最後幾年的動物性蛋白質攝取量。圖表中特別顯著的是他骨骼中的氮同位素數值很低（約百分之六點四），這表示他的動物性蛋白質攝取量低，而他生命最後幾週數值更是歸零。顯而易見，這個可憐的男孩就是餓死的。

陪審團認定阿曼達・赫頓犯下重大疏忽造成的過失致死罪，她被判刑十五年。

✦✦✦

在漢薩・汗、納森・艾倫與維多麗雅・考奇曼等案中，當其他調查途徑都已窮盡時，是鑑識科學家們帶頭主導。科學家們利用過去十五年來鑑識科學服務中心與雷丁大學的學者所開創的技術，成功做出其他人辦不到的事，證明嫌犯的罪行。這一切要歸功於FSS在一九九六年開始聘用專家顧問，推動鑑識科學前進。

然而無論納森・艾倫案還是漢薩・汗案的鑑識工作，都並非由FSS承接。沒錯，儘管這個單位孕育滋養了各種劃時代的研究、開發與專業技術，卻永遠無法受益於這些充滿遠見的鑑識應用手法。

因為在二〇一一年初，政府宣布要裁撤這個單位。

消息一出，引起各界強烈抗議。警方並不開心。下議院科學與科技委員會也提出跨黨派報告，警告此決定沒有「適當考量」關閉FSS對刑事司法體系造成的衝擊。這份報告也指控部會首長們沒有評估關閉FSS以外的其他可行選項。比方說，是否能提升其營運效率？

這個問題讓我來回答。我在一九七一年加入倫敦警察廳實驗室的時候，身為副主任的巴比．瓊斯（Bobby Jones）博士，仍在他專精的縱火案領域親自處理案件。可是到了二〇一一年，身為重大犯罪專家顧問的我，是FSS組織中直接處理個案工作的最高階人員。在我上面還有八個層級，全部是管理職。我身為專家顧問期間曾獲得六次警方嘉獎，但沒有一位高階主管曾與我會面道賀，一次都沒有。

這個組織當然還能經營得更好。

但那不是政府要的。FSS每個月都「損失」兩百萬英鎊。在政客眼裡，FSS是否成為全球羨慕的對象，或者是否能替許多人認定的基本人權——嚴謹公正的司法體系，帶來至關重要的非營利服務，這些都不重要。據說政治人物精通所有事物的成本，卻無法鑑別事物的價值。對我們的政治人物來說，這一切全都不值得一個月花上兩百萬鎊。關閉這個單位，讓私人公司向警方提供付費鑑識服務，政府可以省下一筆開銷。

接下來無可避免的後果是什麼，誰在乎呢？

舉例來說，哪家私人公司會接像是漢薩．汗或者納森．艾倫這樣的案子？世界上沒有一種商業計畫或模型，會願意承接這種小眾又費力的科學工作。如果沒有公司接手這樣的案子，那麼正義蒙難，受害者受苦，危險罪犯則逍遙法外。

而事情就這麼發生了。

✦✦✦

二〇一九年五月，上議院科學與科技委員會發表一份報告，警告在英格蘭與威爾斯的鑑識科學服務「不敷需求」。

這份報告警告鑑識工作的標準日漸下滑，這會導致破案率降低，進而有損公眾對刑事司法體系的信任。報告也揭露了警方為了省錢把鑑識工作外包給未受規範的業者，導致三家規模最大、名聲最好的實驗室面臨財務危機。委員會把鑑識科學標準下滑歸咎於兩件事：其一，缺乏強而有力的領導，資金短缺，研發水準也不足；其二，二〇一二年時裁撤鑑識科學服務中心。在當時，FSS為英格蘭與威爾斯警方提供了百分之六十的鑑識服務。

每個理解司法體系的人，包括警官、律師、法官，早在二〇一一年就已預料到這一點。政府不聽勸阻，定下二〇一二年三月三十一日就是關門日。

我甚至沒撐到那一天。

FSS在二〇一一年十月停止承接新案，但這是我過去十五年來的謀生之道，我突然間發現自己無事可做。能不要大張旗鼓默默提早開溜，對我來說很吸引人，所以在我加入倫敦警察廳實驗室的四十年後，我自請離職。他們巴不得及早擺脫我，不用再付我那份薪水。

我挑明了不要任何儀式，也不想發表談話，就算只是以歡送我的名義買個超市海綿蛋糕跟大家共享，我都不要。這是我身為專家顧問的最後命令。

在我上班最後一天，我跟七七爆炸案的女英雄布莉姬特·馬奇含淚擁抱了一下，然後跟我親近的同事們平靜握手道別。清空座位時我剛好看到一份來自金翅雀行動的檔案，這件案子在當年被稱為「雅房謀殺案」，一九八七年溫蒂·聶兒跟卡洛琳·皮爾斯在坦布里奇威爾斯遇害。我感到一陣懊悔心痛，我從沒找到凶手。

為免情緒失控，我提早離開了，情緒低落地默默駕車返家。

是的，我心懷不平。

我心懷不平，因為潔姬跟我為這個單位付出的各種犧牲：那些錯過的假期、泡湯的特殊節日、加班的週末。每一通半夜擾人清夢的電話，還有那些深夜開車回家的時刻。

我心懷不平，為的是FSS還有學術界所有了不起的科學家。他們熱愛科學，並且對FSS所代表的價值與任務有著不可動搖的信念，因此全心付出。

我心懷不平，為的是我們窮盡所有努力，讓鑑識科學服務中心成為世界第一。如今這些過程中的學習成果與科學突破，又將如何延續呢？

我在蘭貝斯的鳳梨酒吧（Pineapple pub）辦了一場告別聚會，邀請所有我尊敬的退休跟現役科學家們，還有倫敦警察廳、索塞克斯跟肯特郡的警察及犯罪現場調查員，以及另外幾位特別嘉賓。

聚會當天，為了緬懷舊日時光，我就像一九七一年夏天剛開始在倫敦警察廳實驗室工作那樣，搭火車到查令十字站。記得那時，我負擔不起地鐵票或公車票，所以習慣走路去霍本。那天傍晚，我決定比照過去，往前走到河岸街（Strand）然後左轉。一九七〇年代早期，柯芬園是個貨真價實的蔬果市場，滿滿都是貨車、搬運工、推車跟小攤子。背景傳來一陣陣歡快的叫賣與成交聲響，我想起了舊日市場的聲音與氣味。市場裡的酒吧為了服務徹夜工作的工人與「永不言退」的派對動物們，總是早早開門營業，因此市場總飄著一股酒吧獨有的氣味。如今這裡已成了全球性品牌的祭壇，毫無靈魂可言，我得不斷提醒自己身在何處。

在我走近霍本的時候，我意識到我是在這裡初次嚐到真正的義大利咖啡與木桶裝啤酒。當然了，如今那些家庭經營的咖啡館跟老派的在地酒吧，早就被連鎖店取代了。

眼前的一切看來何等乏味、企業化，又充滿同質性。我四十年前愛上的那個社區早已面目全非。我攔了一輛計程車離開那個鬼地方，一路前往鳳梨酒吧。

那是一間美好的老派倫敦酒館，我一掃進門前突如其來的憂慮，徹底享受。我很感激有機會能好好地向許多我珍視的同事、科學家、警官與犯罪現場調查員們致謝道別，並且再三保證我的離開不會改變任何事。

這場聚會的高潮之一是一份來自FSS同事們的禮物，那是一張放大裱框的照片，照片裡是十八歲的我。接著出乎我意料的是，反恐警察送了我一幅他們單位的裱框紋章，這幅著名的紋章圖樣是由鐘、書還有蠟燭構成。如今它與職涯中其他榮譽紀念品一起掛在我的花園棚屋牆上。

這個特別的場合，潔姬陪在我身邊。我們在鳳梨酒吧打烊前離開，然後及時趕往轉角的一間酒吧安靜地再喝一杯。

「你值得擁有這一切，甚至更多。」她說道，「你把你的人生都獻給那份工作了。」

「是啊，沒錯，這是我的終生職志，潔姬。任何東西都無法取代這一切。」

終曲

自從我離開鑑識科學服務中心以後，常被問到的一個問題是：「有哪個案子是最讓你遺憾的？」

多數人以為我會說是亞當案，但我認為我們已經找出那宗罪行裡某些關鍵角色，儘管無法讓他們認罪，但也以人口販運的罪名讓他們受到懲罰了。也有人很意外我的答案竟不是碧莉喬案。

這兩起案件的確都讓我挫折失望，但二〇一一年十月當我最後一次走出FSS之際，真正令我心煩的是溫蒂・聶兒與卡洛琳・皮爾斯命案，就是近四分之一世紀前發生的「雅房謀殺案」。當時我並不知道憑著我們在此案裡做過的鑑識工作，最終還是抓到了凶手……。

結束了FSS歲月之後，我成為坎特伯雷基督教會大學（Canterbury Christ

Church University）的鑑識科學講師，同時也在雷丁大學開設一門犯罪現場分析課程。這給了我機會替我留下的這些亞當案、莎拉・佩恩案與M25強暴案的私人舊檔案撢一撢灰塵，教導新生代如何利用鑑識學破案。

我多麼希望有一天我可以在課堂上談起金翅雀行動——這是「雅房謀殺案」的官方調查名稱。但前提是這個案子必須先被破解。

✦✦✦

回溯一九八七年，兩名年輕女性都曾抱怨過住家附近有鬼鬼祟祟的偷窺狂。二十五歲的溫蒂，在她的雅房裡被強暴並毆打至死，病理學家無法確定先後順序。二十歲的卡洛琳・皮爾斯，某天晚上從她的公寓外消失，該處距離溫蒂家不到兩公里。三週後，她的屍體在大約六十四公里外浸滿水的溝渠裡被人發現。她只穿著一條緊身褲。

我們能確實推斷的少數幾件事情之一，就是無論誰殺害了溫蒂跟卡洛琳，都曾經跟蹤過她們，所以我們認為他必定是當地人。若是如此，就算他後來搬到這個國家的另一端，他可能依然有親戚住在此區。二〇〇一年我們跟肯特郡警方合作，進行一場由情報引導的 DNA 篩選，但沒發現相符者。

二〇〇三年重新審視本案時，我們從擺在溫蒂頭部底下的一條毛巾上的精液，取得一個 DNA 圖譜，結果與犯人的 DNA 圖譜部分相符。我們重新檢驗卡洛琳·皮爾斯穿著的緊身褲，但在羅姆尼濕地一條滿水的溝渠裡躺了三週以後，衣物已驗不出任何 DNA。

我們分別在二〇〇四年與二〇〇七年，在國家 DNA 資料庫裡進行親族搜尋，但沒能辨識出犯人的任何親屬。二〇〇七年是這兩起謀殺案的二十週年，《犯罪觀察》節目播出了一段關於此案的報導，但民眾來電提供的情報依然徒勞無功。

二〇一〇年，我們再次於國家 DNA 資料庫裡嘗試搜尋相符的親屬。這個過程令人挫折的部分在於，你才剛搜尋完，資料馬上就過期了，因為隨時會有更多 DNA 圖譜被加進資料庫裡。這一次我們又失敗了。離開 FSS 的時候，我只能自我安慰地想著肯特郡警方會繼續追查此案。我只希望他們能在溫蒂年邁的父母，比爾與潘蜜拉過世前找出凶手。

✦✦✦

二〇一二年，我在一家私人鑑識公司重新當起專案主管。然而對我來說，沒有一份工作比得過專家顧問的興奮感，於是我很快就離開這個職位。我開始在雷丁大學工作，我曾在那裡跟我的老夥伴史都華・布萊克，一起在亞歷山大・佩芮普利西尼案、納森・艾倫案與漢薩・汗案裡進行鑑識檢驗工作。

比爾・聶兒在二〇一七年去世，而我們在謀殺案屆滿三十週年之際依然沒能滿足他的臨終願望，這令我黯然神傷。他的妻子潘蜜拉當時說：「這對他，對我們兩個人來說，都太難熬了。他一直撐著，所以我在安寧病房裡告訴他：『你為何不放手，然後去找溫蒂？』然後他就在大約午夜時過世了。他就在天上，跟溫蒂還有他所有兄弟姊妹們在一起。」

我依然跟肯特郡警方保持聯絡，他們向我保證這個案子沒有被遺忘。事實上，它即將要重啟調查。

雖然我已經從警方調查工作中退休，但由於我先前為此案進行鑑識工作，因此二〇一九年偵緝警司艾文・畢斯利（Ivan Beasley）重新審視本案時，依然會告知我最新進展。一間私人公司透過一種稱為精液洗脫術（sperm elution）的新技術，終於能夠從卡洛琳・皮爾斯的緊身褲上抽取一個DNA樣本，結果它跟溫蒂・聶兒的雅房裡發現的DNA圖譜部分相符，這是警方首次取得兩起案件的科學連結。

與此同時，當年從溫蒂的羽絨被上取得的DNA圖譜，被升級成DNA17圖譜，這種圖譜能解碼DNA的十六個區域（三十二個等位基因），因此資訊量更為豐富。二〇〇五年，我們也曾經從精液樣本中找到Y染色體DNA圖譜。偵緝警司畢斯利用這些參考資料，在國家DNA資料庫裡又進行了一次親族搜尋。

他們再度使用像是年齡與地理環境這樣的參數，把名單從數千人削減到九十人。警方走訪了整個英格蘭，還去了北愛爾蘭跟蘇格蘭，追蹤這些人並採集樣本。

二〇二〇年十一月十六日，肯特郡的高階犯罪現場調查員艾瑪・詹寧斯（Emma Jennings）接到一通電話，確認有個樣本跟凶手的DNA17還有Y染色體圖譜非常相似，相似到幾乎可以認定此人是凶嫌的男性近親。讓人難以置信的是，他的DNA在二〇一一年就已輸入資料庫裡——就在我們最後一次進行親族搜尋後的隔一年。

就差了幾個月，我們錯過了他。

那個男人是因為犯了一次輕罪後提供了樣本。他有兩名兄弟，其中一位是大衛・富勒（David Fuller），紀錄顯示他在一九七〇年代曾經因為竊盜被定罪。警方也發現，在謀殺案當時，大衛・富勒就住在肯特郡邊境上，在坦布里奇威爾斯工作。二〇二一年十二月三日清晨，警方出現在富勒位於東索塞克斯希斯菲爾德（Heathfield）的三房半獨立式住宅前。

「噢，天啊。」這名育有兩個孩子的六十七歲老爸應門時這麼喊道。

警方逮捕了富勒，並且以拭子採集檢體進行DNA分析。三十三年過去了，此刻的我們只能靜心等待結果，期待我們終能揪出殺害溫蒂與卡洛琳的凶手。

大衛・富勒的DNA圖譜，精確符合在溫蒂・聶兒棉被上以及卡洛琳・皮爾斯緊身褲上發現的DNA圖譜。

我們抓到他了！

不過他在一九八七年以後做了什麼？根據常識，如此病態的男人不可能突然金盆洗手。負責搜索他與家人同住之住宅的警察們即將發現答案。

他家樓上有個儲藏間被當成他的家庭辦公室。這個空間有閉路監視系統監控，天花板還有道暗門可以通往閣樓。警方很快就發現富勒是個囤積狂。那間辦公室及閣樓裡有超過三千五百件證物，其中最早可上溯到一九七〇年代末期的電腦數臺、二十年歷史的手機、手寫日記、三萬四千張照片、負片、幻燈片跟底片，以及三千五百個數位儲存裝置。

警方出動一百位警員與工作人員組隊專責調查，花了五個月過濾這些物品。警方在辦公室一個衣櫥裡發現有個手工製造的盒子，用螺絲固定在後方。他們打開盒子又找到另外四顆硬碟。警方查看這些硬碟的時候，富勒病態異常的祕密生活終於袒露無遺。

富勒拍下自己性虐待死亡女人跟女孩的畫面。當警方確認完所有影片的內容後，他們找到了他褻瀆一百〇二位已死受害者的證據，年齡從九歲到一百歲不等。他把一連串性犯罪紀錄存在電腦資料夾裡，名稱包括「死亡之主」、「登記」、「致命」、「最致命」跟「至今最佳」。

資料夾裡包含名字、數字跟日期，他還翻拍了停屍間日誌，並以此紀錄他玷污的對象。他還留存了一份詳盡的性侵日記，是他親筆撰寫。警方還發現富勒在性侵之後，還會透過臉書研究許多受害者。

這些虐待的影片與影像最早可以追溯到二〇〇八年，但警方相信這只表示富勒於此時開始使用數位裝置。自一九八九年起，他曾在兩間醫院擔任電工，因此持有全區通行門禁卡，能自由出入停屍間。同事們透露他偏愛上晚班，這讓他可以自由自在、不受監督地進行他的扭曲罪行。

警方辨識出這些死亡受害者當中的八十二位。這讓警方相當確信，正如當年他們所擔心的那樣，富勒在殺害了溫蒂．聶兒與卡洛琳．皮爾斯之後，對她們進行姦屍。

富勒被控犯下這兩起謀殺罪。儘管有DNA為證，他依然矢口否認。根據富勒的說法，無論是在坦布里奇威爾斯還是羅姆尼濕地的謀殺案受害者，他都不認識。不過他的囤積癖與詳細紀錄一切的習慣，很快就讓他露出馬腳。他家中的檔案與日記，揭露了他先前曾經住過喬佛路，這表示他一度住在距離溫蒂．聶兒被謀殺處只隔兩道門的地方。他們甚至發現來自「超級快照」的相片保護套，而那正是溫蒂在坦布里奇威爾斯工作的地方。

既然現在他們已羈押了富勒，警方就能夠以新技術重新檢視溫蒂．聶兒謀殺現場的證據。大衛．富勒曾在一九七〇年代犯下竊盜罪，因此他的指紋早已建檔。然而在溫蒂的雅房裡那個戶外用品購物袋上發現的部分指紋，當時因為品質太差而無法放進系統裡比對。不過現在富勒關在牢中，指紋專家就可以直接實際比對他的指紋跟袋子上的指紋，結果證實了那就是他的指紋無誤。警方還進一步發現一張富勒在一九八〇年代拍下的照片，照片中他穿著一雙克拉克牌（Clarks）的鞋子，這雙鞋的腳跟處正好符合溫蒂上衣的染血鞋印。

就連他在一九七〇年代被定罪的那些竊盜案，其犯案手法都跟溫蒂謀殺案如出一轍。富勒是所謂的「潛行竊賊」，會從受害者的窗戶爬進去，而他正是如此進入溫蒂．聶兒的雅房。

證據還不只這些。在溫蒂被謀殺當晚，有兩名摩托車騎士通報說大約凌晨一點十分，有輛藍色掀背式汽車接近現場，開得歪七扭八。而紀錄顯示，在謀殺案發當時，富勒持有一輛藍色的飛雅特Uno汽車。

而富勒一生的各種紀念品收藏，也證明他與卡洛琳．皮爾斯謀殺案有關。從這些收藏可以發現他曾經住在卡洛琳的公寓附近，還曾在她經營的餐廳裡吃飯。警方也發現他跟卡洛琳被棄屍的羅姆尼濕地有地緣關係。他的祖父母跟外公外婆，還有其他近親都住在那裡。富勒會定期造訪該區，那裡可以一次滿足他對賞鳥及騎自行車的雙重熱情。事實上，他所屬的自行車俱樂部有條固定路線，就是途經羅姆尼濕地，也正好經過卡洛琳・皮爾斯屍體被發現的地點。

二〇二一年十一月一日，當富勒的審判在美德茲頓刑事法院展開時，我透過媒體密切追蹤。富勒承認殺害溫蒂與卡洛琳，卻以限制責任能力（diminished responsibility）[11]為由，否認謀殺罪名。

三天後，他改變心意認罪了。他也承認了超過十年來在肯特郡、索塞克斯與坦布里奇威爾斯各醫院的停屍間，性虐待至少一百〇二名受害者的五十一項相關罪名。

在卡洛琳・皮爾斯的屍體被發現三十四週年，富勒因謀殺罪被判處兩個終身監禁，並且因對已故女性施行性虐待而被判處共十二年刑期。

他跟殺死蜜莉・道勒（Milly Dowler）、瑪莎・麥克道諾（Marsha McDonnell）與愛美麗・德拉葛蘭傑（Amélie Delagrange）的里維・貝菲爾德（Levi Bellfield），是英國司法史上僅有的兩位被判處兩個終身監禁的罪犯。

溫蒂年邁的母親潘蜜拉・聶兒，鼓起勇氣出席這場審判。我只願她能因富勒被定罪而得到釋懷與安慰。

又一次，我覺得自己能在緝凶過程中有過少許貢獻，是莫大殊榮。

11 表示他認為犯罪時對自身行為缺乏完全的認知或控制能力，所以不應承擔所有刑事責任。

致謝

像是「謝謝你」這樣的好話可以說得簡短輕鬆，但有時未免流於形式。然而我在此想要真心表達對下列這些人的誠摯感激。第一個要感謝的對象是我已故的父母，感謝他們在我學習期間給我的愛、關懷與支持，我知道他們為我做了多少犧牲。

謝謝製作人兼作家艾瑪・蕭（Emma Shaw），感謝妳給了我靈感，讓我決定寫本書談我的鑑識科學家生涯，這進而讓我認識了本書的執筆者（也是製作人兼作家）詹姆斯・「吉姆」・納利（James 'Jim' Nally）。吉姆是一位神奇的文字工匠，他施展了真正的魔法，把多次會面中我的漫談轉變成兼具可讀性與邏輯性的文字。過程中我們不乏歡笑，如今我把他視為摯友。

我要感謝艾利・卡爾（Ellie Carr）以及波尼耶圖書（Bonnier Books）的所有

人，幫助我把這個構想化為現實。感謝你們相信這個計畫。

在鑑識學的世界裡，我有幸與好幾位倫敦警察廳鑑識科學實驗室、鑑識科學服務中心以及大學中的學界人士共事，他們的知識、技巧與經驗何其浩瀚。人數眾多不便一一點名，但你們肯定知道我的心意。我要感謝你們與我分享包羅萬象的專業知識。我也要向所有在七月七日、七月二十一日倫敦公共運輸爆炸案中長時間盡心盡力工作的科學家們鄭重致謝。布莉姬特・馬奇與其團隊向世界示範了實驗室該如何二十四小時運作提供檢驗結果，讓整個團隊成為調查中不可或缺的一部分。

至於學術界，我想特別感謝史都華・布萊克博士，他是在接下七二一倫敦公共運輸爆炸案的工作之後，才真正開始參與專家證人的工作。

我也有幸跟幾位高階調查官共事，他們不但是調查團隊的一部分，同時也是技術精湛的犯罪現場調查員。在這些受到各界高度矚目的調查裡，我花了相當多時間跟這些調查人員共處。感謝大家容許我進入你們的世界，並且信任我，願意跟我分享某些高度機密的調查細節。我在書中提到了你們當中好幾位，但人數眾多，要是我有所遺漏，請原諒我。

我希望我對這些複雜的調查曾有過小小貢獻。值得一提的是，在這段工作過程中，我跟某些警方人員變成密友，偶爾共飲幾杯啤酒。我想逐一點名這個小圈子裡的安迪・貝克、威爾・歐雷利、尼克・查默斯與賽門・摩根。

最後我要感謝妻子潔姬給我的愛與支持，我對她的感激已非文字能表達。當年她原是倫敦警察廳的行政人員，不情不願地被調到實驗室，卻讓我幸運地遇見她。她總是全力支持我的工作，就算我錯過了她的慶生會也不計較。謝謝妳。

微物線索：英國鑑識專家的重案緝凶實錄

作　　者——雷・費許（Ray Fysh）
譯　　者——吳妍儀、曾志傑
發 行 人——蘇拾平
總 編 輯——蘇拾平
編 輯 部——王曉瑩、曾志傑
責任編輯——曾志傑
行銷企劃——黃羿潔
業 務 部——王綬晨、邱紹溢、劉文雅

出　　版——本事出版
發　　行——大雁出版基地
新北市新店區北新路三段207-3號5樓
電話：(02) 8913-1005　傳真：(02) 8913-1056
E-mail：andbooks@andbooks.com.tw
劃撥帳號——19983379　戶名：大雁文化事業股份有限公司

美術設計——楊啟巽工作室
內頁排版——陳瑜安工作室
印　　刷——上晴彩色印刷製版有限公司
● 2024年09月
定價680元

ISBN 978-626-7465-16-5（平裝）

國家圖書館出版品預行編目資料

微物線索：英國鑑識專家的重案緝凶實錄
雷・費許（Ray Fysh）／著　吳妍儀、曾志傑／譯
---. 初版. 一 新北市；本事出版：大雁文化發行, 2024.09
448面；14.8×21公分

譯自：Shallow Graves : True stories of my life as a Forensic Scientist on Britain's Biggest Case

ISBN 978-626-7465-16-5（平裝）

1. CST: 費許 (Fysh, Ray)　2. CST: 法醫師　3. CST: 傳記　4. CST: 英國

784.18　113007605